任雪山 著

归雅：方苞与清代文坛

北京师范大学出版集团
安徽大学出版社

图书在版编目(CIP)数据

归雅:方苞与清代文坛 / 任雪山著. —合肥:安徽大学出版社,2021.11(2024.11重印)
(桐城派文库)
ISBN 978-7-5664-2319-1

Ⅰ.①归… Ⅱ.①任… Ⅲ.①方苞(1668—1749)-人物研究 Ⅳ.①K825.6

中国版本图书馆CIP数据核字(2021)第238039号

2019年度安徽高校人文社会科学研究项目重大项目"方苞与清代文坛"的成果
项目编号:SK2019ZD56

归雅:方苞与清代文坛
Guiya:Fangbao Yu Qingdai Wentan

任雪山 著

出版发行：	北京师范大学出版集团
	安徽大学出版社
	(安徽省合肥市肥西路3号 邮编230039)
	www.bnupg.com
	www.ahupress.com.cn
印　　刷：	合肥远东印务有限责任公司
经　　销：	全国新华书店
开　　本：	710 mm×1010 mm　1/16
印　　张：	18.5
插　　页：	0.25
字　　数：	269千字
版　　次：	2021年11月第1版
印　　次：	2024年11月第2次印刷
定　　价：	60.00元

ISBN 978-7-5664-2319-1

策划编辑：李加凯　龚婧瑶　　　装帧设计：李　军
责任编辑：李加凯　宋执勇　　　美术编辑：李　军
责任校对：龚婧瑶　　　　　　　责任印制：陈　如　孟献辉

版权所有　侵权必究

反盗版、侵权举报电话：0551—65106311
外埠邮购电话：0551—65107716
本书如有印装质量问题,请与印制管理部联系调换。
印制管理部电话：0551—65106311

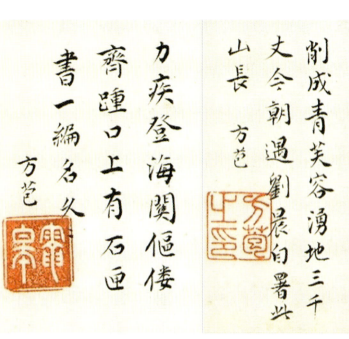

图1　方苞题跋

图2　方苞手稿影抄本

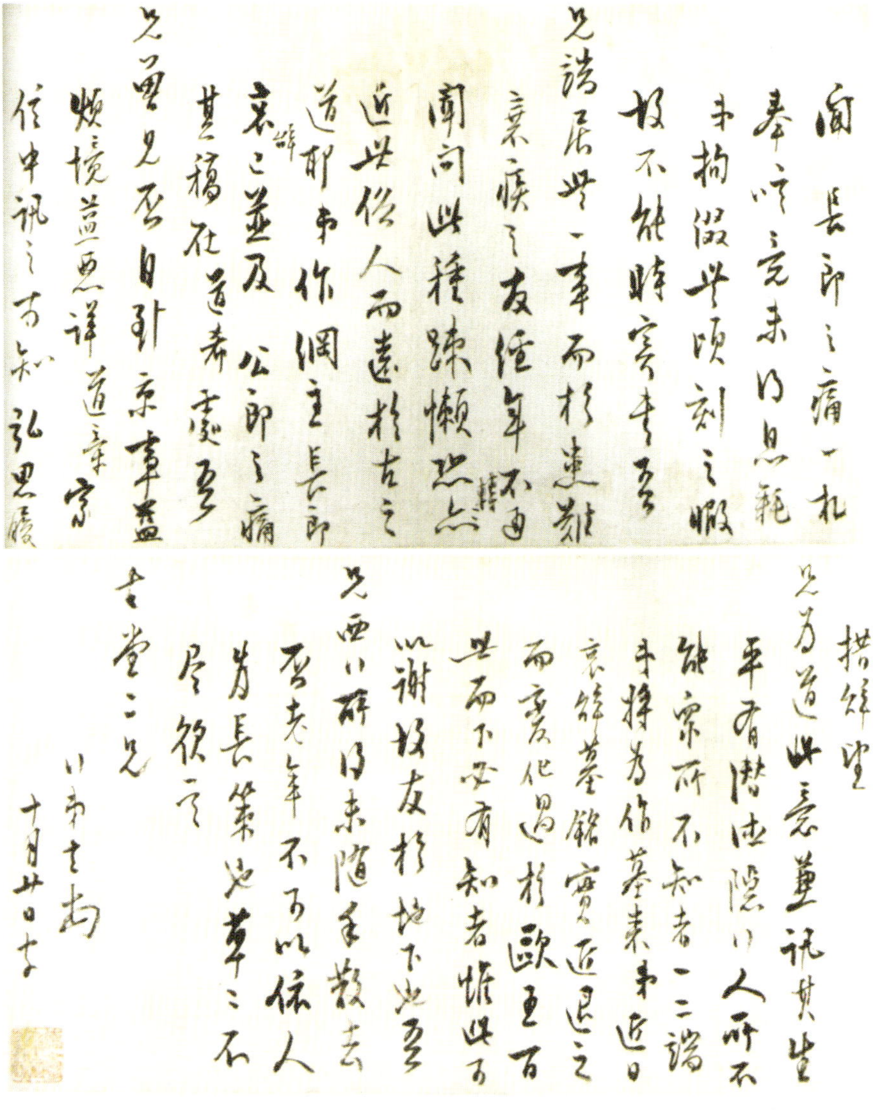

图 3　方苞手札

序言　个案研究与整体观照

XUYAN

研究是感受体验,更是意义判断与价值生成。离开了整体观照,个案则显得孤立与单调。因此,个案并非研究的起点,意义与价值才是思考的开端。如何从个案出发,实现整体性观照,是个案研究的必由之路。从个别到一般、从微观到宏观、从实践到理论、从比较到超越,前人不乏相关理论探索。窃以为,个体是整体之个体,整体是个体之交互。所以,个案研究并非孤立的单个呈现,而是个体在群体长河中的生命流淌。本书就是典型的整体中的个案研究。

方苞之名,在当时已显扬,后来益远播,出现在各类典籍著作中,读书人大多听闻过他,尤其是他的文章,为世所称道。但对他的具体成就,以及与清代文坛的关系,却又不易说清。主要原因在于,他的身份特殊,涉及领域多,成果也丰富。前人虽时有论及,但是略显零散。本书希冀弥补这一缺憾,在前人研究的基础上,结合新见的文献,对方苞与清代文坛的关系作综合分析,历史地呈现其一代宗师的成长过程与风貌特征。

理解方苞及其在清代文坛的地位,需要明确三个要旨。第一,清初是一个重要的历史时期,在政治统治、思想文化、学术文艺等诸多方面,都呈现出不同的特征。中国历史由明到清,不只是简单的朝代更替,更是中华民族的一个大转折,时人称之为"天崩地坼"。与以往的朝代更替相比,它最突出的特征是,第一次由汉族统治转为满族统治,其所带来的文化冲突与交融、心理情感的逆反与认同、生活方式的调整与改变等,都前所未有。夷夏问题、气节问题悬置在每个人心头,出处之际,节操立见,社会也因此分化为不同的群体:遗民、贰臣和新贵。这种影响从顺治开始,一直持续到康雍乾时期。

经历晚明社会动荡、学风空疏,士人开始反思王学流弊,积极倡导实学成为社会的共识。清初一大批思想家如方以智、黄宗羲、顾炎武、孙奇逢、傅山、李颙、颜元等身处危机之中,倡导经世致用。方以智较早地引用西方科学研究中国的天文、物理,黄宗羲称"经术所以经世",顾炎武谓"天下兴亡,匹夫有责",孙奇逢以"日用伦常为实际",颜李学派以"致用"为学问的根本,学人普遍注重儒家经典本源之学,史家共同探寻"治乱兴亡"之因,再加之经天纬地的历算学,"实学"成为时代的风尚。士人希望复兴程朱理学,赓续儒家道统,传承儒家文化,保存民族精神。同时,通过庙堂理学的践履,申明纲纪,整饬吏治,注重人伦日用,恢复社会秩序,挽救颓败世风。

第二,方苞能代表清初士人的基本精神,这可以从他各方面的成就来看。在经学方面,方苞重视对五经的研究,尤其是《春秋》、三礼。《清史稿·方苞传》曰:"苞为学宗程、朱,尤究心《春秋》、三礼,笃于伦纪。既家居,建宗祠,定祭礼,设义田。"①《四库全书总目》经部著录方苞的《周官集注》十二卷、《仪礼析疑》十七卷、《礼记析疑》四十六卷和《春秋通论》四卷。《四库全书总目》评《周官集注》曰:"训诂简明,持论醇正,于初学颇为有裨。"称《仪礼析疑》:"用功既深,发明处亦复不少。"②乾隆元年(1736)朝廷修纂三礼,任命方苞为三礼馆副总裁,并主修《钦定周官义疏》。不难发现,方苞在礼学研究上具有突出贡献和成就,其礼学实践亦有补于世,继徐乾学、李光地之后卓然成一家之言③。

在史学方面,方苞最大的成就是对《史记》的研究,正如刘咸炘所言,清代

---

① 赵尔巽等:《清史稿》,北京:中华书局,1977年,第10272页。
② 永瑢等:《四库全书总目》,北京:中华书局,1965年,第156、164页。
③ 林存阳:《清初三礼学》,北京:社会科学文献出版社,2002年,第253页。

学者致力于《史记》研究而用功最深者莫如方苞①。方苞研究《史记》的著作有《方望溪评点史记》四卷,《史记注补正》一卷;此外,《方苞集》还收录了22篇综论《史记》的专文以及"《史记》评语"50多条。方苞从《史记》中提炼出义法理论,并运用到文学创作之中,建立经、史、文一体的义法理论体系。同时,他比较《汉书》与《史记》,认为班史义法"视子长少漫矣,然尚能识其体要"②。当然,《史记注补正》中亦不乏训诂、考证的内容。

在理学方面,方苞是清初庙堂理学的代表人物。首先,他建立了以程朱为核心的道统谱系:"孔孟以后,心与天地相似,而足称斯言者,舍程朱而谁?若毁其道,是谓戕天地之心,其为天之所不祐决矣。"③尤其对朱熹,更是推崇备至,"每自恨生不与朱子同时"④。与此相应,对宋代理学家也赞誉有加:"生乎五子之前者,其穷理之学未有如五子者也;生乎五子之后者,推其绪而广之,乃稍有得焉。其背而驰者,皆妄凿墙垣而殖蓬蒿,乃学之蠹也。"⑤而对于破坏程朱理学的黄宗羲、颜习斋之辈,则大加批评:"浙以东,则黄君黎洲坏之;燕、赵间,则颜君习斋坏之……二君以高名耆旧为之倡。立程、朱为鹄的,同心于破之,浮夸之士皆醉心焉。"⑥不难看出方苞坚定的卫道之心,难怪唐鉴的《国朝学案小识》把他列入"守道学案"。其次,方苞虽宗程朱,但不废阳明,他认为阳明之说"直指人心,重有感发,而欲学者共明之"⑦。再次,方苞关心国计民生,主张经世致用,多次上奏朝廷对治河、戍边、屯田、禁烟、禁酒、科举、人事等提出建设性的意见,且不少被朝廷采纳。最后,方苞重视理学践履,强调躬行,严格道德自律,整饬乡约族规,章太炎曾评价他"孝友严整躬行

---

① 刘咸炘:《刘咸炘学术论集:史学编》,桂林:广西师范大学出版社,2007年,第3页。
② 方苞:《书汉书霍光传后》,见《方苞集》,刘季高校点,上海:上海古籍出版社,2008年,第62页。
③ 方苞:《与李刚主书》,见《方苞集》卷六,第140页。
④ 陈仁评方苞《读〈邶〉〈鄘〉至〈桧〉十一国风》,参见方苞:《望溪先生文偶抄》,乾隆十一年(1746)初刊本。
⑤ 方苞:《再与刘拙修书》,见《方苞集》卷六,第175页。
⑥ 方苞:《再与刘拙修书》,见《方苞集》卷六,第175页。
⑦ 方苞:《重修阳明祠堂记》,见《方苞集》卷十四,第412页。

足多矣"①。

在文学方面,面对韩欧之后古文的凋落,方苞感叹"古文之衰也六七百年"②,并立志复兴古文事业,提出了"学行继程朱之后,文章介韩欧之间"的立身祈向,以程朱接续道统,以韩欧接续文统,最后文与道合一,汇合于古文之中。同时,他确定古文语体和文体边界,开创古文义法理论体系。其说被后来的桐城派发扬光大,他与刘大櫆、姚鼐一起被奉为"桐城派三祖"。桐城派在清代延续二百余年,直至民国。如果说一代宗师是理解方苞与清代文坛关系的一个中心,复古与归雅则是两个基本点。方苞的室名为"抗希堂","抗希"取"抗心希古"之意。方苞一心仰慕古人,践行古道,借镜儒家经典,规范古文,以复古为革新,在明清易代乱局之后重建文坛秩序,使之回归雅正。

作为经术和文章兼通的一代宗师,方苞的文学贡献在于,把经史引入古文,提升文学的地位和价值;方苞的经学贡献在于,以文学的思维解经,为经史研究提供文学的视域和眼光,丰富了经史研究。

第三,学术史对方苞评价不高。目前的清代学术史,大多以汉学或朴学为清学主体,视宋学为汉学的对立面。在汉学家阵营,从钱大昕到阮元再到梁启超,对宋学家及方苞评价较低。徐世昌《清儒学案》和杨向奎《清儒学案新编》都设立"望溪学案",总体评价尚属公允,视方苞为"有思想的文学家"③。但是梁启超和钱穆在各自的著作《中国近三百年学术史》中对方苞评价都不高,梁启超的评价尤其低,且影响甚大,"有些偏颇的看法已渐成流行的观念,甚至接近众皆认可的程度"④。再加之五四新文化运动对桐城派及方苞的激烈批判,基本影响并确立了现代学界对方苞的总体定位和评价

---

① 章太炎:《说儒》,见《訄书》(重订本),《章太炎全集》(三),上海:上海人民出版社,1984年,第157页。
② 方拱枢评点方苞《子畏于匡全章》(其二),参见方苞:《重订方望溪全稿》,光绪辛卯(1891)春重刊本。
③ 杨向奎:《清儒学案新编》(第三卷),济南:齐鲁书社,1994年,第29页。
④ 罗志田:《导读:道咸"新学"与清代学术史研究》,见章太炎、刘师培等:《中国近三百年学术史论》,上海:上海古籍出版社,2006年,第26页。

标准。

对方苞的礼学成就,现当代学界已有所发现,并逐渐认识到其价值。顾颉刚考察了方苞的生平及其系列礼学著述后,对其有一个更为全面的评价与学术史分析:"他无疑是一位礼学专家。只因他晚年,汉学家起来把宋学家压低,后来汉学益盛而宋学益衰,所以他的著作,阮元、王先谦两刻《清经解》都没有采入;人们谈起方苞,只看他是一位桐城派文章的宗匠而模糊了他的学术工作。他屈抑了二百年了。"①王汎森研究清初"礼治社会"思想的形成时,对方苞的礼学实践与贡献也持肯定态度②。

在清代文学史上,学界基本都承认方苞一代古文宗师的地位,特别是作为清代最大文派的桐城派,对其更是推崇有加,把他与刘大櫆、姚鼐并称"三祖"。对桐城派有深入研究的郭绍虞先生,在《中国文学批评史》中把方苞开创的义法理论看作桐城派立派的基础,称其"集古今文论之大成"③。王德威先生也高度评价方苞义法理论,赞其"为同时代的学者们提供了知识导向和文体指南"④。

与文学史相比,清代学术史对方苞评价不高的原因是多方面的。其一,方苞的学术造诣虽然涵盖经、史、子、集四部,但后来的研究者往往专攻一点,对其他方面视而不见,有意无意地窄化了方苞的成就。其二,方苞在学术和政治上没有自立门派。虽然《清儒学案》设"望溪学案",但并不存在一个实体的门派,方苞的得意门生,包括行其道的雷鋐和尹会一,传其文的刘大櫆和沈廷芳,承其学的王又朴、沈彤、程廷祚、叶酉,广其门的陈大受、李清芳、官献瑶、汪师韩、王兆符、程崟等,他们都和方苞一样,虽有师承,但并无门户之见。

---

① 顾颉刚:《方苞考辨〈周官〉的评价》,见《文史》(第37辑),北京:中华书局,1993年,第1页。
② 王汎森:《权利的毛细血管作用——清代的思想、学术和心态》,北京:北京大学出版社,2015年修订版,第36~77页。
③ 郭绍虞:《中国文学批评史》,天津:百花文艺出版社,2008年,第488页。
④ 王德威:《文的复兴:桐城派的悖论》,见《剑桥中国文学史》,北京:生活·读书·新知三联书店,2013年,第474页。

至于桐城派,方苞在世时并不存在,它由姚鼐所创立①,方苞只是后来被尊奉为"三祖"之一而已。其三,汉宋之争的影响。汉宋之争是清代学术发展的线索,从清初到清末,此消彼长,但是后来清代学术史的书写,基本以汉学为主体,宋学家及方苞地位不高。其四,方苞性格迂阔,为人耿直,好面折人过,在朝时得罪不少人,因此带来一些负面评价。由此引发的一些附会之说与其他因素混合在一起,长久流传,让后人真假莫辨,影响方苞正面形象的树立和传播②。

第四,当代在方苞研究领域的成果不多。从学术专著来看,到目前为止,共有 7 部:张高评的《比事属辞与古文义法——方苞"经术兼文章"考论》(新文丰出版公司,2016 年);刘康威的《方苞的〈周礼〉学研究》(台湾花木兰文化出版社,2011 年);丁亚杰的《生活世界与经典解释:方苞经学研究》(台湾学生书局,2010 年);廖素卿的《方苞诗文研究》(台湾花木兰文化出版社,2009 年);黄肇基《鉴奥与圆照——方苞林纾的〈左传〉评点》(允晨文化实业,2008 年);许福吉的《义法与经世》(学林出版社,2001 年);姚翠慧的《方望溪文学研究》(台北文史哲出版社,1988 年)。概而言之,这几部专著有学的研究,也有文的研究,可惜著者都不在中国大陆。从文献使用来看,基本都是传统文献,对新文献的发掘使用较少。此外,方苞传记有两本:朱洪的《方苞传》(安徽文艺出版社,2012 年);王思豪的《方苞传》(江苏人民出版社,2016 年)。前者偏于文学性,后者重于学术性。

从核心期刊(CSSCI)学术论文来看,从 2011 年到 2020 年,仅发表 10 篇方苞专题研究论文,分别是:任雪山《江永、方苞京师之会的书写与汉宋之争》(《北京社会科学》2020 年第 7 期)、刘文龙《"义""法"离合与方苞的评点实践》(《文学评论》2020 年第 1 期)、王高昆《再读方苞 允执其中》(《中国出版》

---

① 参见陈平原:《文派、文选与讲学——姚鼐的为人与为文》,载《学术界》,2003 年第 5 期。王达敏:《姚鼐与乾嘉学派》,北京:学苑出版社,2007 年。
② 参见任雪山:《文界革命:梁启超论桐城派》,载《学术界》,2015 年第 1 期;任雪山:《钱大昕与方苞的一桩学术公案》,载《兰台世界》,2017 年第 8 期。

2019年第8期)、常虚怀《刘文典所藏方苞手稿之刊布始末》(《图书馆杂志》2018年第1期)、任雪山《方苞与清代的图书编辑出版》(《图书馆》2017年第11期)、董根明《方苞史学思想初探》(《史学史研究》2016年第4期)、余秉颐《颜李学派与方苞的学术公案——〈李刚主墓志铭〉略考》(《中国哲学史》2014年第4期)、石雷《方苞古文理论的破与立——桐城"义法说"形成的文学史背景分析》(《文学评论》2013年第5期)、朱洪的《方苞父亲方逸巢与曹寅交往考》(《学术界》2012年第2期)、江小角《方苞的文论思想及其散文创作特色》(《江淮论坛》2011年第5期)。总体来看，这些论文吸收了最新的文献成果，反映了方苞研究的当代水平。

从高级别科研项目立项情况来看，总量较少。以方苞为主题的国家社科项目只有一项：2020年任雪山的"方苞与清代学术研究"。以方苞为主题的教育部社科规划项目也只有一项：2019年任雪山的"方苞年谱长编及数据库建设"。

从博硕士论文来看，在数量上，硕士论文明显多于博士论文，且有持续上升趋势；就专业内容而言，以文学为主，兼涉史学、哲学、艺术各个专业。具体来说，内地(大陆)博硕士学位论文有：田丰《论方苞经学及其与古文创作的关联》(2014年南京大学博士论文)，刘文彬《方苞时文研究》(2013年复旦大学博士论文)，师雅惠《方苞学术思想与文论》(2009年中国社科院博士论文)；李晓琳《方苞〈礼记析疑〉研究》(2020年曲阜师范大学硕士论文)，何昶熠《方苞〈左传义法举要〉〈史记评语〉"义法"研究》(2017年陕西师范大学硕士论文)，曹雪《方苞〈钦定四书文〉研究》(2017年江西师范大学硕士论文)，薛业婷《方苞〈朱子诗义补正〉研究》(2016年暨南大学硕士论文)，吴惜言《方苞"义法"说研究》(2015年华中师范大学硕士论文)，叶翠《"艺术莫难于古文"——论方苞的古文理论与古文艺术》(2015年安徽师范大学硕士论文)，秦强《方苞〈春秋〉学思想研究》(2013年江西师范大学硕士论文)，刘月菊《方苞交游考论》(2013年扬州大学硕士论文)，鲁青《方苞"记"体文与"纪事"文研究》(2013年安庆师范学院硕士论文)，裴元凤《方苞〈钦定四书文〉研究》

(2008年南京大学硕士论文),镇方利《方苞"义法"说的现代阐释》(2008年四川师范大学硕士论文),赵国安《〈归方评点史记合笔〉研究》(2008年广西大学硕士论文),郝春炜《方苞与"〈南山集〉案"》(中国人民大学2007年硕士论文)。港台博硕士学位论文有:黄肇基《清代方苞林纾〈左传〉评点研究》(2007年台湾师范大学博士论文),蒲彦光《明清经义文体探析——以方苞〈钦定四书文〉为中心观察》(2007年佛光大学博士论文),廖素卿《方苞诗文研究》(1991年中国文化大学博士论文);陈永顺《方苞〈春秋直解〉研究》(2012年台湾高雄师范大学硕士论文),蓝渝坚《方苞〈礼记析疑〉评议郑〈注〉考辩》(2009年铭传大学硕士论文),刘康威《方苞的〈周礼〉学研究》(2005年东吴大学硕士论文),金姬成《望溪古文理论及其实践》(1992年台湾师范大学硕士论文),朱崇学《方苞的生平与学术》(1986年香港大学硕士论文)等。应该说,方苞研究已经从各个方向展开,但高质量的系统性研究还比较缺乏。

从文献整理来看,1983年上海古籍出版社出版、刘季高校点的《方苞集》,是当代方苞诗文集的通行版本。1990年黄山书社出版、徐天祥和陈蕾点校的《方望溪遗集》为方苞佚文集。2018年复旦大学出版社出版、彭林和严佐之教授主编的《方苞全集》,共400余万字,计13册:第一册《朱子诗义补正》《周官辨》;第二册《周官集注》;第三册《周官析疑》《考工记析疑》;第四册《仪礼析疑》《丧礼或问》;第五册《礼记析疑》;第六册《春秋通论》《春秋比事目录》《春秋发疑》《春秋直解》;第七册《左传义法举要》《方氏左传评点》《史记注补正》《方望溪平点史记》《删定荀子管子》《离骚经正义》;第八册《方望溪文集全编》(上);第九册《方望溪文集全编》(下);第十册《钦定四书文》(上);第十一册《钦定四书文》(下);第十二册《古文约选》;第十三册《附录》。概而言之,其内容以《抗希堂十六种》、刘季高校点的《方苞集》、徐天祥与陈蕾编选的《方望溪遗集》为基础,略有增补。在学术著述方面,增补了《朱子诗义补正》《春秋发疑》《方氏左传评点》《方望溪平点史记》;在编著方面,增补了《钦定四书文》《古文约选》;在诗文集方面,仅增补一篇《四书疑问序》;在附录方面,增补了关于方苞及其著作的部分资料,以清代为主。

《方苞全集》是迄今为止收录内容最全的方苞各类著述的汇编,吸纳了部分前人整理成果,但在补佚等方面也有点不足,期待以后修订时能得到完善。

整体既是个体之和,也是个体对整体的想象。笔者虽然尽力奔走于全国各大图书馆,查阅第一手资料,搜集整理了不少全新的方苞文献,但因为能力有限,时间也比较仓促,因此书中很多地方都还有待完善和深入,希望能够得到方家的指点。

目　录　MULU

第一章　方苞与江南遗民文化 ………………………………………… 1
 第一节　不忘故国：祖父与江南遗民 ……………………………… 2
 第二节　不仕清廷：父亲与江南遗民 ……………………………… 4
 第三节　情投意合：方苞与江南遗民及其后裔 …………………… 9
 第四节　继志述事：方苞的江南遗民书写 ………………………… 17

第二章　《南山集》案及方苞人生遭际 ……………………………… 24
 第一节　方苞为何身陷《南山集》案 ……………………………… 24
 第二节　抓捕方苞时的各方角力 …………………………………… 30
 第三节　方苞审判的台前幕后 ……………………………………… 35
 第四节　《南山集》案对方苞的影响 ……………………………… 39

第三章　从满汉交往到声名显达 ……………………………………… 47
 第一节　披豁素交：与帝师徐元梦的交游 ………………………… 47
 第二节　崇学重教：与总河顾琮的往来 …………………………… 51
 第三节　躬行践履：与清宗室德沛的交游 ………………………… 54
 第四节　共事庙堂：与大学士鄂尔泰的往来 ……………………… 57
 第五节　寄情山水：与石永宁家族的交游 ………………………… 61

第四章　从修书总裁到著作等身 ……………………………………… 65
 第一节　方苞与清代图书编辑出版 ………………………………… 65
 第二节　方苞著述考辨 ……………………………………………… 78

第五章　翰林院教习及方苞弟子谱系 ·············· 93
    第一节　行其道：雷鋐与尹会一 ················· 94
    第二节　传其文：沈廷芳与刘大櫆 ················ 101
    第三节　承其学：王又朴、沈彤、程廷祚、叶酉 ········ 106
    第四节　广其门：程崟、官献瑶、陈大受、汪师韩 ······ 110

第六章　理论纷争与清代学术史书写 ············· 113
    第一节　方苞与江永的京师之会与汉宋之争 ········· 113
    第二节　方苞与钱大昕的学术公案及汉宋之争 ········ 126

第七章　文以载道与清代古文革新 ··············· 135
    第一节　重建古文道统、文统谱系 ················ 136
    第二节　确定古文语体、文体边界 ················ 141
    第三节　开创古文义法理论体系 ················· 147

第八章　一代宗师的生成及其形象流变 ············ 156
    第一节　志业确立：与徐乾学士人群体之交游 ········ 156
    第二节　贵人相助：与李光地士人群体之交往 ········ 160
    第三节　权力加持：与帝王及满族仕宦高层的往来 ····· 163
    第四节　勤勉励行：一代宗师地位之确立 ··········· 168
    第五节　身不由己：方苞宗师形象的历史嬗变 ········ 172

附　录 ································· 176
    一、方苞佚文30余篇校释 ···················· 176
    二、方苞弟子考 ··························· 212
    三、方苞文集版本考 ························ 228
    四、方苞籍贯、字号及进士身份考 ··············· 241
    五、方苞"义法"理论70年研究综述 ·············· 245

参考文献 ······························· 267
后　记 ································ 281

第一章　方苞与江南遗民文化

甲申之变后,清军入主中原,定鼎北京,但并没有实现国家的真正统一。1644年崇祯自缢,明朝宗室及臣僚大举南下,占据淮河以南半壁江山,与清相抗,先后建立弘光、鲁王、隆武、绍武、永历等政权,史称"南明"。康熙元年(1662),永历帝被吴三桂杀于昆明;康熙三年(1664)夔东十三家抗清失败,明朝在大陆的抵抗结束;康熙二十二年(1683),施琅攻克澎湖,延平王郑克塽降清,宁靖王朱术桂自杀殉国,最后一支明朝抗清势力覆灭。王蘧常谈及南明时称:"两都覆灭之后,抗清斗争还延续达四十年之久(至康熙二十二年即一六八三年为止)。"[①]南明四十年历史,是与清军割据混战的历史,而南明的精神故乡金陵,不仅是弘光政权所在地,也是明朝开国定都之地。这正是方苞出生时的社会背景和文化环境。

清初的江南,是一个特殊区域,虽然经济富庶文化兴盛,但也是"各种反清运动的频发地,亦是悖逆言辞生产的策源地"[②],还是在清军入关后抵抗最顽强的地区,曾出现"扬州十日""嘉定三屠"等重大历史事件。江南地区的抗清运动,给满人造成极大的困扰,"其声势之猛烈、地域之辽阔,完全出乎清廷

---

① 王蘧常:《顾亭林诗集汇注·前言》,上海:上海古籍出版社,1983年,第1页。
② 杨念群:《何处是江南:清朝正统观的确立与士林精神世界的变异》,北京:生活·读书·新知三联书店,2010年,第350页。

意料,几乎有难以招架之势"①。在这些抵抗运动中,明遗民是重要的力量,他们虽为一介文士,但心系国家,时常穿梭于武将、乡民与各种社会团体之间,鼓舞士气,群集力量。方苞的先辈方以智、方文、方其义、方授等都活跃其中。

第一节 不忘故国:祖父与江南遗民

方苞先世居桐城。崇祯七年(1634)桐城民变,方苞曾祖方象乾与五弟方拱乾及方以智兄弟等桐城桂林方氏迁金陵,并定居于此。后方苞之父方仲舒出赘六合,留滞棠邑十年。康熙七年(1668)四月十五日,方苞出生于江宁府六合县留稼村,六年后举家返回金陵。

方苞祖父方帜(1615—1687),象乾长子,字汉树,号马溪,年十一入安庆府学,与里中诸名士结环中社。随父迁金陵后,"垂五十年,牛首、雨花之间题咏无虚日"②,被师友推为"江上十子"之首。方苞多年后,为其作墓志铭称:"大父文学为同时江介诸公所重。"③顺治十四年(1657),方帜以年资贡礼部,当朝廷对第一,铨选授官,坚决推辞不就,归与江南诸遗民耆旧林古度、白梦鼎④、白孟新、杜濬(于皇)、顾梦游(舆治)等相唱和。

林古度(1580—1666),字茂之,号那子,福建福清人,明亡后,流寓金陵,在江南遗民诗人中,"年辈最长并声名甚盛"⑤,王士禛称其"文苑尊宿,此为硕果,亦岿然老灵光矣"⑥。虽然生活清苦,但他常与遗民诸老聚会酬唱,吟咏性情。方帜厕身其间,耳濡目染,心有所许,其诗《立冬前五日林那子招饮南郊看菊同顾舆治、白孟新》曰:"小春天气恰如春,胜地徜徉赖主人。十月寻

---

① 顾诚:《南明史》(上),北京:光明日报出版社,2011年,第168页。
② 潘江:《龙眠风雅续集》卷二十五,康熙二十九年(1690)刻本。
③ 方苞:《方苞集》,刘季高校点,第490页。
④ 方帜第四子珠鳞,配上元贡生白梦鼎女,生三子:蓍、苑、辛元。
⑤ 严迪昌:《清诗史》,北京:人民文学出版社,2011年,第65页。
⑥ 钱仲联:《清诗纪事・明遗民卷》(一),南京:江苏古籍出版社,1987年,第6页。

秋宁惮远,一厄对菊竟忘贫。艳当日午全无恨,高立霜初独有神。今岁看花总两度,同游犹集旧时宾。"在战乱不断的清初江南,能够有一群同侪,呼朋引伴,赋诗填词,亦不失为人生一大慰藉。《茶村孟新先后见过留饮限娇字黄字》记录了当时雅集的情形:"宴坐爱秋阳,晴光就草堂。正当诗客过,共对菊花黄。远述开元旧,闲征煮蟹方。香山期不至,新酿敢先尝。"林古度去世后,方帜颇为伤感,作《吊林那子》诗三首,深情追忆老友,其一曰:"江南不见老诗人,百岁难留十四春。袖底一钱存万历,舌端千首忆双亲。竟陵在日诗名并,宗伯遗风墨迹新。乱后欲详天宝事,白头宫女委青燐。"①诗中"袖底一钱存万历"化用林古度"登高空忆梅花岭,买醉都无万历钱"之句,表达遗民对前明的眷恋之情。

康熙十三年(1674),廷议复明经得授,方帜不得已出任芜湖训导,其实心有苦衷:"我是烟霞客,应试多苦衷。廷对冠六经,名在铨选中。贱比报关吏,岂有麟阁功。一命视河清,出处两从容。"身在曹营心在汉,是清初不少汉族官员的普遍心态。方帜亦如此,经常感觉人在樊笼,不得自由,难免会想念诸位老友:"人日梅花下,吹香似旧时。山焕春亦到,客冷主能知。对月金樽倒,当歌翠袖垂。所思惟老友,胜景各天涯。"(《人日怀于皇孟新诸子》)或以道家思想自我开解:"少年颇好道,中为尘俗牵。家国阅沧桑,此心已了然。犹记拘囿日,萧萧岁暮天。身在樊笼外,胜陟方壶巅。"尤其是清廷发布剃发、易服令后,激起汉人的极大愤慨,其《剃发》诗揭示了江南士人在剃发、易服令笼罩下的惊恐人生:"一剃一回老,惊看白渐繁。易同春草长,难共葛巾存。废镜逃清照,衔杯学醉髡。岂惟栉沐简,更掩雪霜痕。"艰难岁月,幸好老友尚在,心多宽慰。得到白梦鼎专程看望后,方帜写诗《白大孟新来芜相晤限秋莺字》云:"江上怀人正蚤秋,人来江上雨初收。海棠倚砌红如滴,家醅倾杯绿可浮。茂叔同官多意气,参军作客尚淹留。故交新好成星聚,未许忙回白下舟。"

在家族中,方帜与著名遗民诗人方文往来密切。方文(1612—1669),字

---

① 本节所引诗歌,没有明确标注的,皆来自潘江《龙眠风雅续集》卷二十五,康熙二十九年(1690)刻本。

尔止,别号明农,方大铉之子。明朝天启末诸生,入清不仕,常与复社、几社中人交游,以气节自励,钱谦益称其"遗民宿老"①。方文自号嵞山,诗集亦命名为《嵞山集》。嵞山在怀远县城外,为朱元璋起兵之地,以嵞山为号,饱含不忘故国之意。在一些特别的日子里,他们常赋诗抒怀。如甲申年(1644)农历三月十九日,崇祯帝煤山自尽,统一的大明不复存在,从此这个日期"成为民族情绪的标志"②,黄宗羲有《三月十九日闻杜鹃》、顾炎武有《三月十九日有事于攒宫时闻缅国之报》、冷士嵋有《三月十九日圣忌日偶成》等。方文几乎每年是日皆作诗,缅怀大明,比如其《三月十九日作》:"年年今日强登高,独立南峰北向号。漫野玄云天色晦,美人黄土我心劳。虚疑杨柳牵愁绪,不忍沧浪鉴鬓毛。前辈有谁同此恨,雪庵和尚读《离骚》。"③方帜亦受其感发,慷慨赋诗《三月十九日偶作》:"吾家高尚嵞山老,此日年年一作诗。歌断首阳愁夕雾,节同寒食感春时。嵩呼昨夜随来众,弓坠煤山记得谁。独焚瓣香更野服,不堪啼血过青枝。"方帜与方文,同属桐城桂林方氏,年岁亦相仿,都对大明怀有眷眷之情,这种感情在现实生活中也许不能自由抒发,只有在诗文中倾诉。当然平常日子里,叔侄感情甚笃,即便一道美食,也都会让方帜念起这位本家:"四月鲥鱼价渐平,一双那得易为情。雨中好就阶前洗,兴至须拼瓮底倾。举室欢声因此出,无端感慨忽然生。醉馀频诵春江句,叹息诗坛失步兵。"(《雨中有以鲜鲥见饷者忆嵞山叔父》)

第二节 不仕清廷:父亲与江南遗民

方苞父亲方仲舒(1638—1707),方帜仲子,字南董,又字董次(懂次),号逸巢,上元县岁贡生。少好老庄之书,性豁然无拘碍,喜交游,不治生产,耽于

---

① 钱谦益:《送方尔止序》,见李圣华:《方文年谱》,北京:人民文学出版社,2000年,第508页。
② 严迪昌:《清诗史》,北京:人民文学出版社,2011年,第160页。
③ 方文:《方嵞山诗集》(下),胡金望、张则桐校点,合肥:黄山书社,2010年,第257页。

诗酒，胸无城府。著有《棠村集》《爱庐集》《渐律草》《甲新草》《卦初草》《瞻云堂集》①等。邓汉仪（1617—1689）曾评价方仲舒："董次名家俊才，而至性纯谨，与交游之前辈极谦退，修子弟之职，茶村每称道之。固不独其诗秀拔，而思致更超也。"②

方仲舒早年就读于国子监，但旋归故里，终生不仕清廷，与明遗民杜濬、杜岕、钱澄之、方文、方授、张怡、胡其毅等相友善。戴名世为方仲舒作传时称："宗老盦山及杜于皇、钱饮光皆造门降行辈与之交。"③方苞提及父亲时也常说："昔先君子不治生产，而好交游……然先君子所交，皆楚、越遗老。"④

提起金陵遗民，基本都知道"余杜白"，即余怀、杜濬和白梦鼎。杜濬（1611—1687），字于皇，号茶村，湖北黄冈人。《江南通志》称其"侨居白下，以诗名"⑤，《大清一统志》评杜濬"诗文豪健，自辟畦町"⑥。著有《变雅堂诗集》《变雅堂文集》等。杜濬之弟杜岕（1617—1693），号些山，字苍略，有《些山集》。二人皆为明诸生，明亡后流寓金陵，列《清史稿》"遗隐"类。方帜与二杜相友善，方仲舒遂从游，彼此"以诗相得，且晚过从，非甚雨疾风无间"。方仲舒还在家里专辟一室，"纵横不及寻丈，置床衽几砚。先生至，则啸咏其中"，方苞兄弟每逢此时"奉壶觞"随侍左右。有时结伴出门，"寻花葑，玩景光，藉草而坐，相视而嘻，冲然若有以自得，而忘身世之有系牵也"⑦。礼尚往来，杜濬也会准备酒食，招呼方仲舒携二子前往，"其接如家人"。杜濬不在金陵时，仲舒时常怀念老友。《江舟食蟹有怀茶村先生》诗曰："年年秋老共持

---

① 方仲舒的《瞻云堂集》，初见于邓汉仪《诗观二集》（康熙十七年），金鳌的《金陵待征录》（光绪二年）、朱绪曾的《国朝金陵诗征》（光绪十二年）、陈作霖的《金陵通传》（光绪三十年）亦有著录。除此而外，他处少有提及，包括《桐城续修县志》《重修安徽通志》和《桐旧集》等。方苞亦未提及。
② 邓汉仪：《诗观二集》卷四，康熙十七年（1678）刊本。
③ 徐璈：《桐旧集》卷二，咸丰元年（1851）刻本。
④ 方苞：《方苞集》卷十七，第502页。
⑤ 赵宏恩：《江南通志》卷一百七十一，康熙二十三年（1684）刊本。
⑥ 穆彰阿：《大清一统志》卷一百二十六，道光二十二年（1842）刊本。
⑦ 方苞：《方苞集》卷十，第250页。

鳌,大梦堂前饮兴豪。今我几番夸砍雪,知公何处快挥毫。""南郊延赏肩舆远,北郭行吟步屣高。此日追陪风日好,丹枫黄菊拥香醪。"①此外,《国朝金陵诗征》收录的《郑岩听留饮西园怀杜茶村先生》记载当年情形:"昨夜宿山寺,今宵坐竹林。身移对江影,人共隔年心。病酒仍耽醉,删诗更苦吟。不知杜陵叟,何处看浮沉。"②康熙二十五年丙寅(1686),杜濬感觉自己去日无多,携襆被登门,交代身后之事:"吾老矣!将一视前民,归而窟室蒋山之阳,死即葬焉。"不料外出数月,客死扬州。举行葬礼时,方仲舒为之执绋送葬,检查墓穴,并嘱咐方苞为其作墓志:"先生吾所尊事,汝兄弟亲炙,可吾志乎?"③方苞为杜氏兄弟分别作《杜茶村先生墓碣》《杜苍略先生墓志铭》。

方仲舒与方文关系尤其密切,他与吴氏的婚姻也和方文有一定的关系,后来才有了方舟、方苞、方林诸儿。方苞在《先母行略》中记载此事:"(外祖)罢官,流寓江、淮间。于吾宗老嵞山所,见先君子诗,因女焉。"《同知绍兴府事吴公墓表》一文亦云:"(外祖)往来金陵,与吾宗故老嵞山及黄冈二杜公游。见先君子诗,许以吾母继室。"④方文在其诗中也提及这段姻缘:"今夜张筵对雨窗,来朝挂席下秋江。不知新妇于归后,可许人言有阿双。"⑤(《枞川夜集送从孙懵次就婚六合》)《喜从孙懵次见访草堂》亦曰:"尔去灵岩结好因,村居虽僻远嚣尘。身闲努力为诗伯,年少甘心学逸民。交有紫河真莫逆,才如明圃更无伦。过江每念嵞山老,把酒看花日几巡。"⑥方文对仲舒不仅偏爱有加,关心其婚姻大事,而且对其评价很高,把他与本家诗人明圃相比。"明圃",即方授(1627—1653),字子留,崇祯末年诸生,明亡后出家为僧,秘密从事抗清运动,可惜英年早逝,卓尔堪的《明遗民诗》称其"悲困忧郁以死"⑦。

---

① 徐璈:《桐旧集》卷二,咸丰元年(1851)刻本。
② 朱绪曾:《国朝金陵诗征》,光绪十二年(1886)刻本。
③ 方苞:《方苞集》卷十三,第400、401页。
④ 方苞:《方苞集》卷十五,第338、449页。
⑤ 方文:《方嵞山诗集》(下),第617页。
⑥ 方文:《方嵞山诗集》(下),第792页。
⑦ 卓尔堪:《明遗民诗》,北京:中华书局,1961年,第51页。

他是方大美四子方应乾的第三子,方仲舒是方大美三子方象乾之孙。方仲舒对其推崇有加,存诗一首《病起乞子留拄杖》,礼敬族叔:"嗣宗真矍铄,坐立似苍松。白发登临兴,青鞋笑傲踪。寻花时有约,踏月每相逢。一杖徒虚置,天教付仲容。"①

张怡(1608—1695),上元人,初名鹿征,字瑶星,甲申后更名"遗",以诸生荫锦衣卫千户。其父张可大,为明季登莱总兵,死于孔有德登莱之乱。明亡后归里,隐居金陵摄山白云庵,更名"怡",号白云道者。一生著述颇丰,涉猎经史,于书画金石也有造诣,著有《三礼合纂》《玉光剑气集》《谀闻续笔》《濯足庵文集钞》《白云道者自述稿》《白云言诗》《摄山志略》《金陵私乘》等。朱彝尊《明诗综》称其"甲申陷贼不屈,受刑洁身"②,卓尔堪《明遗民诗》称其"麻衣葛巾终其身,五十余年不入城市"③。其常往来者,多为明遗民。方苞作《白云先生传》,称其与"海内三遗民"之沈寿民、徐枋相比,有过之而无不及,不求声名于时人。张怡临死,仍不忘留节操于后世:不用好棺木,"附身裣衣,乃卒"。"裣衣"为何,未见详说。满人入主中原后,很快颁布剃发、易服之令,遭到汉人强烈反抗,清廷被迫做出些许让步,规定"十从十不从",其中第二条即"生从死不从",因此不少汉人,包括被迫降清贰臣,死后着故国衣冠下葬,表达其身心的归属。想必如张怡者,亦当如是。张怡闲来读书著述,所著达数百卷。方苞之父仲舒等人请求刊行而弗许,但言他年下棺并藏。乾隆间,方苞官礼部侍郎,出任三礼馆总裁,奉诏修纂《三礼》,访求遗书。张怡后人有以献郡守,实为幸事。然方苞未得见,终为遗憾。

胡其毅,字静夫,又字致果,上元人,明清著名刻书家胡正言之子,有《静拙斋诗选》《微吟集》等。卓尔堪在《明遗民诗》称其"平生谦谨自持,至老不变,为诗亦尚冲淡"④。与钱谦益、杜濬兄弟、孔尚任、彭士望、王大江等皆有

---

① 徐璈:《桐旧集》卷二,咸丰元年(1851)刻本。
② 朱彝尊:《明诗综》卷八十,《钦定四库全书》本。
③ 卓尔堪:《明遗民诗》,第1页。
④ 卓尔堪:《明遗民诗》,第514页。

往来，与方仲舒或由杜濬介绍相识。①《国朝金陵诗征》收方仲舒致胡其毅诗一首："南轩欣得句，北郭觅知音。学积穷愁长，交凭淡漠深。枯鱼供小酌，野雀听高吟。翻覆看流俗，迂疏存古心。"②不难发现，方仲舒视胡其毅为知音好友，二人在曹寅的江宁织造府时有交集，这里是江南遗民雅集的一个中心，有诗为证："造物如春愁烂漫，酒杯山客谩操劳。北山拄杖西城屐，何处登临吟最高。""风卷江云堕鹤毛，竹炉新火熨重袍。半青半白覆檐柳，乍笑乍啼当户桃。"③

方仲舒的交游，除了上述诸君，尚有郑岩听、王大江、纪瞻、吴榷，更有与他一起结"皓社"的40年的老友陈书、汪泳思、赵苍真等。可以说，方仲舒是不折不扣的明遗民，他所往来的人也基本都是遗民，陈鹏年称"楚越遗民道江介多造其庐"④。《同治上江两县志》称其"有隐逸名"⑤，《安徽通志稿》亦称其"隐逸名江南北"⑥。方仲舒因为不事科举，没有功名，与大多数明遗民一样，生活困苦，常常在诗酒唱和中寄托理想。其诗《赠方贻子》明确表达了自己的出处态度与人生祈向："两代遭逢成汉魏，半生踪迹各西东；今朝共醉非容易，故国风云在眼中。"⑦

从作品来看，方仲舒一生作诗3000余首，留下的很少，特别在《南山集》案发时，悉数被方苞所烧，"诸集遂无遗"⑧。为什么要销毁所有诗集？严迪

---

① 杜濬在《胡曰从中翰九十寿序》中交代了与胡其毅父子几十年的友谊："忆余自客金陵，即交曰从胡先生，于今四十年矣。曰从以今癸丑秋九月岿然寿登九十……于是其二令子来余草堂，再拜具述尊君旨，而仲子致果与余为席研交，亦且三十年。世好弥笃，尤三致意焉。"杜濬：《变雅堂文集》，《四库禁毁书丛刊》本，北京：北京出版社，1997年，第366页。
② 朱绪曾：《国朝金陵诗征》，光绪十二年（1886）刻本。
③ 曹寅：《楝亭集笺注》，胡绍棠笺注，北京：北京图书馆出版社，2007年，第184页。
④ 陈鹏年：《道荣堂文集》卷六，《清代诗文集汇编》（第211册），上海：上海古籍出版社，2010年，第669页。
⑤ 莫祥芝、甘绍盘：《同治上江两县志》卷十四，南京：江苏古籍出版社，1991年，第592页。
⑥ 安徽通志馆：《安徽通志稿·列传二》，铅印本，1934年。
⑦ 徐璈：《桐旧集》卷二，咸丰元年（1851）刻本。
⑧ 方苞：《方苞集》集外文补遗卷一，第628页。

昌称"为免招致罪名"①,这或许是最合理的解释,因为那些诗歌可能涉及"反清"之类内容,为朝廷所不容。因此,当邓汉仪欲收录其诗时,方仲舒"再致书必毁所刻而后止"②,即使方苞在其晚年"请录诸集贰之",仲舒亦不许。方仲舒的担心是有理由的,顺治十四年(1657)的江南科场案,方氏族人受到沉重打击,方拱乾举家被流放宁古塔,让人心有余悸③。由此可知,方仲舒与他的遗民朋友的作品主题是一致的。

第三节　情投意合:方苞与江南遗民及其后裔

余英时曾说,治遗民志节者必不可忽视其家庭背景④。方苞的遗民家世,使得其自小与遗民常相往来。方苞常说:"仆少所交,多楚、越遗民。"⑤其实何止少时,纵观方苞一生,与其志趣、术业相近者,多为明遗民或其后裔。

方苞结识的前辈遗民主要有五位:杜濬、杜岕、黄周星、钱澄之、万斯同。前两位上文已述,黄周星、钱澄之和万斯同与方苞的交往,学界较少提及。

黄周星(1611—1680),字景虞,号九烟,湖南湘潭人,生于上元,崇祯十三年庚辰(1640)进士,官户部主事,入清不仕,自称黄人,有《九烟先生遗集》。黄周星与吕留良、徐枋、林古度、尤侗、杜濬等相交甚笃,卓尔堪《明遗民诗》称其"素怀灵均之志,终投秦淮以死"⑥。杜濬有《跋黄九烟户部绝命诗》,黄周星有《秋日与杜于皇过高座寺等雨花台》。现存刘季高校点的《方苞集》,并无黄周星的任何信息,但方苞文集初刊本《望溪先生文偶抄》却有黄周星的评

---

① 严迪昌:《清诗史》,第170～172页。
② 方苞:《方苞集》集外文补遗卷一,第627页。
③ 直到顺治十八年(1661)冬月,方拱乾一家才离开宁古塔,启程南归。
④ 余英时:《方以智晚节考》(增订本),北京:生活·读书·新知三联书店,2012年,第93页。
⑤ 方苞:《方苞集》卷六,第174页。
⑥ 卓尔堪:《明遗民诗》,第1页。

点。① 在文集附录的近百位评论者中,有五人被方苞尊为先生,其中三人为明遗民,即钱澄之、杜苍略、黄周星。在作品中,明确称呼反清的遗民为先生,不仅凸显方苞的遗民心态,也反映了其社会交往与价值认同。黄周星也非常喜欢这个后辈,曾化用枚乘《七发》之言高度评价方苞的《书〈孟子荀卿传〉后》一文:"深识卓论,文体峻削,如龙门之桐高百尺而无枝。"②

钱澄之(1612—1693),初名秉镫,字饮光,晚号田间老人,江南桐城人。崇祯时秀才,南明唐王时,授漳州府推官;桂王时,授礼部仪制司主事,考翰林院庶吉士,与陈子龙、夏允彝、方文、方以智等结社。尤负诗名,与同期的顾炎武、吴嘉纪并称"江南三大遗民诗人",被王夫之评曰"诗体整健"③,著有《田间诗集》《田间文集》《田间易学》《藏山阁集》等。康熙二十五年(1686),在方苞随父亲方仲舒回安庆应试,路过枞阳时,钱澄之凌晨前来探望,说:"闻二子皆吾辈人,欲一观所祈向,恐交臂而失之耳。"④能够被遗民前辈、文学宗师引为"吾辈人",不管是喜好诗文,还是心系故国,都让人欣慰,这既是前辈的期许,也是后辈的承续,表明彼此的身份认同与志趣相投。自此以后,"先生(钱澄之)游吴越,必维舟江干,招余兄弟晤语,连夕乃去"。钱澄之对方苞兄弟颇为称道,在方苞《书〈淮阴侯列传〉后》一文后,钱澄之评曰:"人人读《淮阴侯传》,何以不拟议及此,二千年后左马乃得知己。余尝谓二方竞爽,乃吾乡白云浮渡之灵。昆山徐司寇、长洲韩学士云,此吾代有数大秀才。"⑤而在学术祈向上,钱澄之与杜濬等一起,劝勉方苞兄弟不必为科举所束,摒弃八股时文,致力于经学古文。作为桐城遗老耆旧,钱澄之等人热心关怀后辈的成长,亲身垂教,对后辈人生与学术的影响无疑是深远的。马其昶《桐城耆旧传》云"望溪少时承其(钱澄之)绪论,后遂蔚为儒宗"⑥,表明方苞与钱澄之的先后

---

① 方苞:《望溪先生文偶抄》,乾隆十一年(1746)初刊本。
② 方苞:《望溪先生文偶抄》,官献瑶刊,乾隆十三年(1748)刻本。
③ 钱仲联:《清诗纪事·明遗民卷》(一),南京:江苏古籍出版社,1987年,第370页。
④ 方苞:《方苞集》卷十二,第336~337页。
⑤ 方苞:《望溪先生文偶抄》,官献瑶刊,乾隆十三年(1748)刻本。
⑥ 马其昶:《桐城耆旧传》,彭君华校点,合肥:黄山书社,2013年,第179页。

承续关系。

万斯同(1638—1702),字季野,号石园,私谥贞文先生,浙江鄞县人,崇尚气节,绝意仕途,素以明遗民自居,从兄同受学黄宗羲,博通诸史,尤精明史。康熙十七年(1678),浙江巡抚举荐博学鸿词科,力辞不就。次年,清廷诏修《明史》,总裁徐元文荐其入史馆。万斯同不署衔不受俸,以布衣参修《明史》,黄宗羲赞其"四方身价归明水,一代奸贤托布衣"①。后人熟悉万斯同修纂《明史》,而常遗忘其明遗民身份。他是方苞成年后真正往来的明遗民。方苞与万斯同的交往始于康熙三十年(1691)。时诸公以招收后学为名,天下士子咸聚京城,方苞亦随师高裔进京。是时万斯同年五十有余,硕儒前辈,声名远播,士子争与之游,唯方苞不与,"而季野独降齿德与余游"②。万斯同对方苞颇为欣赏,认为其"实可肩随退之"③。而方苞对万斯同亦礼敬有加,称万氏为谆谆施教的"真古人"④。从康熙三十年(1691)两人结识,到康熙四十一年(1702)万斯同去世,十余年间,方苞忙于生计与举业,奔走于江淮和京城。在京期间,方苞常与万斯同交流,并参与其讲经之会,万氏常"质余以所疑",方苞亦质疑于万氏⑤。离京期间,两人则通过信札传递彼此讯息,《方苞集》不少篇章记其事,如《与万季野先生书》《万季野墓表》《〈明史〉无任丘李少师传》《梅征君墓表》《书〈杨维斗先生传〉后》《汤潜庵先生逸事》等。康熙三十五年(1696),方苞南归之前,与万斯同曾有一次长谈,万氏不仅传史法于方苞,而且传文法于方苞。这次谈话对方苞影响深远,方苞曰:"余辍古文之学而求经义自此始。"⑥

通常认为,方苞首创古文义法。他在《又书〈货殖传〉后》一文中说:"《春

---

① 黄宗羲:《南雷诗历》卷四,《黄宗羲全集》(11),杭州:浙江古籍出版社,1993年,第340页。
② 方苞:《方苞集》卷十二,第332页。
③ 方苞:《望溪先生文偶抄》,官献瑶刊,乾隆十三年(1748)刻本。
④ 全祖望:《全祖望集汇校集注》,朱铸禹校注,上海:上海古籍出版社,2000年,第520页。
⑤ 方苞:《方苞集》卷十八,第520页。
⑥ 方苞:《方苞集》卷十二,第332页。

秋》之制义法,自太史公发之,而后之深于文者亦具焉。义即《易》之所谓'言有物'也,法即《易》之所谓'言有序'也。义以为经而法纬之,然后为成体之文。"①古文义法影响深远,后来成为桐城派乃至整个清代文法理论的核心概念,但是义法理论从何而来,少有人探讨。其实方苞《万季野墓表》中已有明确说明,该理论源自万斯同。这是《方苞集》中唯一交代义法理论来源之文。文中记载,万氏嘱托方苞,如果以古文为业,则"约以义法,而经纬其文,他日成书,记其后曰'此四明万氏所草创也'。则吾死不恨矣"②。方苞说得非常清楚,义法为万斯同所创,并由万氏传给他。万氏所传义法,实际源于史法。因修《明史》,当时京城宣讲史法、史例风气兴盛,万斯同"旬讲月会,从者数十百人"。方苞受万氏点拨与启发,把史学义法引入文章,开创古文义法。《方苞集》讨论义法的文章,创作时间几乎都在康熙三十年(1691)方苞结识万斯同之后,万氏影响可见一斑。

方苞日常往来最多的,还是与他一样的遗民后裔,比如王源、左未生、方正玢、乔介夫、查慎行、梁质人等,尤以王源、左未生、方正玢为代表。

王源(1648—1710),字昆绳,号或庵,顺天大兴人,是方苞笔下的"四君子"(也被奉为"敦崇堂四友")之一。王源虽为大兴人,但长期生活于江南。③其父王世德,为明代世袭锦衣卫,甲申之变后归隐于江淮间,与明遗民魏禧、梁以樟、方文等过从甚密。魏、梁二人都是王源老师,"对王源一生影响尤深"④。王源之父所著《崇祯遗录》,被献于万斯同所在的《明史》馆。王源曾参与《明史稿·兵志》修纂⑤。其父在世时,考虑到生计,支持他参加科举。父亲去世后,他便放弃举业。当时多数遗民自己不参加清朝科举,但默许子

---

① 方苞:《方苞集》卷二,第58页。
② 方苞:《方苞集》卷十二,第333页。
③ 王源5岁由京师迁江南宝应,21岁客扬州,26岁移居高邮,30岁客江都,31岁举家移居高邮,可以说从幼年到青壮年,王源大部分时间在江南,结交大量江南明遗民。
④ 马明达:《王源(昆绳)年谱》,载《暨南史学》(第五辑),2007年,第90页。
⑤ 王钟瀚点校:《清史列传》卷六十六《儒林传上一》,北京:中华书局,1987年,第5327页。

孙出仕,比如李颙不仕而其子应试,冒襄不仕而其子入仕。但遗民子弟对于参加科举还是有所顾虑。康熙三十二年(1693)王源中举之时,诸友祝贺,方苞却致书规劝:"吾兄得举,士友间鲜不相庆,而苞窃有惧焉。退之云:众人之进,未始不为退。愿时自觉也。"①方苞引韩愈之言对王源的规诫,也是对自己的警策。

方苞与王源最初相识,在康熙二十六年(1687)②。康熙三十年(1691)秋,方苞随恩师高裔进京,与王源长相往来。岁末,方苞与王源、姜宸英(西溟)相聚,论行身祈向。西溟先生曰:"吾辈生元、明以后,孰是如千里平壤拔起万仞高峰者乎?"王源称:"经纬如诸葛武侯、李伯纪、王伯安,功业如郭汾阳、李西平、于忠肃,文章如蒙庄、司马子长,庶几似之。"方苞曰:"此天之所为,非人所能自任也。学行继程、朱之后,文章介韩、欧之间,孰是能仰而企者?"③这是方苞第一次明确自己的行身祈向,后收入方苞手定的《望溪先生文偶抄》序言之中,作为理解方苞的一个重要准则。康熙三十五年(1696),王源之子王兆符拜方苞为师,成为方苞最重要的弟子之一,大力协助编辑刊刻《望溪先生文偶抄》。该本为后世见到的方苞文集最早最权威的版本。

康熙三十六年(1697),方苞客居宝应,馆于乔氏。而王源早年流转江淮间,客居宝应近二十年,与乔氏关系密切,因此方苞的宝应之行,或为王源所引荐。当时王源恰巧也在宝应,常与方苞、乔崇修(介夫)、乔又泓等一起聚饮,方苞《乔又泓哀辞》记其事。是年入秋,王式丹回宝应,与王源、方苞、乔介夫等在乔莱别墅纵棹园雅集,放舟醉饮,王式丹作长诗《偕昆绳弟、方灵皋、刘

---

① 方苞:《方苞集》附录三,第906～907页。
② 在《望溪先生文偶抄》初刊本评点中,王源评方苞《送刘函三序》时称:"此吾友二十岁时同客江阴使院作者,吾由是与为兄弟之称。发箧覆视,曾王能事以备得之矣。甲戌冬夜识于天津寓斋。"甲戌,即康熙三十三年甲戌(1694),王源时年47岁,而"吾二十岁时"即康熙二十六年(1687)方苞二十岁时;此前一年方苞随父应试皖江,当时李振裕提督江南学政,寻试各府州,驻江阴学使署廨。也就是说,康熙二十六年(1687)王源与方苞在江阴李振裕的学使署廨始以兄弟相称,此可为二人正式订交时间。
③ 王兆符:《望溪先生文偶抄·序》,《望溪先生文偶抄》,王兆符、程崟刊,乾隆十一年(1746)刻本。

雨峰、张无竟、乔念堂月下泛纵棹园醉歌》》①。第二年三月,方苞离开宝应时,王式丹亦有诗七首相赠②。王源一生喜任侠,好交游,可谓朋友遍天下,方苞称"而昆绳所与交善者,多与余游"③。方苞结识王源,并通过王源结识一群志同道合的朋友,实乃人生一大幸事。

　　方苞在故里"兄事者"三人,即戴名世、刘北固和左未生,而"惟与未生游处为久长",并称与其"臭味之同"④。左未生(1653—1720),即左待,字未生,号集虚,左光斗长子左国柱第六子,戴名世的姑父。左国柱,崇祯十二年(1639)副榜贡生,官武康知县,甲申之变后挂冠归隐,是名副其实的明遗民。《望溪集》收录左未生家族文章六篇,即《送左未生南归序》《左未生墓志铭》《祭左未生文》《左华露遗文序》《左仁传》《左忠毅公逸事》,其中三篇直接写左未生。康熙三十四、三十五年(1695、1696),戴名世、刘北固进京,左未生继至,与方苞一见如故。康熙五十年(1711)《南山集》案发生时,左未生正乘漕船南下,恨不能为方苞送别。康熙五十八年(1719)方苞扈从塞上,左未生千里探望,辗转相见,执手溪梁数月。康熙五十九年(1720),方苞赴塞上之前,催促左未生尽快归里,左未生坦言身体尚好,待秋风起再归,不料未及归而卒于京师。方苞为其撰写墓志铭,并题写墓碑:皇清故友文伯集虚左先生之墓。该碑至今屹立在故里山间,其深情日月可鉴。左未生尝言:"死于家,与死于朋友之手等耳。"不想一语成谶,他和方苞一样,都是视友如命之人。

　　方正玢(1670—1743),字弢采,号石耕,为方以智长子方中德之子,雍正七年(1729)举人,授直隶无极县知县,迁福州府同知,著有《梁研斋诗文集》。方中德(1632—1716)兄弟三人,与其父一样皆为明遗民,余英时称:"若密之

---

① 马明达:《王源(昆绳)年谱》,见《暨南史学》(第五辑),2007年,第135页。王式丹:《楼村诗集》卷七,见《清代诗文集汇编》(第166册),第597页。
② 王式丹:《楼村诗集》卷八《赠方灵皋南归七首》,见《清代诗文集汇编》(第166册),第610~611页。
③ 方苞:《宁晋公诗序》,见《方苞集》集外文卷四,第617页。
④ 方苞:《方苞集》,第189、471页。

三子,则皆可能世袭遗民者矣。"①方苞之父方仲舒与方中德兄弟相友善,而方正玢与方苞之兄方舟关系较好,后又与方苞常相往来,被方苞称为"十五弟",并曾为其子方根颖作《族子根颖圹铭》,感叹其命运之艰及现世之苦。此外,方苞曾于康熙壬午(1702)为方以智《无可和尚截断红尘圆轴》画外题跋:"江子长先生尝称为'四真子'云,盖谓真孝子、真忠臣、真才子、真佛祖也。此幅乃为摄山中峰张白云先生作也,笔墨高古绝伦,藏之名山,得垂不朽,亦幸矣哉。"②其仰慕之情,溢于言表。

其实,方苞的另外两位好友戴名世和朱书,也都有深沉的遗民情结,他们皆为方苞心中的"君子"。戴名世(1653—1713),字田有,一字褐夫,晚号南山先生。死后,讳其姓名而称"宋潜虚"。又称忧庵先生,江南桐城人。康熙四十八年(1709)己丑科榜眼,授翰林院编修。戴名世家族有遗民传统,曾祖戴震"弱冠为诸生,有声,后国变,痛哭,剃发服僧衣,入龙眠山中不出"③。其祖父回养山中。戴名世自幼喜欢收集明朝史事,并有大量书写南明史事及人物的文章,与明遗民多有往来。康熙五十年(1711),因《南山集》中录有南明抗清史事,并多用南明年号,而被赵申乔参劾,罹难。《南山集》案发生的背景,固然并不单纯,但也确与《南山集》中的大量遗民书写有关。纵观该集,或歌颂抗清义士,或表彰入清不仕的志士仁人,或揭露清军江南屠城的罪恶,或刻画清廷剃发易服令后画网巾先生这样的悲壮形象。在《与余生书》中戴名世甚至直接使用"弘光""隆武""永历"等南明君主年号④,其对明朝的眷眷之情昭然若揭。关爱和称戴名世:"史学家的良知与遗民情绪是混合并存的。"⑤郭豫衡说:"名世虽生长于大清王朝,没有经历过明清之际的时代巨变,而他

---

① 余英时:《方以智晚节考》(增订本),第93页。
② 劳天庇:《至乐楼所藏明遗民书画录》,香港:何氏至乐楼,1962年,第44页。
③ 戴名世:《戴名世集》,王树民校,北京:中华书局,1986年,第174页。
④ 戴名世:《戴名世集》,第2页。
⑤ 关爱和:《〈南山集〉案与清代士人的心路历程——以戴名世、方苞为例》,载《史学月刊》,2003年第12期,第24页。

关注前朝之史,表彰守义之士,无所顾忌,如此行文,颇与清初的遗民相似。"①

朱书(1654—1707),字字绿,号杜溪,宿松人。康熙二十五年(1686),方苞回安庆应试,和朱书相识。订交后,彼此往来频繁,成为挚友。方苞说:"生平执友相聚之久且密,未有若字绿者。"②两人关系甚好,除了才华相慕、个性相投外,还与朱书的遗民意识有关。朱书父亲明亡前以儒学为业,明亡后拒绝参加科举,乡间授徒,可谓典型的明遗民。作为遗民后裔,朱书深受父亲影响。朱书的遗民情结,可以从五个方面来认识。其一,文章多次使用明朝年号纪年,比戴名世更无所顾忌。比如他《先考仲藻府君事略》一文中这样叙述其父的生卒年月,"府君生万历三十六年八月十一日申时,至乙卯十二月二十日戌时卒"③。生年用明朝年号可以理解,但卒年却不用清朝年号,而是用干支纪年。其二,广泛搜罗明代文献,表达黍离之悲,寄托遗民情结。其三,为遗民诗人方文作传,表彰他的抗清志节。其四,康熙三十九年(1700),朱书与张垣、卓尔堪、王概、范莱诸友拜谒明孝陵,寄托旧国之思。其五,朱书与遗民及其后裔交往,比如李颙、万斯同、梁份、王源、方苞等人。虽然后来朱书迫于生计参加科举中进士,但其字里行间仍透露出对前明的一片丹心。

赵园说:"交接即在平世,也被认为节操所关。当明清易代之际,其严重性不能不百倍地放大了——尤其遗民的交接。"④通过交游,可以看出一个人的情感倾向及心理认同。方苞与父祖辈一样,与遗民更为亲近。他能够得到阅历丰富的遗民老辈的认可,以及与遗民子弟交游,绝非靠虚情假意。方苞与江南遗民群体的良好关系来自其足够真诚的言行举止。

---

① 郭豫衡:《中国散文史》,上海:上海古籍出版社,1999 年,第 492 页。
② 方苞:《方苞集》卷十二,第 346 页。
③ 朱书:《朱书集》,蔡昌荣、石钟扬点校,合肥:黄山书社,1994 年,第 170 页。
④ 赵园:《明清之际士大夫研究》,北京:北京大学出版社,2014 年,第 273 页。

第四节 继志述事：方苞的江南遗民书写

方苞的遗民文化背景，不仅影响其价值观念的形成，而且影响其文学创作。方苞临终前，曾经托付全祖望："吾老，未必久人间，箧中文未出者十之九，愿异日与吾儿整顿之。"①方苞箧中未出文章的"十之九"是否与遗民有关，不得而知。但现存《方苞集》在清代如毛细血管一样的文网管制下，仍然保留了大量书写明遗民志节与史事的文章。

第一，作墓志碑铭，礼敬遗民。墓志碑铭是对前人的祭奠，《方苞集》祭奠明遗民的文章有五篇，即《田间先生墓表》《杜苍略先生墓志铭》《杜茶村先生墓碣》《万季野墓表》《季瑞臣墓表》等。这类文章主要揭示遗民人生的四个方面：一是日常生活的困难与坚守。选择成为遗民，就意味着要放弃仕途，失去重要的经济来源，因此遗民大多生活艰苦。但他们不因此屈从政府官绅，保持其独立的品格，比如杜苍略"所居室漏且穿，木榻敝帷，数十年未尝易，室中终岁不扫除。有子教授里巷间，窭艰，每日中不得食，男女啼号，客至无水浆"②。二是声名远播的奇节壮举。特别是影响大的遗民，总有奇节壮举，比如钱澄之："弱冠时，有御史某，逆阉余党也，巡按至皖，盛威仪，谒孔子庙，观者如堵。诸生方出迎，先生忽前扳车而揽其帷，众莫知所为，御史大骇，命停车，而溲溺已溅其衣矣。"③三是丰富深刻的理论思想。比如《万季野墓表》，最大的学术意义在于，记载了万斯同修纂《明史》之法，而且是现存唯一的理论记载。其内容可以概括为四点：其一，史学总原则：事信而言文。要实现这一原则，既要克服"好恶之心"，又要具备"裁别之识"，并能够"知人论世"。其二，志传之文的原则：以列朝实录为基础，以郡县志为参考，并证之以他书。其三，修史的三个层级，依次为杰出之作、专家之作和官修史书。其四，贵简

---

① 全祖望：《全祖望集汇校集注》，朱铸禹校注，第306页。
② 方苞：《方苞集》卷十，第250页。
③ 方苞：《方苞集》卷十二，第337页。

病繁的史学之风①。四是与方苞家族之交游。比如杜氏兄弟:"先君子暨苞兄弟暇则追随,寻花莳,玩景光,藉草而坐,相视而嘻,冲然若有以自得,而忘身世之有系牵也。"②"先君子构特室,从横不及寻丈,置床衽几砚。先生至,则啸咏其中,苞与兄百川奉壶觞。"③

第二,传状遗民,推尊志节。《方苞集》收录传记十五篇,传主为明遗民或遗民后裔的占三分之一,如《孙征君传》《白云先生传》《四君子传》《左仁传》《孙积生传》等,"四君子"和左仁、孙积生基本为遗民后裔,孙征君和白云先生是真正的明遗民。孙征君即孙奇逢(1584—1675),字启泰,号钟元,直隶容城人,明万历二十八年(1600)举人,入清后屡召不仕,故曰孙征君,与李颙、黄宗羲并称"清初三大儒",弟子门人众多,被徐世昌、杨向奎的《清儒学案》列在首位,著有《理学宗传》《圣学录》《北学编》《洛学编》《四书近指》《道一录》《夏峰先生集》等。方苞极为推崇孙奇逢,受其后人所托为其删定年谱,并作传。其传名曰《孙征君传》,而不曰《孙奇逢传》,本身就包含了孙奇逢的人生取舍与价值定位。世人提及孙奇逢,皆知其学问、义行及门墙广大,方苞却独不若此,他认为上述三者"皆征君之末迹也"。对于孙奇逢而言,其"荦荦大者"为何?方苞认为是"知命而不惑"④。当东林杨涟、左光斗诸君子被魏忠贤残害时,他不顾个人安危,挺身而出,并上书孙承宗以挽救时局,与"诸贤同命";孙承宗欲推荐其出任要职时,他不为所动;当清廷征招其为国子监祭酒时,其固辞,屡征不起。不管是面临危险还是面对富贵,孙奇逢之所以能够如此坚定,是因为他确认了自己的"命",而其"命"又是"开以性之所近",从"性命"出发,"使自力于庸行",就可以"犯死者数矣,而终无恙",这就是"知命而不惑也"。方苞援引《周易》卦辞"介于石,不终日"来形容孙奇逢,可谓的论!孔子在《系辞传》中对这句话有专门论述:"知几其神乎!君子上交不谄、下交不渎,其知

---

① 任雪山:《方苞与万斯同交游及其学术史意义》,载《宁波大学学报》,2017年第6期,第17页。
② 方苞:《方苞集》卷十,第250页。
③ 方苞:《方苞集》卷十三,第400页。
④ 方苞:《方苞集》卷六,第136页。

几乎？几者,动之微,吉之先见者也。君子见几而作,不俟终日。《易》曰:'介于石,不终日,贞吉。'介于石焉,宁用终日？断可识矣！君子知微知彰,知柔知刚,万夫之望。"① 金景芳先生释言:"静则确然自守而坚介如石,处优越、顺利的环境不能动摇它的意志。动则善于见几而作,及早发现问题,把问题解决在萌芽状态。识断果决,去之迅速,早上该做的事情,绝不等到晚上。"② 一个人一旦坚定志向,就不会为外物所动,也不会患得患失、执迷不悟,而能够洞察微毫,明辨事理,迅速做出判断,避祸得福,所谓"介于石,不终日,贞吉"。比起那些在传记中罗列孙奇逢事功与门墙的人,方苞确实技高一筹,抓住了孙奇逢之所以成为孙奇逢的根本要素,并予以简明扼要地呈现。

白云先生即张怡,方苞父亲方仲舒之友,明亡后归里,隐居摄山,自号白云道者,其事各类明遗民著述皆有收录。方苞为其作传,突出三点:其一,抗清的壮举。虽然身陷被辱,但他最终竟然感动贼人而获释。其二,弃世之高格。与"海内三遗民"之沈寿民、徐枋相比,张怡有过之而无不及。前者虽然躬耕穷乡,尚有楮墨流传人间,其形骸易泯,仍不忘留影世间,追求声名之利。而张怡,口不言《诗》《书》,学士词人无所求取,四方冠盖往来,不知山中有是人也。其"弃世"与"自我放逐",皆不可消极视之,在当时语境下,前者是对清廷的蔑视,后者是为明朝的留存。其三,高尚的品节。临终之际,面对友朋为其准备的上好棺木,张怡难以瞑目,曰:吾父以身殉国,尚无厚葬,我奚忍乎？直至更换普通棺木,方放心而去。如此纯粹于世间,与花木为伴,以林泉为心,白云就是最好的写照。

第三,纪事遗民,传其逸事。纪事不像传记全面反映史事,而是截取人生片段,加以描绘。《方苞集》涉及明遗民逸事的,主要有《石斋黄公逸事》《明禹州兵备道李公城守死事状》等。其所涉人物有黄道周、李乘云等,方苞与他们并无直接接触,而是心慕其人,笔书其事,其中黄道周的书写,尤其传神。黄道周(1585—1646),字幼玄,号石斋,福建漳浦人。明天启二年(1622)进士,

---

① 金景芳、吕绍刚:《周易全解》(修订版),上海:上海古籍出版社,2005年,第79页。
② 金景芳、吕绍刚:《周易全解》(修订版),第157页。

改庶吉士,历官翰林院修撰、詹事府少詹事。南明隆武时,任吏部尚书兼兵部尚书、武英殿大学士等,因抗清失败被俘。方苞在文章中记载黄道周两件逸事:一为淡然拒美。顾眉(1619—1664)为秦淮名艳①,追逐者众,诸友为黄道周的礼法所拘苦,遂让顾眉试其礼法。雨雪天大醉,拘二人于特室,同床共榻,顾眉尽弛亵衣,色诱黄公,欲让其"失身"。没料到黄公意志坚定,不为所动,迅速入睡。顾眉多次贴身亲昵,都没有成功,不由惊叹黄道周乃真名士。普通人平素克己亦难,黄道周醉时如醒。此后,顾眉多次自责,认为自己玷污了黄公的懿德,后来其夫龚鼎孳降清时,她多次规劝,并寻死未果,不知是否受到黄道周的精神感召。二为从容赴死。黄道周在清廷狱中坚持每日诵《周易》《尚书》。临终前,老仆哭泣告别,公曰:"吾正而毙,是为考终,汝何哀?"因此平淡如常,与仆持酒肉诀别。当晚酣寝达旦,次日盥漱更衣,谓仆某曰:"曩某以卷索书,吾既许之,言不可旷也。"于是和墨伸纸行书,加印践诺,出门就刑。一个人平和向死,心志要多坚定,境界要多通达?一个人临死仍履约,又是何等讲究信用。视死如生,方生方死,真名士耶!

作为逸事,是否符合历史真实并不重要,关键是其所体现的精神风貌与遗民节操②,是否真淳动人。方苞谈及史传文章时说:"古之良史于千百事不书,而所书一二事,则必具其首尾,并所为旁见俩出者,而悉着之。"③这是典型的文学家写法,不拘于史实,截取片段,彰显人物性格。与史家"据事直书"不同,它既承续了《史记》以来传记文学的叙事传统,也体现了文学家历史书写的风貌特征,以细节真实传达精神风骨。后来《高阳孙文正公逸事》与此文

---

① 顾媚,即顾横波(1619—1664),又名眉,字眉生,别字后生,号横波,应天府上元人,与柳如是、陈圆圆、李香君、董小宛、马湘兰、卞玉京、寇白门等合称"秦淮八艳"。工诗善画,善音律,尤擅画兰,能出己意,所画丛兰笔墨飘洒秀逸。后嫁龚鼎孳,改名"徐善持",崇祯十七年(1644)李自成攻下京城,顾横波、龚鼎孳投井,未死被俘,受拷掠。后龚鼎孳降清,官至礼部尚书。

② 张则桐考证方苞所记黄道周之事,与史实难符,但也肯定其所传达的黄道周的价值取向与精神风貌是准确而有效的。见张则桐:《方苞〈石斋黄公逸事〉疏证》,载《中国典籍与文化》,2011年第2期,第75～78页。

③ 方苞:《方苞集》卷二,第62页。

被收入清初小说集《虞初新志》(卷六)是有理由的,金(兆燕)棕亭在文末评曰:"望溪文直接史迁,今连缀二事,亦宛然龙门合传之体。"①

第四,为崇祯皇帝正名,是方苞遗民书写的另一个重要内容。《书〈孙文正传〉后》《书〈卢象晋传〉后》《书〈杨维斗先生传〉后》《书〈泾阳王金事家传〉后》《书〈潘允慎家传〉后》《书〈熊氏家传〉后》《书〈曹太学家传〉后》《跋〈石斋黄公手札〉》诸篇,虽然记事不同,但都在讨论一个主题:明亡。明亡当然有诸多因素,方苞主要从人事上考虑,认为最主要的原因是奸臣当道、忠臣搁置和良将败死,而对于崇祯皇帝的责任,则只字不提。相反,他处处为崇祯皇帝唱赞歌,认为"君非有凉德也,朝非有暴政也,众非有离心也"②,他甚至称赞崇祯是"聪明刚毅之君"③,其死为"殉社稷"④,这种为崇祯正名之举被视为"遗民史学的一项志业"⑤。方苞对崇祯以及明王朝的态度,透露出其内在的价值取向与明遗民一致,在某种程度上,也就是与清廷相反。

为崇祯正名的另一面,是通过女子贞烈史事的大量书写,揭露批判清廷暴行。从现实层面来看,明末清初大量贞女节妇的出现,与"殉社稷"有关。甲申之变后,盗贼流寇蜂起,"女子自投于水火及骂贼而毙于锋刃者,不可胜数"⑥。这里方苞明确把烈女与明亡联系到一起。清军入主中原,尤其是对江南的屠戮,致使大量女性殉身报国。方苞曾详细记载罗经甫一家女妇在"扬州十日"屠城时之惨烈情状:"(烈妇)乃别其姒刘氏及经甫妾梅氏、李氏。时烈妇有身八月矣,抱幼女,持宦姑而语众曰:'吾多见古书中,妇人遭乱而求生者,忍以身试乎?'众皆哭,从而登楼者凡十人。命一婢下举火,火发,亦奋

---

① 张潮:《虞初新志》卷六,康熙二十二年(1683)刻本。
② 方苞:《方苞集》卷五,第123~124页。
③ 方苞:《方苞集》卷五,第120页。
④ 方苞多次提及崇祯之死为殉社稷或死社稷,比如《书〈王氏三烈女传〉后》《书〈泾阳王金事家传〉后》等。
⑤ 杨念群:《何处是江南:清朝正统观的确立与士林精神世界的变异》,第289页。
⑥ 方苞:《方苞集》卷五,第127页。

身跃入。兵定后,众骨藉藉,惟婢一足尚存。"①方苞虽未明言清军,但由上下文不难判断是扬州屠城②。在经历《南山集》案的打击之后,还能够在文集中收录描写清军屠城之类的文章,再结合《狱中杂记》等揭露清廷黑暗的文章,足见方苞内心对清廷的态度。

通过方苞的遗民家世背景、遗民交游以及遗民书写,我们发现,方苞及其家族与明遗民有着千丝万缕的联系,并在其文学创作中有突出的体现。其中所体现的遗民情结,及其所呈现的方苞遗民后裔形象,与在清代学术史中通常见到的方苞形象有所不同③。方苞与清廷的关系及其文化认同,需要重新审视。

文化认同,通常认为是个体对于"从属于特定社会群体的认知,并且群体成员资格对他/她具有情感和价值意义"④。方苞固然是清人,但同时也是遗民后裔,对明朝怀有眷眷深情。这种情感归属与价值认同,既与他成长的环境有关,也是他长期与遗民交游的结果。作为后辈,虽然遗民之身份可以不世袭,但家庭背景和孝亲之情,必然影响其价值观的形成。前辈"杀身成仁"的志节与"反清复明"的壮举,着实令人敬仰。而作为大清子民,也要尽忠君爱国的臣子本分。这种旧国与新朝的"角色困扰"⑤,几乎与生俱来,尤其对

---

① 方苞:《方苞集》卷十三,第381~382页。

② 现在通行的《方苞集》中的《罗烈妇李氏墓表》,撰写于康熙六十一年(1722)。但方苞在雍正五年(1727)修改了这篇文章,明确了清兵在扬州的所作所为。该文收录在陈文述《颐道堂集》卷六,嘉庆十二年(1807)刻本道光增修本。

③ 梁启超在《清代学术概论》里把他比作汤斌、李光地一类人物,"治宋学,颇婾婴投时主好以跻通显"。在《中国近三百年学术史》中又称他们为缺少气节的程朱之流。在章太炎、刘师培那里,方苞的地位也不高。这种评价实际上从钱大昕开始,到江藩、阮元,再到梁启超,可谓一脉相承,基本成为清代学术史的主流声音,直至今时,仍不乏遗响。然而随着大量史料的挖掘和研究的深入,我们发现这些说法虽然有其合理性,但并不属实。

④ Dominic Abrams and Michael A. Hogg. 1990. Social Identity Theory: Constructive and Critical Advances[C]. New York: Harvester Wheatsheaf, p2.

⑤ [美]司徒琳:《捉摸不定的早期现代性:以遗民文集为个案》,《世界时间与东亚时间中的明清变迁》(下卷),北京:生活·读书·新知三联书店,2009年,第351页。

于仕清者。所以,如果说方苞早年积极参加科举是为了生计,则其后来放弃殿试之举便有拒仕清朝之意①,方苞也因此赢得大名②。然世事无常,回归江南后不久,方苞很快又卷入《南山集》案。

方苞与江南遗民的关系,没有给他的仕途发展提供任何政治资本;相反,《南山集》案让他受到牵连,险些丧命。尽管后来死里得生,却不幸落入满人彀中,成为清廷收买汉族士人的一枚棋子,长期被视为"御用文人"。其实,入仕清廷实非方苞本意,只是形势所迫,身不由己,正如全祖望所言:"故公自谓宦情素绝,非有心于仕进,每得一推擢必固辞,而三朝之遭遇,实为殊绝,不得不求报称,岂知势有所不能也。"③方苞承受着巨大的压力与不被理解的痛苦,幸好还有文学提供一个场域,让他去表达出处去就。在方苞的文集中,我们看到既有展现遗民风骨的《孙征君传》《白云先生传》,也有揭露清廷监狱黑暗的名篇《狱中杂记》,更有揭露清军江南暴行的《罗烈妇李氏墓表》。当然这种文学书写并不是自由的,而是委婉其辞,隐约其事,是在"文字狱"强力压制下的"曲径通幽",余英时称之为一套"隐语系统"④,王汎森称其为"双重写作"⑤,方苞依凭的是源于春秋笔法的古文义法,在字里行间,增删去取,草蛇灰线,伏脉千里。

美国知名学者司徒琳曾说,即使在康熙年间成长起来的汉族士人,仍然对大明王朝抱有一种复杂的感情⑥,作为遗民后裔的方苞堪称代表。

---

① 方苞年谱称,他以母病放弃殿试,实则母亲并无大病,他在返回途中尚在扬州逗留几日。此外,殿试错过了,还有两次补试机会,也都被他以各种理由拒绝了。因此,不能不说,方苞放弃殿试的根本原因,应为拒绝出仕清廷,否则何以面对江南父老。
② 全祖望称方苞:"以奉母未释褐,已有盛名。"参见全祖望:《全祖望集汇校集注》,朱铸禹校注,第306页。
③ 全祖望:《全祖望集汇校集注》,第308页。
④ 余英时:《方以智晚节考》(增订本),第193页。
⑤ 王汎森:《权力的毛细血管作用:清代的思想、学术与心态》,第434页。
⑥ 转自陈永明:《清代前期的政治认同与历史书写》,上海:上海古籍出版社,2011年,第123页。

第二章 《南山集》案及方苞人生遭际

据统计,顺、康、雍、乾四朝130余年间文字狱案约130起,超过历史上任何朝代①。在这些案件中,最著名的要数《南山集》案,这也是影响方苞一生最重大的历史事件。

康熙五十年(1711),左都御史赵申乔上疏,纠参时任翰林院编修的戴名世"恃才放荡""私刻文集""狂妄不谨"。康熙帝随后下旨,严察审明,《南山集》案爆发。康熙五十二年(1713),案件审判结束,戴名世被斩,方苞免死入旗,以白衣入值南书房,大批方、戴族人被流放。这也是继顺治十四年(1657)江南科场案50余年之后,方氏家族再遭朝廷打击。

第一节 方苞为何身陷《南山集》案

方苞身陷《南山集》案的原因,主要是为《南山集》作序。方苞之所以会给《南山集》作序,源于他与戴名世的深厚情谊。

戴名世字田有,别号忧庵,晚号南山先生。他比方苞大15岁。曾祖父戴震,明万历时诸生,明清易代之后,归隐龙眠山,"他对戴名世前期反清悼明思

---

① 王汎森:《权力的毛细血管作用:清代的思想、学术与心态》,第345页。

想的形成影响甚大"①。戴名世父亲戴硕,号霜崖,甫弱冠,补博士弟子,生平不苟言笑,唯耽诗酒。母方太孺人,为桐城桂林方氏十四世方旭长女,而方苞为桐城桂林方氏十六世,因此戴、方二人有亲戚关系。"田有与苞为骨肉交,其门内之事,知之甚悉。……至太孺人,则苞之从姑母,苞素事之如母,其遗范犹在目也。"②虽有亲戚关系,但方苞长在金陵,戴名世生在桐城,二人幼时并不相识。长大后,彼此才华日渐凸显,也互相闻知对方。

方苞与戴名世究竟何时相识,一直是个悬而未决的问题。目前的基本观点是,康熙辛未三十年(1691),二人在京城相识③,最直接的证据是方苞在《书〈时文稿〉岁寒章四义后》里的一段话:"忆辛未秋,余初至京师,偶思此题成四义,言洁、潜虚、诒孙三君子深许之,遂订交。"④这个说法并不可靠⑤。方苞"初至京师"的时间,方苞本人有多种说法。第一种是康熙三十年,方苞的《徐诒孙哀辞》曰:"康熙辛未,余始至京师,即与诒孙善。"《书〈高素侯先生手札〉后二则》曰:"辛未,从游京师。"第二种说法是康熙二十六年(1687),方苞的《梅征君墓表》曰:"康熙辛未,余再至京师。"康熙三十年再至京师,说明在此之前,方苞去过京师。而《乔紫渊诗序》曰:"年二十(康熙二十六年),余客游京师。"《汪武曹墓表》曰:"康熙丁卯、戊辰间,吴中以文学知名者,君与常熟陶元淳子师、同邑何焯屺瞻皆与余游。当是时,昆山徐司寇、常熟翁司成方收召后进。其所善名称立起举甲乙科第,如持卷然。""余初至京师,见时辈言古文,多称虞山钱受之。"综合来看,笔者认为,方苞最迟在康熙二十六年(1687)

---

① 钟扬、顾海:《桐城〈戴氏宗谱〉中戴名世、方苞佚文两则》,载《中国典籍与文化》,2003年第2期,第38页。
② 方苞:《霜崖公传》,见《桐城〈戴氏宗谱〉中戴名世、方苞佚文两则》,载《中国典籍与文化》,第39页。
③ 比如,曾光光说:"两人最初相识是在京师太学。""方苞与戴名世的认识时间不会在康熙二十五年(1686)或二十六年(1687),而应在康熙三十年(1691)左右。"曾光光:《桐城派与晚清文化》,合肥:黄山书社,2011年,第40~41页。
④ 方苞:《方苞集》,第634页。
⑤ 方苞的很多表述,前后矛盾,闪烁其词。这既可能是记忆偏差,表达有误,也可能与文字狱相关。

至京师。另一个证据是,方苞与徐乾学幕府的交往。他曾说:"余初至京师,所见司寇之客十八九。"①而徐乾学在康熙二十八年(1689)底、二十九年(1690)初,已解职离京,返回苏州②,因此,方苞必然在此前入京,康熙二十六年进京比较合理。

既然方苞不是康熙三十年(1691)初至京城,那么康熙三十年结识戴名世的说法也就站不住脚了。在名篇《四君子传》中,方苞曰:"辛未游京师,得四人,曰:宛平王昆绳,无锡刘言洁,青阳徐诒孙。"明明四人,方苞只列举三人,是遗忘,还是另有所指?刘季高先生校点的《方苞集》,在此处注释说"四人应该作三人",方苞应该不会犯这种低级错误。有人认为此处并非三人,而是省略了戴名世。笔者认为,此处是方苞故意留的一个破绽,给读者去思考,因为他和戴名世根本就不是在康熙三十年于京城相识。我们可以再来看看戴名世的说法。

在康熙三十八年(1699)《方灵皋稿序》一文中,戴名世详细叙述他与方氏兄弟早年的交情:"始余居乡年少,冥心独往,好为妙远不测之文,一时无知者,而乡人颇用是为姗笑。居久之,方君灵皋与其兄百川起金陵,与余遥相应和,盖灵皋兄弟亦余乡人而家于金陵者也。""盖灵皋自与余往复讨论,面相质正者且十年。""面相质正者且十年",说明两人至少在康熙二十八年(1689)就已经见过面。而戴名世作于康熙十八年(1679)的《与方灵皋书》,更是证明两人早有往来③。另外,康熙二十五年(1686),方苞随父回安庆应试,结识宿松朱书。而同时,戴名世也在应试,试想,两个久闻大名、有亲戚关系、都爱交朋友的人,有什么理由不见面呢!从文章交往来看,两个人关系更密切。方苞在康熙三十一年(1692)作《送宋潜虚先生南归序》,康熙四十一年(1702)作《南山集序》,康熙四十六年(1707)为戴名世父亲作《霜崖公传》。戴名世在康

---

① 方苞:《张朴村墓志铭》,见《方苞集》卷十,第291页。
② 尚小明:《徐乾学幕府研究》,载《史学月刊》,1998年第3期,第73~74页。
③ 康熙四十年(1701)尤云鹗宝翰楼刻本《南山集偶钞》,目录有《与方灵皋书》,而其文破损空缺。王树民编《戴文系年》在康熙十八年(1679)亦收录此篇,见王树民编:《戴名世集》,第490页。由于《南山集》案影响,此文被删。

熙十八年作《与方灵皋书》，康熙三十四年（1695）为方苞兄长作《方百川稿序》，康熙三十八年（1696）作《方灵皋稿序》，康熙三十九年（1700）为方苞父亲作《方逸巢诗序》，康熙四十五年（1706）为方苞兄长作《方舟传》。所有这些还仅是二人的专门文章，其他涉及彼此的文章就更多。由是观之，在《南山集》案发生（康熙五十年）之前的几十年里，这两家关系笃厚，二人互相写序和写传记。如此看来，方苞康熙四十一年作《南山集序》也就顺理成章。

但问题是，方苞是否为《南山集》作序，却有不同的表述，这甚至成了清代学术史一大公案。清代文献对此多有记载，基本都认为方苞作了《南山集序》。《清史稿·方苞列传》曰："名世与苞同县，亦工为古文，苞为序其集，并逮下狱。"①《清史列传·方苞》曰："苞为名世作序论斩。"②最能反映这一历史真相的就是当年刑部的审判文书，即康熙五十年（1711）十二月十八日《刑部尚书哈山为审明戴名世〈南山集〉案并将涉案犯人拟罪事题本》："经夹讯戴名世，据供：……汪灏、方苞、方正玉、朱书、王源的序是他们自己作的，刘岩不曾作序。……据方苞供：我为戴名世的《南山集》作序收版，罪该万死。等语。"③

一般而言，刑部审判文书应该没有问题，但仔细看，还是有让人深思之处。戴名世供称，汪灏、方苞、方正玉、朱书、王源都作了序，刘岩不曾作序，尤云鹗的序是戴名世代笔。汪灏和方苞都承认了，而方正玉的说法却不同，他先说"序文是我的名字"，请注意"是我的名字"与"是我所写"是不同的意思，因为古往今来文人代笔是一个常见的现象，因此写了名字，未必就是作者。方正玉随后又来了句"有何辩处"。这个"有何辩处"，也有隐情，其意思到底是"作序这件事是事实，不需要申辩"，还是"作序这件事，申辩也没有用，更不会让我申辩，老老实实承认就好了"？当时是否有屈打成招的情况，不得而知，毕竟除了方苞，其他人基本都是"夹讯"，也就是说，审判时都用了夹棍来

---

① 赵尔巽等：《清史稿》（第34册），北京：中华书局，1977年，第10270页。
② 王钟瀚点校：《清史列传》（第五册），北京：中华书局，1987年，第1439页。
③ 张玉：《戴名世〈南山集〉案史料》，载《历史档案》，2001年第2期，第21～22页。

拷问,如果他们开始就招供,当然就不必用刑了。严刑拷打后说的话,是否属实就不一定,但审判者满意是一定的。方苞没有受"夹讯",或许与刑部郎中张丙厚的帮助有关。没有受到刑罚,是否意味着刑部文书上的供词就是真实的,也不能完全确定。因为方苞在其他地方说,他没有作序。

明确记载《南山集序》不是方苞所作的,是颜李学派代表人物李塨的《甲午如京记事》。该文详细叙述了康熙五十三年(1714)方苞出狱归来,李塨前往探视,谈及曩事,方苞当面对他说:"田有文不谨,余责之,后背余梓《南山集》,予序亦渠作,不知也。"① 这是迄今为止,能够见到的最早的方苞明确否认作《南山集序》的唯一文字记载。后来苏惇元作《方望溪先生年谱》时也说"其序文实非先生作也"②,并标明观点源于《恕谷后集》,这应该也是后来梁启超观点的主要来源。梁启超在《中国近三百年学术史》里批评方苞:"他曾替戴南山做了一篇文集的序,南山着了文字狱,他硬赖说那篇序是南山冒他名的。"③ 梁启超本意认为《南山集序》是方苞所作,只因人品不高,作了序还不承认。当然梁启超只是抱着对方苞的成见,并没有去考证这件事的真伪,违背了他自己所说的做学术史要考证的理念。④ 那么李塨文章的记载是否属实,这背后又有什么样的动机与本事,都要详加考量。

如前文所言,方苞与戴名世如此情深义重,又怎么会在李塨面前撒谎说他没有为《南山集》作序呢?何况这又是一桩举国轰动的钦定大案,方苞如果否认,那不就等于要翻《南山集》的案吗?刚刚出狱的方苞应该不会这么做。如果方苞没有说,李塨那篇《甲午如京记事》是否有造假之嫌?我们尝试从三个方面来考查辨析李塨文章的真实性与可信度。

第一,李塨是否会在文中作假?李塨(1659—1733)是颜李学派的代表人物,比方苞早生9年,一生注重德行,以躬行经世为要务。由二人年谱来看,

---

① 李塨:《恕谷后集》,清雍正刻本,见《续修四库全书》(第1420册),上海:上海古籍出版社,2003年。
② 苏惇元:《清方望溪先生苞年谱》,台北:台湾商务印书馆,1978年,第55页。
③ 梁启超:《梁启超全集》(第八册),北京:北京出版社,1999年,第4482页。
④ 梁启超:《中国历史研究法》,见《梁启超全集》(第七册),第4138页。

李塨在1703年通过王源与方苞在京师相识论学,1706年和王源一起造访方苞与戴名世。1711年《南山集》案发。1713年戴名世被斩,方苞二月出狱,三月奉诏入南书房。第二年十月,李塨前往探望方苞,写作《甲午如京记事》一文。其后两人来往密切,曾经换宅居住,互相送其子拜对方为师,方苞还将李塨、刘捷、张自超、王源并称为"敦崇堂四友"①。应该说李塨与方苞的关系是非常好的,李塨也是非常严谨的学者,不太可能在文中作假。

第二,这篇文章是否为李塨所作?方苞当着李塨面否认自己作《南山集序》,在《李塨年谱》中并没有记载这件事,这本身值得怀疑,因为之前之后方、李见面等事在年谱中都有记载。当然不能以此就认定该文造假,因为当时避讳《南山集》案。虽然此事已经过去二十多年,但官方一直没有停止收缴《南山集》及戴名世其他作品。所以不记录此事,也是事出有因。不仅如此,《方苞年谱》也没有记载此事。《甲午如京记事》一文,见于李塨的《恕谷后集》卷三,该文集雍正四年(1726)由其门人阎镐编选,当时李塨还健在,而且李塨生前在自己写的《李子恕谷墓志》中提到《恕谷后集》:"至是,同人为刻《论语》《学庸》传注及《传注问》,又刻《易经传注》《学礼》《小心稽业》,门人又刻《恕谷后集》,毛河右开雕《李氏学乐录》于浙。"②这说明《恕谷后集》是他亲自认可的,后来《四库全书存目》和《续修四库全书》均收此书。从版本来说,《恕谷后集》最早是雍正四年刻本,后来还有雍正四年增修本、光绪五年(1879)定州王氏廉德堂刻《畿辅丛书》本、光绪七年(1881)刻本、《颜李丛书》本、《丛书集成初编》本等,都收录了《甲午如京记事》这篇文章,且内容一致。由此可以确定,该文是李塨所作。

第三,这篇文章是否可能被篡改?如果文章被篡改,那篡改者是谁?其动机为何?关于篡改者,李塨门人可能性最大。其原因则要追溯方苞和李塨的关系。前文已经提到他们关系很好,但是1723年发生的一件事使得两人关系开始出现裂痕。当年十二月李塨携刘调赞入京见方苞。方苞告知李塨,

---

① 方苞:《方望溪遗集》,合肥:黄山书社,1990年,第65页。
② 李塨:《恕谷后集》(第13卷),见《续修四库全书》(第1420册)。

朝廷欲聘请学行兼优者教授皇子,中堂徐蝶园、冢宰张桐城拟征李塨,后又欲聘请李塨修《明史》,但都被方苞以李塨老病为由阻止了。这件事引起李塨弟子门人的强烈不满,而后来修《李塨年谱》的人正是当事门人刘调赞。他在该年谱中大力批评方苞:"夫以抱经世之志如先生,负经世之学如先生,凡我同人孰不望其一出者。张徐二相国谋征先生,此千载一时也。乃灵皋一言止之,先生亦遂终老林下矣。"①李塨当时虽然没有明确批评方苞,但第二年在《与方灵皋书》中,批评方苞气盛情浮。此后两人学术分歧越来越大,虽有辩论,但各持己见,以致李塨去世后,方苞在其墓志中也没说几句好话,这些都让李氏门人很气愤,刘调赞在《李塨年谱》中亦有直接批评。综合来看,李塨弟子非常不满方苞,那么他们在1726年编辑《恕谷后集》时是否会动手脚,以报复方苞?有这个可能,但可能性不大,毕竟文章很多人看过,任意窜改老师文章,是不齿的行为。

综上所述,如果李塨《甲午如京记事》所言属实,那么方苞究竟有没有给《南山集》作序,很难确定。是否还有其他可能,比如"代笔"?戴名世的供词称,他为尤云鹗代笔,是否会给方苞代笔?毕竟为文集序言代笔,是古今都很常见的现象。如果戴名世先写好了序言,再让方苞审阅,同意署名,那么方苞称没有作序,也不是假话。当然,事实究竟如何,不得而知。这也许就是历史研究的趣味所在:即使你穷原竟委,有些问题还是湮没在历史尘埃中,没有结果。

第二节 抓捕方苞时的各方角力

不管方苞是否承认为《南山集》作序,官方和其他人都认为他作了序。官方按照既定程序,缉拿所有与《南山集》有牵连的人员,包括方苞。比起抓捕其他人,抓捕方苞是一出大戏,牵涉到江南官场各方力量,可谓惊心动魄。

---

① 冯辰:《清李恕谷先生(塨)年谱》,台北:台湾商务印书馆,1978年,第403页。此年谱1711年之后内容为刘调赞续写。另外,苏惇元的《清方望溪先生苞年谱》没有记载此事。

第二章 《南山集》案及方苞人生遭际

康熙五十年(1711)十月十二日,赵申乔纠参戴名世狂妄不谨之罪。即日方孝标子方登峄①过戴名世处告之其事,戴名世言及书中引用方孝标之书,方登峄命侄儿方世樾驰书江南,尽快销毁书版。随后在京的方登峄、方世樾、汪灏、刘岩等被捕。而方苞的抓捕过程颇为复杂,具体细节各有说法。

时任江苏巡抚张伯行在一年后的《沥陈被诬始末疏》是这样说的:

> 查上年十月三十日酉刻,部差笔帖式王六赉到刑部等部咨文,严拿方苞、尤云鹗解京。时值前任按察使焦映汉在苏,臣即飞传该司,并委苏州府知府孟光宗飞骑前往江宁,会同该府知府刘涵,密行严拿,眼同王六在坐差遣,并经咨会督臣噶礼,各在案。续于十一月初五日,据该司府呈报,拿获方苞,并获尤云鹗之兄尤云鹏。臣随缮给咨文,于初六日专差苏州府库官王鸿赉交江宁府知府刘涵,将已获方苞及尤云鹏一并转交笔帖式王六解部,并经咨明刑部,此系有案可考。②

从张伯行的奏疏来看,其一,他没有亲自去江宁抓人(巡抚衙门设在苏州),而是命按察使焦映汉与苏州知府孟光宗到江宁,会同江宁知府刘涵一起抓人。其二,抓人之事,刑部笔帖式王六在坐差遣,同时咨会了两江总督噶礼。其三,十一月初五日,报称已经抓到方苞与尤云鹏。其四,没有明确说是谁抓捕的,以及具体抓捕日期。

---

① 方登峄(1659—1728),字凫宗,号屏柘,方孝标第五子,方拱乾之孙,顺治八年(1651)由拔贡应召入试,康熙三十三年(1694)以贡生授中书舍人,迁工部都水司主事,旋任内阁中书。方孝标(1617—1697),本名玄成,避康熙帝玄烨讳,以字行,字元锡,别号楼冈,复号钝斋。顺治六年(1649)进士,充庶吉士,授翰林院编修,迁内弘文院侍读学士,任经筵讲官。方拱乾(1596—1666),字肃之,号坦庵,崇祯元年(1628)进士,十六年(1643)任詹事府少詹事,东宫讲官。次子方亨咸顺治四年(1647)进士,号称"一门三学士"。顺治十四年丁酉(1657),受到江南科场案牵连,方拱乾、方孝标、方章钺等一家数十口被流放黑龙江宁古塔,顺治十八年(1661)遇赦。康熙十二年(1673),方孝标游滇黔,写作《滇黔纪闻》,记载游滇、黔时所闻所见的明末清初史事,收入《钝斋文集》,后同邑戴名世《南山集》多采其言,以致一家受到《南山集》案牵连。

② 张伯行:《正谊堂文集》卷二,见《清代诗文集汇编》(第112册),第144页。

那么方苞究竟是谁实施抓捕的？又是何时抓捕？抓捕者是张伯行派去的人，还是另有他人？事件另一方参与者两江总督噶礼有不同说法。噶礼在康熙五十年（1711）十二月十三日给皇帝的密折奏报云：

> 窃查戴名世案，撰拟《南山集》序之进士方宝（方苞）原系巡抚张伯行至交，张伯行仍邀至衙门编书。顷由刑部言：行文令江宁（江苏）、安徽二巡抚查拿方宝等及所刻《南山集》版。等语。时奴才正在署理安徽巡抚印务，见有方宝之名，唯恐事泄逃走，随即暗中密遣江宁府知府刘瀚（刘涵）执之看守，部文亦到张伯行处，而张伯行欲苟且了事，止行文一次，并无派一官一衙役缉拿，况且方宝隐藏《南山集》刻版，刷印卖者甚多，张伯行亦不问，故奴才令刘瀚严究，方宝才缴刻版，将方宝交付刘瀚，报张伯行后送部。至于所刻《南山集》版，奴才交付由部所遣之人带回，理合奏明。①

由密折来看，噶礼主要是参奏张伯行，方苞只是他参张伯行的一枚棋子而已。因为方苞与张伯行有交情，因此他就抢先派人去抓捕方苞，以便获得第一手证据。两江总督衙门设在江宁，身为两江总督的噶礼行抓捕之事当然比远在苏州的江苏巡抚张伯行要方便而快捷。执行抓捕任务的，是江宁知府刘涵。至于抓捕的细节，噶礼没有说，因为那不是他关心的，况且他也不在现场。我们来看当事人方苞自己的说法，在《结感录》一文中，他详细叙述了事件过程：

> 康熙辛卯冬十月，余以《南山集》牵连被逮。江宁苏侯奉檄至余家，时吾母老疾多悸，侯偕余入见，具言天子有诏，入内廷校勘，驰传不得顷刻留。是日下县狱。侯朝夕入视，或夜归，必就榻上相慰劳。时制府噶礼锐意穷竟根株，委某官搜余家书籍。侯闻，以暮先至部

---

① 中国第一历史档案馆：《康熙朝满文朱批奏折全译》，北京：中国社会科学出版社，1996年，第759页。

署,不使老母得闻。①

在《教忠祠祭田条目序》一文中,方苞亦云:

> 忆康熙辛卯,余以《南山集》序,牵连赴诏狱。部檄至,日方中,知江宁县事苏君偕余入白老母,称相国安溪李公特荐,有旨召入南书房,即日登程。吾母嗷然而哭。是夕下县狱,二三同学,急求护心柔骨药以行。②

由两段文字可知,具体实施抓捕方苞的人,不是江宁知府刘涵,而是时任江宁知县苏壎③;抓捕时间也不是十一月,而是十月④,并且中午抓捕,当天就下县狱。总体来看,苏知县对方苞比较关照,没有为难他及其家人,甚至亲自为他置办发遣京师的车马。多年后,方苞深情回忆当年之事:"余北行值隆冬,为具舆马,所出皆库金。余固辞,侯曰:'自吾为吏于此,迫公事以亏库金者屡矣,独为君累乎?'"⑤"而苞以《南山集》牵连被逮,下江宁狱。制府命有司夜半搜书籍。江宁县苏侯夕至,谕婢仆,凡写本皆杂烧,而诸集遂无遗。"⑥

在江宁羁押期间,据方苞回忆,江苏按察使焦映汉准备用刑,"欲得事端以自为功,将以金木讯余"⑦,幸亏安徽布政使马逸姿、江南督粮道李玉堂予

---

① 方苞:《方苞集》集外文卷六,第713页。
② 方苞:《方苞集》卷四,第91、92页。
③ 苏壎,福建南安人,据《(道光)晋江县志》记载:"苏壎字宫声。康熙庚辰(三十九年)进士,(四十九年)授江宁令。平恕为政,尤推礼士类,桐城方苞居江宁,以波累被逮,极力周旋存恤。后苞起官,历显仕,感深骨髓焉。"(卷四十六人物志"官绩之七")
④ 据熊宝泰《藕颐类稿》卷十五《谒方灵皋先生祠堂记》所载,他于嘉庆时期去拜访方苞祠,与方苞之孙厚堂一起,记载抓捕方苞的日期为十月二十六日,其注释称,信息来自张彝叹送方苞之诗的注释(今不存)。据他说,方苞之孙方厚堂也不了解《南山集》案内情,因此有必要详细记录。当然该文有些小的错误。比如文章开头称嘉庆癸丑年,其实没有这一年,而他说参拜时间距《南山集》案九十余年,而嘉庆十年(1805)是乙丑年,正好九十余年,且是丑牛年,因此他参拜的时间应该是嘉庆乙丑年。
⑤ 方苞:《方苞集》集外文卷六,第713页。
⑥ 方苞:《跋先君子遗诗》,见《方苞集》集外文卷四,第627页。
⑦ 方苞:《方苞集》集外文卷六,第714页。

以阻止,马逸姿①还安排遣解方苞之事,嘱使者予以照顾:

> 遣解之日,公与诸司及部使者坐堂上,吏执籍呼逮人过堂下,加械毕。公起立离位,诸司次第起,使者亦起。公肃余升堂,手解余系,谓使者曰:'方先生,儒者,无逃罪理。君为我善视之,毋使困于隶卒。'即就道,使者每食,必先馈余,同逮者余喙。就逆旅,必问安否。即至京,揖余曰:'吾在江南,惟马公遇我独厚,问何以然,则子之急也。子今至矣,为我报公,子无伤也。'余告以未事时,与公实未谋面,闻者莫不嗟叹焉。②

马逸姿虽然受噶礼委派,但他对方苞的态度,与噶礼迥然不同。其中方苞好友白玫玉起了关键作用。方苞《白玫玉墓志铭》曰:

> 辛卯冬,余以《南山集》牵连被逮。时制府噶礼、廉使焦映汉俱夙憎余,欲因事以螫。会白玫玉客安徽布政使马公逸姿所,竟赖其力以免困辱。③

在艰难困苦之时,更能看清世态人心。方苞江宁落狱期间,"时制府饬狱吏,与余往来者,具籍之,而诸君子不为止"④。虽然亲朋多有避而远之者,但也不乏冒险探望者,其中包括刘捷(古塘)、白斑(玫玉)、武文衡(商平)、张彝叹(自超)、朱文彪(履安)、翁荃(止园)、宣左人、乔崇修等。方苞有《送吴东岩序》《刘古塘墓志铭》《王孺人墓志铭》《朱履安墓表》《宣左人哀辞》《与翁止园书》《记梦》《结感录》等记其事。

在方苞押解京城之际,好友张彝叹、刘捷以诗相送。张氏诗曰:"古有文

---

① 马逸姿,字隽伯,号紫岩,康熙年间陕西武功县人,后历任霸州知州、刑部员外郎、兵部郎中、苏松粮道道台、江苏按察使、安徽布政使等职。方苞有《安徽布政使马公墓志铭》。
② 方苞:《方苞集》集外文卷六,第714页。
③ 方苞:《方苞集》卷十,第274页。
④ 方苞:《方苞集》卷十二,第367页。

章祸,今伤离别神。"①刘氏《送方二灵皋北上兼呈家兄静山》(其一)曰:

> 长叹行路难,我悲更无极。茫茫大块中,欲去不可得。
> 抗心希古人,祸至竟莫测。失志行乞怜,无乃无颜色。
> 此意君知之,为谢旧相识。澡身向沧浪,奈何少羽翼。
> 浮名昔已误,切莫更相忆。把手送君行,不惜剖胸臆。
> 子性类余顽,怨憎到处逼。文字安足论,其中有荆棘。
> 枯鱼复何心,作书长叹息。②

另外,方苞父亲的好友陈书时年近八旬,拄杖相送,呕血县衙外。宣左人、刘捷安排聘请宋梦蛟一路偕行,保护方苞:"宋梦蛟字德辉,无为州人。……既行,异姓名尾余后,每就逆旅,则间厕左右;在途,事无违者。君以辛卯十有一月,偕余至京师。"③

抓捕方苞过程之复杂,是当时两江复杂局面的突出反映。在《南山集》案发生的同时,辛卯江南科场舞弊案、陈鹏年"背逆诗词"案、翰林院整肃和京城的太子废立事件都搅和在一起。这是《南山集》案的大背景。

第三节 方苞审判的台前幕后

在方苞被捕的第二天,即康熙五十年(1711)十月二十七日,太子党的一位重要实权人物刑部尚书齐世武被刑拘④。继齐世武之后,十一月初一日吏

---

① 熊宝泰:《藕颐类稿》卷十五《谒方灵皋先生祠堂记》,嘉庆十一年(1806)熊氏性余堂刻本。
② 王豫:《江苏诗征》卷七十九,道光元年(1821)焦山海西庵诗征阁刻本。
③ 方苞:《方苞集》集外文卷六,第714页。
④ 关于太子党之说,请参阅《清实录》的记载:"上御畅春园箭厂,召诸王公、文武大臣,谕曰:'今国家大臣各结朋党,或有为朕而为之者,或有为皇太子而为之者。诸大臣皆朕擢用之人,受恩五十年矣,欲为皇太子而为之者意将何为也?尔等宁有知之乎?'……因尤责齐世武,以为最无用之人,犬豕不如。……于是遂将鄂善、耿额、齐世武、乌礼锁挚。"

部左侍郎哈山①出任刑部尚书,承接"《南山集》案"的审理。由皇帝亲自调派朝廷一品大员审理《南山集》案,可见此案绝不仅仅是一桩单纯的文字狱案,或许与太子废立事件有某种内在关联②。

据方苞文章记载,审理《南山集》案的并非只有哈山一人,还有时任吏部尚书的富宁安。方苞《刑部郎中张君墓志铭》曰:

> 及余以《南山集》牵连被逮,至之日,冢宰富宁安与司寇杂治,命闭门毋纳诸司。③

方苞《结感录》曰:

> 时上震怒,特命冢宰富公宁安与司寇杂治。富廉直,威棱慴众,每决大议,同官噤不得发声。余始至,闭门会鞫,命毋纳诸司。④

由方苞的叙述可以看出,案件是闭门审理。请富宁安出面,不仅因为他是哈山在吏部的原上司,还因为其"威棱慴众,每决大议,同官噤不得发声"。佐领、都统出身的富宁安⑤,以凌厉霸道著称,曾任都察院左都御史,审理案件经验丰富,深受皇帝器重,是审理此案的绝佳人选。但奇怪的是,在日后具

---

① 哈山(1633—1719),满洲镶红旗人,富察氏。顺治十四年(1657)由官学生授鼓厅笔帖式,康熙十五年(1676)迁礼部主事。二十一年(1682),升兵部员外郎,二十二年(1683)调吏部,二十九年(1690)擢内阁侍读学士,三十五年(1696)任内阁学士,三十六年(1697)调左副都御史,迁盛京礼部侍郎。四十九年(1710)调吏部右侍郎。五十年(1711)署礼部尚书事,擢刑部尚书。五十二年(1713),因误释流犯被革职。五十八年(1719)卒于家。

② 据乾隆十七年(1752)成书的萧奭的《永宪录》记载:"按《南山集》《与余生书》,妄为正统之论,以明之僭号、三藩,比诸汉昭烈在蜀,宋二王航海……且言于明史有深痛,旧东宫摘其语进之,申乔遂起此狱。"学者何冠彪的《戴名世研究》(1988年)、郭成康、林铁钧的《清代文字狱》(1990年)、戴廷杰的《戴名世年谱》(2004年)、郝春炜的《方苞与〈南山集〉案》(2007年)、常津珲和成积春的《〈南山集〉案新论》(2019年)等都注意到了《南山集》案与太子案的某种牵连。

③ 方苞:《方苞集》集外文卷七,第743~744页。

④ 方苞:《方苞集》集外文卷六,第714页。

⑤ 富宁安(?—1728),富察氏,满洲镶黄旗人,承袭了从祖父军功,寻授侍卫、佐领、参将,康熙四十一年(1702)授副都统,四十四年(1705)迁汉军都统,四十六年(1707)授左都御史,四十七年(1708)迁吏部尚书。累官至武英殿大学士等。

衔名出奏以外，各类档案文献中并没有富宁安直接参与审案的记录。排除方苞误记的可能，我们只能归因于事件牵扯的各方隐秘而重要，不宜在文献中公开出现，或者在事后信息被统一清除。

关于审理过程，有"五上始下"之说。方苞《两朝圣恩恭纪》曰：

> 始戴名世本案牵连人，罪有末减，而方族附尤从重。狱辞具于辛卯之冬，五上五折本。逾二年癸巳春，章始下，蒙恩悉免罪，隶汉军。①

方苞《结感录》曰：

> 是狱成于辛卯之冬，而决以癸巳三月，狱辞五上始下。②

方苞所谓"五上五折本"具体内容究竟是什么？前人言之甚少。法国戴廷杰先生称："惧今无从详以补矣。"③郝春炜的硕士论文《方苞与〈南山集〉案》（中国人民大学，2007年）对此有比较细致的梳理。

实际上《南山集》案的折本，并没有完整保留下来，今天能够看到的《清实录》《东华录》也只有康熙五十一年（1712）正月刑部议奏、四月九卿会同刑部议奏和康熙五十二年（1713）二月等三个折本著录，且不完整。为什么如此重要案件的文本没有被完整地保留？到底是文献保存不善而佚，还是因为事关隐秘不便保存，只留下基本信息，不得而知。

《南山集》案审理和判决的时间长，并不是因为文字狱案件本身的特殊性，而是因为其牵扯两江督抚互奏案、江南科场舞弊案、太子废立等一系列重要事件，它们彼此搅和在一起。只有相关问题得到解决，《南山集》案才能真正审结。对戴名世以及方苞的处理，从案发到最后判决来看，总体上处罚力度越来越轻，除了戴名世，其余人基本都没有被杀。而且该案选择在康熙五十二年康熙皇帝六十寿辰前夕结案，或可见从轻判决之意。

---

① 方苞：《方苞集》卷十八，第516页。
② 方苞：《方苞集》集外文卷六，第714页。
③ ［法］戴廷杰：《戴名世年谱》，北京：中华书局，2004年，第927页。

在审判方苞期间,有人予以关照。这个人就是张丙厚。张丙厚(1666—1724),字尔载,号腹庵,河南磁州人,康熙三十三年(1694)进士,曾任交城知县、刑部郎中。其父张榕端(朴园)为方苞恩师,"苞举于乡,朴园先生实司科试,为门下生"①。张丙厚性格豪爽,倜傥有奇气。方苞在刑部受审与关押期间,他仗义执言,极力袒护,力陈不能动用刑罚:

> 公手牒称急事,叩门而入。问何急,曰:"急方某事耳。"遂抗言曰:"某良士,以名自累,非其罪也。公能为标白,海内瞻仰,即不能,慎毋以刑讯。"因于案旁取饮,手执之,俯而饮余。长官暨同列,莫不变色易容,众目皆集于公,公言笑洒如。供状毕,狱隶前加锁,迫扼喉间,公厉声叱之,再三易,仍用狭者。时事方殷,长官曰:"俾退就阶墀,徐易之。"公曰:"下阶终不得易矣。"既易锁,亲送至狱门,谕禁卒曰:"某有罪,彼自当之。汝辈如以苛法相操者,吾必使汝身承其痛。"是狱,朝士多牵连,虽亲故,畏避不敢通问,公为刑官之属,乃不自谦而讼言余冤,相护于公庭广众中,诸公至是乃服公之义也。旬余,公以他事罢官。

方苞一生感激张丙厚的侠义之举,可惜没几个月张丙厚即被罢官。在其卒后,方苞为其作《刑部郎中张君墓志铭》,并为其兄作《诰封内阁中书张君墓志铭》,为其母作《内阁学士张公夫人成氏墓表》。

当然,方苞在刑部大牢时,不少朋友前来探望,包括王澍、宣左人、乔崇修、吴东岩、杨千木、熊本等。这些人都是方苞一生好友。此外,方苞在狱期间,不仅写了著名的《狱中杂记》,还完成了《礼记析疑》和《丧礼或问》两部学术著作,开启他一生的礼学研究,说明他在刑部大牢的条件并不差。

---

① 方苞:《方苞集》集外文卷七,第727页。

第四节 《南山集》案对方苞的影响

　　清代是中国历史上文字狱最多的历史时期,这一时期最有影响的文字狱案就包括《南山集》案。作为方苞人生经历的最重大事件,《南山集》案对方苞影响深远。前人在这个问题上,有不少研究①,但仍有很大探讨的空间。

　　第一,对重大事件的权变处理。《南山集》案,在有清一代算大案,对于牵涉其中的每个人,更是天大的事。面对这场突如其来的灾祸,大部分人是不知所措的。方苞在《南山集》案发生之前,曾经写过一篇《方正学论》②。方正学,即方孝孺(1357—1402),字希直,一字希古,号逊志,亦称"正学先生",浙江宁海人,明惠帝时出任翰林侍讲及翰林学士。燕王朱棣进京后,百官见风而降,方孝孺拒降被捕。后因拒绝为发动"靖难之役"的朱棣草拟即位诏书,被灭十族。

　　方苞与方孝孺不仅同属方氏一族,而且有某种更密切的联系。方苞所属的桐城桂林方氏五世祖方法(1368—1404),任四川都司断事,为方孝孺门生,因方孝孺株连十族而被捕。押捕之船从四川到南京需经过安庆,于是方法在船过望江县时沉江而死,留下《绝命辞》两首:"休嗟臣被逮,是报主恩时。不草归降表,聊吟绝命辞。身当殉国难,死岂论官卑?千载波涛里,无惭正学师。""闻到望江县,知为故国滨。衣冠拜邱垄,爪发寄家人。魂定从高帝,心

---

① 比如施明智:《"虚言其大略"的方苞散文及其成因》,载《杭州师范学院学报》(社会科学版),2002年第5期,第97~120页。关爱和:《〈南山集〉案与清代士人的心路历程——以戴名世、方苞为例》,载《史学月刊》,2003年第12期,第22~26页。刘守安:《一个矛盾而痛苦的灵魂——方苞生平与思想探微》,载《首都师范大学学报》(社会科学版),2005年第5期,第81~88页。张兵、张毓洲:《〈南山集〉案与桐城方氏文化世族的衰落》,载《西北师大学报》(社会科学版),2009年第4期,第52~61页。张毓洲:《〈南山集〉案与方苞人生及心态的变化》,载《齐鲁学刊》,2010年第6期,第126~130页。陈昌志:《〈南山集〉案前后的方苞》,载《安庆师范大学学报》(社会科学版),2019年第1期,第26~31页。
② 据《方苞集》的《文目编年》,《方正学论》一文写作于方苞30岁和40岁之间,在《南山集》案发生之前。

将愧叛臣！相知当贺我，不用泪沾巾。"①方法的风骨与节操，与方孝孺一脉相承，并成为桐城桂林方氏的精神遗产，世代颂扬。方苞极为推崇先人的气节，有诗两首："不拜称元诏，甘爱十族书。壮心同岳柱，寒骨委江鱼。天壤精英在，衣冠想像余。拜瞻常怵惕，忠孝捡身疏。""高皇肃人纪，义气忾环瀛。作庙褒余阙，开关送子英。微臣知国耻，大节重科名。呜咽穷泉路，应随正学行。"②

方苞推崇方法，但并不赞同方孝孺之举："若正学方公之事，吾惑焉。"方苞认为方孝孺可以选择自杀，但是不该逞口实之快，让宗族灭亡，并殃及十族！因为他无论怎么做，都不能改变政局，不如顺水推舟，辅佐朱棣。所以方苞说："故公之任刚而自谓不屈者，以圣贤之道衡之，正所谓震于卒然而失其常度耳。"③方苞把方孝孺与为晋朝牺牲的刘琨相提并论，认为他们的死并株连及家人，都是无谓的牺牲，于事无补，于亲有害，"而杀身不足以成仁。此君子之笃行，所以必先之学问思辨也"。那么面对突然的灾祸，该如何处理呢？方苞提出归养田园，全身保家："不能间归于晋，则负耒耜而耕于野，庶几身可全而亲可保也。"④

突遭变故应该守常的观点，方苞在《于忠肃论》一文中有更清楚的表达。他通过于谦和叔孙婼两个例子，提出"遭变处中"的原则："吾因正常而得于公之义，又因于公而得叔孙婼之心，故并论之，使遭变而处中者，有以权焉。"⑤他的观点来源于《论语》和《周易》。他在文章一开篇就引用《论语》曰："可与共学，未可与适道；可与适道，未可与立；可与立，未可与权。"接着辅以《周易》之道："正或有过，而中则无之。中非权不得，而遭事之变，则尤难。"与孟子"执中无权，犹执一也"的思想不同，方苞认为中也可以权，尤其是在遭遇变故时，如果没有权，很难做到执中，权恰恰是为了中。这与程颐、朱熹的观点是

---

① 徐璈：《桐旧集》卷一，咸丰元年（1851）刻本。
② 方苞：《方苞集》集外文卷九，第 791 页。
③ 方苞：《方苞集》集外文卷七，第 753 页。
④ 方苞：《方苞集》集外文卷八，第 756 页。
⑤ 方苞：《方苞集》卷三，第 72 页。

相通的。程颐有所谓"可与权,谓能权轻重,使合义也"①之语。朱熹则曰:"如刘琨恃才傲物,骄恣奢侈,卒至父母妻子皆为人所屠。今人率以才自负,自待以英雄,以至恃气傲物,不能谨严。以此临事,卒至于败而已。"②

方苞明哲保身的做法,或许境界没有如此高远,如胡适所言:"方孝孺就是为主张、为信仰、为他的思想而杀身成仁的一个人。""所以后明朝二百年,再没有政治思想家。我国政治思想在十四世纪以前,决不逊于欧洲,但近五百年来何以不振,这是由方孝孺被杀的惨剧所造成的。"③当然,胡适的话过于绝对,不管对于西方还是对于中国。资中筠先生曾经把方孝孺和布鲁诺比较。布鲁诺用生命捍卫"地球围着太阳转"这一科学真理,给当时占统治地位的宗教神学带来极大的挑战和冲击。最后,虽然他死了,但身后的科学却日渐昌盛发达。方孝孺维护的是什么呢?"是朱元璋的孙子还是另一个儿子当皇帝,这里面有什么颠扑不破的真理吗?""至少从秦统一中国两千年中,一代一代的中国士大夫为帝王的'家事'操心,耗尽聪明才智,献出理想、忠诚,多少人为之抛头颅,洒热血,这种努力推动历史前进了么?"④从这个角度看,胡适仍然没有跳出帝王将相的彀中。比较而言,方苞重视家庭的观念,却要切实得多。

方苞如此重视家庭,可能与他自身的家族经历有关。一方面他出生的桐城方氏,是一个家族观念很浓厚的大家族,方苞从小耳濡目染。另一方面,方苞一生,不断有身边的亲人去世,使得他对家人格外珍惜。《南山集》案中,面对与方孝孺类似之境遇,方苞没有选择无谓的牺牲,尽量保全自身与家人,尤其是母亲。当然,他也没有向清廷屈服,而是以自己的方式抒发不满,用文字描写清廷的黑暗。方孝孺太悲壮,千古一人足矣!其他更多的人,还要在俗世过活。

---

① 朱熹:《四书章句集注》,北京:中华书局,1983年,第116页。
② 黎靖德:《朱子语类》卷一百三十五,王兴贤点校,北京:中华书局,1985年,第3230页。
③ 胡颂平:《胡适之先生晚年谈话录》,台北:联经出版社,1984年,第110~112页。
④ 资中筠:《士人风骨》,桂林:广西师范大学出版社,2011年,第144~145页。

第二,对清廷司法体系的认知。《南山集》案之前,方苞对清廷律法的了解是肤浅的;《南山集》案之后,体验才真切,尤其是对清廷的缉捕规则、审理程序和监狱管理。从县到省再到中央,每一级都亲身体验,尤其是清廷的监狱,他身陷其中,并以名篇《狱中杂记》传之后世。人们从中可以看到狱中的瘟疫与死亡,刑罚的狠毒和险恶,奸吏的贪赃与枉法,狱卒的勾结与牟利。监狱系统的阴森可怕,可以照见清廷的黑暗与冷漠。

第三,对人情冷暖的体验。从《南山集》案发到下狱,方苞周围的人迅速分化。有的避而远之,有的奔走相助,有的漠不关心。那些冒死来看望他的人、在最困难时施以援手的人,都成为他一生最好的朋友。这里有一个人很特殊,他就是曹寅。

曹寅(1658—1712),字子清,号荔轩,又号楝亭,满洲包衣,十六岁时入宫为康熙銮仪卫,康熙二十九年(1690)任苏州织造,三年后移任江宁织造。康熙多次南巡,有四次住曹家。方苞父亲方仲舒所居与曹家不远,二人关系较好,曹寅《楝亭诗钞》中有《闻杜渔村述方逸巢近况,即和膝斋诗奉柬》《二月廿四日大雪,戏柬静夫、逸巢二老,闻连日出门看花》等诗歌,表明他们日常交游唱和的情形。此外,《楝亭诗钞》还收录曹寅专门写给方仲舒的诗歌二首:《逸巢读"是痛非真臂"句作诗见答,复和一首》和《药后除食忌,谢方南董馈鲜鸡二品,时将有京江之行》。《楝亭文钞》之《二杯铭》记叙与方仲舒之对话。方仲舒跋曹寅诗二首,即《题楝亭二首》。从诗歌来看,二人交情不浅。而《南山集》案发时,最能够接近权力中心的曹寅,没有任何表示。当然,此时曹寅本人被噶礼参奏,自身难保是事实,并卒于康熙五十一年(1712)《南山集》案审理期间。《方苞集》中没有出现过曹寅的名字,仿佛曹家与方氏没有交情一样。

第四,对文章书写的调整。《南山集》案发的原因很多,但最直接的原因是戴名世"狂妄不谨"。这也是戴名世张扬个性的体现,方苞以前就曾经规劝过他。虽然方苞不像戴名世那样出言无忌,但《南山集》案发后,他的为文风格还是有所收敛、简化,能够少说的尽量少说,能够不明说的尽量不明说,这就是古文义法产生的现实基础。古文义法从春秋笔法而来,是清代文字狱规训的产物。但是方苞并非不说话不表达,他想说的话一句不少,不想说的一言不发。

第五,对人生方向的改变。《南山集》案给方苞带来的最大的变化,是被李光地推荐,直接进入南书房,开启三十年的仕宦生涯。但是长期以来,方苞在朝廷没有什么行政职务,从康熙五十二年(1713)到雍正八年(1730),一直从事修书工作。从雍正九年(1731)授詹事府左春坊左中允到乾隆七年(1742)致仕归里,方苞都有正式的职务,并切实参加朝廷管理工作,对一些与国计民生密切相关的事情,建言献策,尤其是对禁烟、禁酒、治理永定河等多有贡献。

第六,对后世声誉的影响。总体而言,《南山集》案在后世没有给方苞带来正面的影响。我们可以从曾国藩"暂缓奏祀望溪"中略窥一二。《曾国藩家书》咸丰十一年(1861)六月廿九日《致沅弟》一文论及此事,具体内容如下:

> 沅弟左右:
>
> 　　望溪先生之事,公私均不甚惬。
>
> 　　公牍中须有一事宝册,将生平履历,某年中举中进士,某年升官降官,某年得罪,某年昭雪,及生平所著书名,与列祖褒赞其学问品行之语,一一胪列,不作影响约略之词,乃合定例。望溪两次获罪,一为戴名世《南山集》序入刑部狱,一为其族人方某(忘其名)挂名逆案,将方氏通族编入旗籍,雍正间始准赦宥,免隶旗籍,望溪文中所云因臣而宥及合族者也。今欲请从祀孔庙,须将两案历奉谕旨一一查出,尤须将国史本传查出,恐有严旨碍眼者,易于驳诘。从前人祀两庑之案,数十年而不一见,近年层见迭出,几于无岁无之。去年大学士九卿等议复陆秀夫从祀之案,声明以后外间不得率请从祀。兹甫及一年,若遽违新例而入奏,必驳无疑。右三者,公事之不甚惬者也。

> 望溪经学勇于自信,而国朝巨儒多不甚推服,《四库总目》中于望溪每有贬词,《皇治经解》中并未收其一册一句。姬传先生最推崇方氏,亦不称其经说。其古文号为一代正宗,国藩少年好之,近十余年,亦另有宗尚矣。国藩于本朝大儒,学问则宗顾亭林、王怀祖两先生,经济则宗陈文恭公,若奏请从祀,须自三公始。李厚庵与望溪,不得不置之后图。右私志之不甚惬者也。①

曾国荃非常推崇方苞,致书曾国藩,意欲请朝廷表彰方苞,并从祀孔庙。昭梿所编的《啸亭杂录》也提过方苞从祀孔庙之事:

> 自明嘉靖间增祀孔庙,汉、唐诸儒及宋、元、明三代无不具列。本朝罕有继者,惟乾隆初增祀陆稼书阁学一人而已。按国家右文之代,名儒辈出,如名臣汤文正公、李文贞公、孙文定公、杨文定公、朱文端公之崇尚儒道,下者之如李绂、方苞之于理学,顾炎武、胡渭、毛奇龄、朱彝尊、惠栋、任启运、江永、顾栋高等之于穷经,极一时之盛。乃有言职者从未议及,何也?②

针对这件事,曾国藩认为应该暂缓奏清,并给出三点理由。

第一,方苞有两次获罪。曾国藩说的两次获罪,一是《南山集》案下刑部狱,二是挂名逆案入旗籍。其实,曾国藩记忆有所偏差,他讲的两件事是一件事:方苞因《南山集》案下刑部狱,也因此案入旗籍。按照曾国藩的逻辑,有获罪记录的人,是不能从祀孔庙的。从清代从祀孔庙的人来看,确实有这个特征。比如陆陇其、汤斌、张伯行等理学家先后都从祀孔庙,而李光地却没有。虽然康熙、雍正帝对他的评价很高③,但非议一直不断,正如全祖望所言:"其初年则卖友,中年则夺情,暮年则居然以外妇之子来归。"这些事虽然有争议,

---

① 曾国藩:《曾国藩家书》,长沙:岳麓书社,1994年,第748~749页。
② 昭梿:《啸亭杂录十卷啸亭续录三卷》卷十,宣统元年(1909)中国图书公司铅印本。
③ 康熙帝称李光地:"谨慎清勤,始终一节,学问渊博。朕知之最真,知朕亦无过光地者。"雍正帝称李光地:"一代完人。"

但其所带来的影响是负面的,甚至堪称人生"污点",挥之不去。

第二,朝廷不支持从祀。道光以前,清代从祀孔庙的人很少,仅有陆陇其。道光以来,清朝内忧外患,强化崇儒重道政策,借助从祀孔庙,推出标准模范,以挽救危局,增祀刘宗周、汤斌、黄道周、孙奇逢等人。咸丰年间各省奏请从祀孔庙者不断,有泛滥之嫌。因此,清廷在批准陆秀夫之后,于咸丰十年(1860)颁布新章程规定:"应以阐明圣学、传授道统为断,嗣后除著书立说,羽翼经传,真能实践躬行者,准胪列专实奏请从祀外,其余忠义激烈者入昭忠祠,言行端方者入乡贤祠,以道事君泽及民庶者入名宦祠,概不得滥请从祀圣庙,其名宦贤辅已经配飨历代帝王庙者,亦毋庸再请从祀,以示区别。"①此后三年,各省从祀孔庙之奏请,皆被议驳。由此看来,曾国藩对朝廷政令的把握还是非常准确的。

第三,方苞学术地位不高。对比之前从祀孔庙的人,曾国藩的这个标准也是有道理的。他认为方苞学术地位不高的证据有四:一是《四库总目》评价不高;二是《皇治经解》未收方苞著作;三是姚鼐对方苞学术评价不高;四是方苞古文成就有限。应该说,曾国藩这四大证据,都值得商榷。《四库总目》与《皇治经解》作为评价标准,在一定程度上是合理的,但它们也有共同的不足,就是都是汉学家主导的,而方苞是宋学家;汉宋之争是清代学术的显著特征,所以曾国藩的看法是有失偏颇的。另外,他以姚鼐来否定方苞之学,也是片面的。姚鼐本人除了古文,在经史之学上没有什么建树;而方苞在三礼学、《春秋》学方面著述丰赡,对当时和后世都有相当大的影响,显然不是姚鼐能够否定得了的,只是曾国藩把姚鼐看得更高而已。至于曾国藩对方苞古文只是少年好之,后来别有宗尚,这也只能说明他个人兴趣的转移,无法否认方苞古文一代宗师的地位。

当然,我们也应该看到,曾国藩并没有完全否定方苞从祀孔庙,而是提出"置之后图"。从学术成就来看,他认为即便方苞从祀,也要排在顾亭林、王念

---

① 刘锦藻:《清朝续文献通考》卷九十八《学校考五》,民国景十通本,第1893页。

孙、陈宏谋之后。前两位不论,陈宏谋在学术成就上或难与方苞相比。因此,虽然笔者不认为方苞可以从祀孔庙,但曾氏之言亦值得商榷。

第三章 从满汉交往到声名显达

满汉关系,是清代最重要的民族关系,影响到国家的兴衰和个体的发展,于方苞尤甚。

康熙五十二年(1713)春,《南山集》案审结定谳,在李光地、万经等人的营救下,方苞免死出狱,隶汉军旗籍①,以白衣入值南书房。秋八月,移至畅春园蒙养斋。其时蒙养斋算学馆由康熙帝授命成立,以诚亲王允祉、庄亲王允禄等领其事,编修乐、律、历、算诸书,同时精选八旗世家子弟入馆学习。馆内汇聚时贤名宦如梅瑴成、何国宗、魏廷珍、徐元梦、顾琮、明安图等,方苞与满族仕宦交往从此开始。

第一节 披豁素交:与帝师徐元梦的交游

徐元梦(1655—1741),正白旗人,姓舒穆禄,字善长,号蝶园②。顺治十二年(1655)生于北京,父亲席尔泰,曾任理藩院员外郎,奉公廉谨,"当官数十

---

① 方苞从康熙五十二年(1713)入汉军旗籍,直到雍正元年(1723)蒙恩赦归原籍。
② 舒与徐满音略同,而字义亦近,故天下称"蝶园徐公"。见李元度《国朝先正事略》卷九。

年,籍产不及五百金"①。母亲对其施行"恩勤教育",常责之以大义②。元梦康熙十年(1671)入国子监读书,十一年(1672)顺天乡试中举,十二年(1673)中进士、选庶吉士,五十三年(1714)巡抚浙江,五十七年(1718)为工部尚书兼翰林院掌院学士。雍正即位,署大学士,充《明史》总裁,擢户部尚书,课皇子读书。乾隆元年(1736),再入南书房,充三礼馆副总裁;六年(1741)去世,追赠太傅,谥号文定,入祀贤良祠。徐元梦品行优佳,为朝野所称道,康熙赞曰:"徐元梦乃同学旧翰林,康熙十六年以前进士,只此一人矣。"③乾隆称曰:"人品端方,学问优裕,践履笃实,言行相符。历事三朝,初入禁近,小心谨慎,数十年如一日,谓之完人,洵可无愧。"④

方苞初至京城时,常听韩菼、李光地等人说起徐元梦,不无敬仰之意,而直到入蒙养斋修书,二人才结识,"一见如旧相识"⑤。徐元梦身为两朝帝师,位高名显,却为人谦和,中年精研经学,老而弥笃,常咨方苞以经义,"日就先生讲问《春秋》疑异,每举一事,先生必凡数全经比类以析其义"⑥,又"时叩《周官》疑义,方子详为辨析"⑦。时江浦刘无垢、泰州陈次园或责方苞失礼:"徐公中朝耆德,且为诸王师,子抗颜如师,诲之如弟子,可乎?"方苞曰:"吾以忠心答公之实心耳。"⑧徐元梦非但不气,还广为称许方苞之学:"自程朱而后,未见此等经训,他日必列于学官。"⑨并一度欲举荐其出任要职,方苞以罪臣婉言谢绝。《方苞集》收录与徐蝶园信札三封,涉及禁酒、赈灾、漕运诸事,方苞常言"某事当行,某事害于民当去",徐氏虽未尽从,但其说多见施行。⑩

---

① 李元度:《国朝先正事略》卷九,光绪二十八年(1902)益元书局刻本。
② 李光地:《榕村集》卷十四,台北:台湾商务印书馆,1986年。
③ 王钟翰点校:《清史列传》卷十四,北京:中华书局,1987年,第1011页。
④ 纪昀:《钦定八旗通志》卷一百六十人物四十,《文渊阁四库全书》本。
⑤ 方苞:《方苞集》,第693页。
⑥ 顾琮:《春秋通论序》,见方苞:《春秋通论》,乾隆九年(1744)刻本。
⑦ 顾琮:《周官辨序》,见方苞:《周官辨》,乾隆七年(1742)刻本。
⑧ 方苞:《方苞集》集外文卷六,第696页。
⑨ 顾琮:《春秋通论序》,见方苞:《春秋通论》,乾隆九年(1744)刻本。
⑩ 全祖望:《全祖望集汇校集注》,朱铸禹校注,第306页。

《清稗类钞》称徐元梦"事望溪如师"①,有了徐元梦这位翰林院掌院名宦的吹拂和揄扬,方苞在京城官场与学术圈声名大噪。

徐元梦生于北京的满人家庭,自幼学习汉族文化,常与朋友登山临水,诗酒唱和。方苞有诗《九日徐蝶园招同郭青岩刘大山钱亮工顾用方游药地庵分韵二首》云:"佳节登临约已频,漫空无奈雪纷纶。天开晚霁联游骑,菊饮寒姿悄向人。福地幽偏洵可乐,素交披豁不嫌真。他年此会应难得,贤达天涯尽比邻。""千秋枫柏拥城阙,一度看来一度新。不借丹黄成绘画,更教冰雪澡精神。将行暝色频催句,欲老秋光转泥人。从此公余常系马,霜华可耐两三旬。"②诗中刘大山即刘岩,字大山,又字无垢,江浦人,康熙癸未(1703)进士,翰林院编修,为方苞旧友。钱名世,字亮工,江苏武进人,与刘岩同年进士,翰林院编修。徐蝶园与顾琮(用方)为满族人。重阳雪后,满汉诸友,骑行同游,喜悦之情流露于字里行间,丝毫不见身份地位的悬殊与民族隔阂。

徐元梦是位满族诗人,沈德潜称其诗"风骨不肯落开宝以后"③。他曾就自己的诗集请方苞作序。方苞尤为重视,现存《方苞集》《方望溪遗集》有两篇为徐元梦诗集所作序文,其一侧重于绍述其人,其二侧重于评骘其诗,二者结合更为完备。方苞认为:"诗之用,主于吟咏性情,而其效足以厚人伦、美教化,盖古之忠臣、孝子、劳人、思妇,其境足以发其言,其言足以感动人之善心,故先王著为教焉。"而徐元梦交友尽义,处众温良,德行仁厚,"以忠孝大节,著闻海内,余三十年",他的诗"即境以抒情,因物以达情,悲忧恬愉,皆发于性情之正;而意言之外,常有冲然以和者"④。方苞之论可以说非常准确,与徐元梦的看法不谋而合。徐元梦论诗亦重性情,其《序陆鹤亭〈春及堂诗〉》曰:"今之士大夫竞言诗,或唐或宋,各执所尚,抗不相下。诗以道性情已耳,苟能出于性情,勿论唐可,宋亦可也,如其不出于性情,勿论唐非,宋亦非也。"⑤

---

① 徐珂:《清稗类钞》,北京:中华书局,1986年,第3791页。
② 方苞:《方望溪遗集》,徐天祥、陈蕾点校,合肥:黄山书社,1990年,第126页。
③ 沈德潜:《清诗别裁集》卷十,乾隆二十五年(1760)刻本。
④ 方苞:《方苞集》集外文卷四,第605页。
⑤ 法式善:《梧门诗话》卷七,稿本,中国国家图书馆藏。

徐元梦出任浙江巡抚期间,与方苞好友张自超有交往。张自超(1654—1718),字彝叹,康熙四十二年(1703)进士,后以母病回乡。徐元梦于五十三年(1714)巡抚浙江,五十四年(1715)修缮杭州万松书院,礼聘张自超为山长。① 五十六年(1717)徐元梦回京任左都御史,特以经学笃行向朝廷大力举荐张自超。张自超蒙诏入都,途中病卒。徐元梦如此推重张自超,当时就有人指出这与方苞的举荐有关,方苞《张彝叹哀辞》亦曾提及此事,虽然他指出此事乃翁止园之功,但也并未否认自己之力。方苞很少为友人请托,但遇良才也举贤不避亲。而面对人才济济的江浙,徐元梦独钟情于张自超,应该与方苞不无关系。

乾隆六年(1741)徐元梦卒,方苞悲伤诸友远去,也无意仕宦,七年(1742)告老还乡。思忖二人一生交好的原因,大致有四:一是性格相近。方苞为人耿直,不喜攀附权贵,即便权贵主动结交,亦保持士人风骨。徐元梦性格亦如此,方苞《记徐司空逸事》记载徐元梦面对明珠、索额图两党威胁拉拢,皆不为所动,且敢于直言驳斥;在教授皇子骑射受到皇帝责备时,也上奏辩解。二是人生体验相似。徐元梦"少壮为憸人所构,罹刑祸,毁身家,百折不回,颠沛劳辱,处之若素"②。方苞经历《南山集》案,九死一生,狱中仍不忘读书为学,后为皇帝所重,二人相交应有惺惺相惜之感。三是励志笃学。方苞为桐城学派宗师,于经史子集四部皆有突破,尤精于《春秋》、三礼。徐元梦为八旗学派的代表人物③,任《明史》总裁,《三礼义疏》副总裁,还参与《音韵阐微》《子史精华》等编纂工作,与李光地、汤斌、方苞等庙堂理学家颇多往来。特别是二人都与李光地关系密切,常互相问难,切磋学问。四是孝亲敬长,周恤族里。徐元梦忠孝大节,闻名海内,父母因受累欲被发配至黑龙江,徐元梦奏请代父母谪戍。对于族人"凡贫乏不能自存,丧不能举者,竭力周恤"④。方苞事母至

---

① 赵宏恩:《(乾隆)江南通志》卷一百六十三人物志,《文渊阁四库全书》本。
② 方苞:《方望溪遗集》,第 11 页。
③ 徐珂:《清稗类钞》,北京:中华书局,1986 年,第 3790 页。
④ 弘昼等:《八旗满洲氏族通谱》卷六,沈阳:辽沈社,1989 年,第 125 页。

孝,以母病放弃殿试,以父丧放弃复试。其对于族人也是关爱有加,所设祭田收入,除日常供国课、祭祀之外,"以备凶荒之岁周子孙之困乏者"①。

第二节　崇学重教:与总河顾琮的往来

顾琮(1685—1754),镶黄旗人,姓伊尔根觉罗,字用方。祖顾八代,礼部尚书,谥文端。父顾俨,历官副都统。顾琮以监生录入算学馆,编修算法诸书。康熙六十一年(1722)授吏部员外郎,雍正三年(1725)授户部郎中,迁御史。四年(1726)巡视长芦盐政,八年(1730)迁太仆寺卿,十一年(1733)协理直隶总河,迁太常寺卿,署直隶总督。寻授直隶河道总督。乾隆元年(1736)署江苏巡抚,二年(1737)协吏部尚书事。永定河决,命偕总督李卫督修,旋署河道总督。六年(1741)授漕运总督,十一年(1746)署江南河道总督,旋授浙江巡抚,后调河东总河,十九年(1754)卒。著有《静廉堂诗钞六卷文钞一卷》。《八旗诗话》称其:"治河有绩,而究心闽洛,学诗亦以拙直胜。"②

方苞与顾琮也是在蒙养斋修书时相识。顾氏《春秋通论序》曰:"康熙癸巳冬,琮初共事蒙养斋,与望溪先生一见如旧。"当时包括徐元梦、法海等人,经常一起切磋学问,交流政事,方、顾二人往来更为频繁:"入则合堂联席,出则比屋同垣,朝夕居游,无不共者,凡十有一年。"③他们共同参与编纂的《历象考成》是康熙御制《律历渊源》的第一部,于雍正元年(1723)完成,二年(1724)刊刻,后被收入《四库全书》,《四库全书总目》评之曰:"集中西之大同,建天地而不悖,精微广大,殊非管蠡之见所能测。"④方苞虽于律历并不精通,但他朴实流畅的文笔与精湛的学识,为行文增色不少,这也使得他后来进入《一统志》馆、《皇清文颖》馆、三礼馆等朝廷各大修书馆,并长期担任武英殿修

---

① 方苞:《方苞集》集外文卷八,第 770 页。
② 法式善:《八旗诗话》,稿本,中国国家图书馆藏。
③ 顾琮:《望溪集序》,见《方苞集》,第 907 页。
④ 永瑢等:《四库全书总目》卷一百零六"子部",北京:中华书局,1965 年,第 897 页。

书处总裁。

著述是士人的精神绽放与生命延伸,为友人编校出版著述则是彼此关系的见证。方、顾二人的友谊,于此得到最充分的体现。雍正四年(1726),顾琮为方苞校订《丧礼或问》;乾隆元年(1736),参校方苞的《删定〈管子〉〈荀子〉》;乾隆五年(1740),为方苞刊刻《望溪先生文偶抄》并作序;乾隆七年(1742),为方苞《周官辨》校订并作序;乾隆八年(1743),为方苞《周官析疑》作序;乾隆九年(1744),为方苞校订《春秋通论》《春秋比事目录》,并作序。可以说,在满汉诸友中,顾琮是参校、刊刻方苞著述最有力的人,以至于我们今天看到的方苞大量著述,多与顾琮的名字联系在一起。顾琮不仅是方苞的推崇者,更是一位忠实记录者,他在系列书序中所揭示的方苞学术成就在清初的地位,对今人理解方苞的学术品格及清初学术生态皆有助益。

在《周官辨》序中,顾琮记录了《丧礼或问》与《周官辨》的写作过程,及方苞在蒙养斋讲授而受到徐元梦、王兰生诸友追慕的盛况,并记录方苞在《南山集》之狱中著述的情形:"方子删截注疏不辍,同系者厌之,投其书于地曰:'命在须臾,奈旁人讪笑?'方子曰:'朝闻道,夕死可矣。'"①在《周官析疑》序中,顾琮叙述了方苞在蒙养斋讲授《周官》的经过以及陈鹏年、朱轼、周学健、程崟等接力刊刻该书的过程:"余与学术共事蒙养斋,徐公蝶园及二三君子公事毕辄就先生叩所疑。每举一条,先生必贯穿全经,比类以明其义。"②在《春秋通论》序中,揭示了方苞在京城各大修书馆工作的繁忙状态和《日讲春秋解义》的编纂历程,以及朝廷决定最终由方苞编校的经过,并引用李光地、王兰生之言高度评价方苞《春秋》学成就,"相国安溪李公、太仓王公奏承修《春秋》非方某不可,至再三有旨,方苞编次乐、律书有暇,即赴《春秋》馆校勘"③。顾氏记载,还原了方苞在京城官方学术圈的真实状态。与今人在清代学术史中所见方苞形象不同,在顾琮笔下,方苞是广受认可与尊重的一代宗师。不仅如此,

---

① 顾琮:《周官辨序》,见方苞:《周官辨》,乾隆七年(1742)刻本。
② 顾琮:《周官析疑序》,见方苞:《周官析疑》,乾隆八年(1743)刻本。
③ 顾琮:《春秋通论序》,见方苞:《春秋通论》,乾隆九年(1744)刻本。

顾琮还是方苞之学的深入研究者。在《春秋比事目录》序中,他交代了其与《春秋通论》的逻辑关系,并强调:"欲观《通论》,必先取是编,每类中事同而书法互异者,反复思索,心困智穷始展《通论》,按节而切究之,然后其义刻著于心。"①来而不往非礼也,方苞也尽心为顾琮编选《静廉堂诗钞》,为其祖父顾八代校订《敬一堂诗钞》,并编选第三和第十一卷。

顾琮为清初治河名臣,以河道与漕运治理而闻名,特别是在清初京畿永定河的治理中起到了重要作用。方苞的《与顾用方论治浑河事宜书》就专门探讨永定河治理方略,首先对于顾氏"欲为永久之计,具见贤者忠实恻怛之心"予以表彰,进而指出其"更改河身广拓遥堤"之弊端,最后提出"欲循三角河之外,迤逦而南,别开一河"之对策。方苞如此一片热心,既是为友分忧,又表明自己作为儒臣,心系天下之使命,"惟期分国之忧,除民之患耳。况兹事体大,实亿万人生死所关,而非一世之厉害哉"②。此外在《与顾用方尺牍》中,方苞还论及黄河微山湖段泥沙淤积、阻碍漕运之境况,并提出应对之策,以免酿成灾祸。当时方苞已致仕,对友人及家国大事仍心怀忧戚,壮心不已。

方苞是清代著名礼学家,与顾琮的交往也与"礼"有缘。传统礼学通常包括三个部分:礼学著述、仪礼制度、日常践履。顾琮在日常践履方面表现突出,极受方苞推崇。在《表微》一文中,方苞赞扬顾琮为康熙帝守丧不娶之事:

> 顾侍御用方穷时丧偶,十有一年弗娶。既得仕,纳征于李氏。会先帝之丧,逾岁弗亲迎。或诧焉! 其官适罢,曰:"吾贫未能也。"既而起家为户部郎中,擢御史,掌长芦盐政,岁赐数千金。诧者滋多,曰:"吾迫公事,未暇也。"其娶以雍正三年冬十有一月望后一日。推其心,盖谓三年中不宜有空月也。问焉而不自襮,不以人之所不能者愧人,又其厚也。③

---

① 顾琮:《春秋比事目录序》,乾隆九年(1744)抗希堂藏版。
② 方苞:《方苞集》卷六,第152~154页。
③ 方苞:《方苞集》卷十八,第519页。

此事影响很大,后来《清史稿》亦有转录:"世宗崩,顾琮方丧偶,逾三年乃续娶。方苞以为合礼。"①按照古代礼制,子女应为父母守孝三年(二十七个月),而君臣如父子,也应守孝三年。现实生活中却少人做到,甚至根本不知晓此礼,因此方苞作《丧礼或问》,以醒悟世人,而顾琮之举,堪称表率。方苞本人于礼亦严格践履,他曾说:"无其行而有其言,可增吾耻欤!"②其弟椒涂卒后,他服丧未终不娶妻,不仅如此,还要求子女也严格遵守:"三年之丧,非殡、奠、葬、祭,夫妇不相见。""期、大功,并三月不御于内。""犯者,不许入祠,挞三十,丧疾费不给。"③当方苞之子在守丧期间食肉时,方苞痛心疾首,并致书好友李塨、张自超等自我忏悔。④后来章太炎评价方苞"其孝友严整躬行足多矣"⑤,可谓不刊之论。王夫之云:"学之必兼笃行,则以效先觉之为,乃学之本义。"⑥方苞与顾琮都是知行合一的古礼笃行者,这或许正是他们友谊长久的基础所在。

第三节 躬行践履:与清宗室德沛的交游

德沛(1688—1752),爱新觉罗氏,字济斋,满洲镶蓝旗人,出身于清宗室,曾祖父为靖定多罗贝勒费扬武,即和硕庄亲王舒尔哈齐第八子,祖父为惠献贝子傅喇塔,父亲为固山贝子福存,兄长为德谱。他受汉文化影响,喜欢诗词。德沛少婴痼疾,闭户读书,笃志圣贤之学。雍正十三年(1735)封镇国将军,乾隆元年(1736)授古北口提督,二年(1737)授甘肃巡抚,四年(1739)调闽浙总督,六年(1741)署浙江巡抚,七年(1742)调两江总督,八年(1743)补吏部右侍郎,十二年(1747)授吏部尚书,十三年(1748)袭和硕简亲王,十七年

---

① 赵尔巽等:《清史稿》(第35册),北京:中华书局,1977年,第10639页。
② 顾琮:《丧礼或问序》,见方苞:《丧礼或问》,雍正四年(1726)刻本。
③ 方苞:《方苞集》集外文卷八,第771~772页。
④ 顾琮:《丧礼或问序》,见方苞:《丧礼或问》,雍正四年(1726)刻本。
⑤ 章太炎:《说儒》,见《訄书》(重订本),《章太炎全集》(三),第157页。
⑥ 王夫之:《船山全书》(第6册),长沙:岳麓书社,1996年,第608页。

(1752)薨,谥号曰"仪"。德沛深受汉文化影响,精研《易》理,著有《易图解》一卷、《周易补注》十一卷、《周易解》八卷、《实践录》二卷、《鳌峰书院讲学录》一卷,被誉为清朝亲藩中研经者第一人。①

德沛与当时学人多有往来,与方苞何时结识,已难考证,但二人在乾隆年间往来密切。乾隆二年(1737)德沛巡抚甘肃,方苞作《送德济斋巡抚甘肃序》,文中"吾友德济斋"点明彼此已非普通同事关系。以汉臣之身份称呼满族亲王为好友,于方苞仅此一人,足见二人关系之亲近。方苞最关注的还是德沛的学术,称其:"笃志圣贤之学,闭户穷经三十年,其学尤专于《易》,所为图解,能引申先儒之绪,而自发其心得。"②方苞成童即治《易》,二十年不辍③,颇有心得,对德沛《易》学评价颇高,尤其推重《易图解》,可谓别具慧眼。作为八旗学派理学第一人④,德沛穷究《易》学三十年,多有发覆,方苞老友李绂赞誉是书:"与紫阳以下天台董氏、玉斋胡氏诸说互相发明,而其发前人未发者十尝八九。"⑤方苞称赞《易图解》可能还与程朱有关。方苞毕生为学,以程朱为旨归,所谓"学行程朱之后",而德沛为学亦宗尚程朱,其《易》学研究可以说是对程朱思想的赓续与发展。⑥

方苞提及德沛的另一部著作是《实践录》。乾隆七年(1742)春,方苞致书德沛:"《实践录》稿已分为上下二篇,闻送文颖馆者分为四篇。……望即录改稿见示。仆归负土,必有余暇,当更以前后二本参看切究,秋冬间当录清本奉寄。"⑦我们今天看到的《实践录》通常有两个版本,一是乾隆元年(1736)刻本,二是乾隆五年(1740)吕守曾刻本,中国国家图书馆皆有藏。而方苞的记录说明,上述两个版本皆非定本,因为乾隆七年(1742)德沛仍然在修改完善。

---

① 耆龄:《易图解·题跋》,见德沛:《易图解》,乾隆元年(1736)刻本。
② 方苞:《方苞集》集外文补遗卷一,第818页。
③ 方苞:《易通札代序》,见程廷祚:《易通》十四卷,乾隆十二年(1747)刻本。
④ 徐珂:《清稗类钞》,北京:中华书局,1986年,第3790页。
⑤ 李绂:《易图解·序》,见德沛:《易图解》,乾隆元年(1736)刻本。
⑥ 张文博:《德沛生平著述研究》,北京师范大学硕士论文,2015年,第32~34页。
⑦ 方苞:《方望溪遗集》,第44页。

《实践录》是德沛一部代表性的理论著作,该书由《孟子》论起,以推求《中庸》《大学》之理,其论大体、小体、格物、致知之言"精深闳畅,信非践道之实者,不能及也"①。该书的另一个特点是把中国传统儒学、理学思想与天主教思想结合起来,是中西学术结合的产物,且在法国与俄国皆有译本。② 这对于研究清代学术发展以及中西学术交流皆有重要参考价值。

作为躬行实践的大吏,方苞难免与德沛交流政务。德沛巡抚甘肃时,方苞强调法治兵谋,要以仁义为本,希望他能够在大府治理中,把刑法与仁义相结合,"刚柔迭用,动静不失其时,然后能极于仁之至义之尽而无憾焉"③。乾隆四年(1739),德沛调任闽浙总督,当时台湾为其所辖,方苞致书,昌言台海之重要,"沃野千里,粟溢泉、漳,物产丰盈,盗贼觊觎,故叛乱频作,幸而速平,若措注失宜,不惟七闽之忧,乃滨海九省之剧患也"。方苞呈献治台方略,建议放弃修筑郡城,而应开凿台郡重地鹿耳门④,永绝沿海隐患。方苞并非治军治台专家,但对福建及台海极为关注,能够提出如此具体措施,足见其对国对民对友一片赤诚之心。

禁酒、禁烟一直是方苞关注的问题,尤其是禁烧酒,他曾多次上奏。朝廷于乾隆二年(1737)开始在江北五省推行禁酒政策,引起朝野震动,争议不绝。德沛与孙嘉淦等认为应该弛禁,方苞与尹会一等认为应该严禁,最后皇帝基本采纳了严禁派的观点。很多年后,方苞致书德沛,针对当时的粮价上涨,又谈起此事,坚持认为"宜除酒税,毁酒锅,凡载烧酒之车并入官变价,以备赈荒"⑤。同时希望老友能够在禁烟禁酒政令上,深谋远虑,积极推行。好友之间,观点或许不同,但对国计民生的关心是一致的。

商谈政事属于官员间的常态,畅谈家事则是彼此友情的证明。乾隆七年

---

① 李锴:《实践录序》,见德沛:《实践录》,乾隆元年(1736)刻本,中国国家图书馆藏。
② 辛格非:《调和儒家文化与西方文化的尝试——浅论满族人德沛之哲学思想》,载《故宫学刊》,2013年第2期,第387页。
③ 方苞:《方苞集》集外文补遗卷一,第818页。
④ 方苞:《方苞集》集外文补遗卷一,第812页。
⑤ 方苞:《方望溪遗集》,第45页。

(1742)春,方苞致仕归里,临行前致书德沛:"仆已定登程之期,以欲与公一面,迟至初十,若不得,则此生无再见之期矣。"①不难看出,眷眷之情,流溢字里字外。此后德沛调任两江总督,方苞再写信给德沛,恳请他协助处理家族墓地被毁之事。方苞家族墓地早年为乡里奸猾之徒侵占毁坏,一直没有得到很好的解决,成为方苞心头之痛,因此他希望老友能出手相助。另外,方苞还邀请他为家族教忠祠题记。教忠祠是方苞晚年在南京清凉山麓营建的纪念先祖的祠堂,方苞非常重视,专门为之定祭礼,作祠规、祠禁,设祭田等,如果德济斋能够撰写一篇题记,且在文末附上祭田数量,这样日后子孙就不会轻易处置祭田,"盖见于一代明贤两江师保之文,则子孙不肖者妄念不生,而买者亦有所顾忌,而不敢轻受矣"②。方苞与德沛畅谈家族私事,除了交情匪浅,可能还与德沛本人重视孝亲之情有关,他在父亲去世后,本应承袭爵位,却让位于从子,让人感佩,"常避所应承公爵,俾兄子嗣焉"③。至于方苞与德沛等满族官员交往,是否有托庇之意,难有定论,但其请求德沛协助处理家族事务确为事实。

第四节　共事庙堂：与大学士鄂尔泰的往来

鄂尔泰(1677—1745),西林觉罗氏,满洲镶蓝旗人,祖父图彦图官户部郎中,父鄂拜为国子监祭酒。康熙三十六年(1697)中举,四十二年(1703)袭佐领职,充侍卫,五十五年(1716)迁内务府员外郎。雍正元年(1723)任云南乡试副主考,旋擢江苏布政使,八月授广西巡抚。三年(1725)署云贵总督。十年(1732)授保和殿大学士,兼兵部尚书。十三年(1735)雍正帝驾崩,与张廷玉等同受遗命辅政,担任总理事务大臣,历任军机大臣、领侍卫内大臣、议政大臣、经筵讲官,管翰林院掌院事,加衔太子太傅,充国史馆、三礼馆、玉牒馆

---

① 方苞:《方望溪遗集》,第44页。
② 方苞:《方望溪遗集》,第48页。
③ 方苞:《方苞集》集外文补遗卷一,第818页。

总裁,赐号襄勤伯。著有《西林遗稿》《文蔚堂全集》等。

鄂尔泰何时与方苞结识,不得而知,但他是在朝廷与方苞往来较多的官员,尤其是在朝廷各大修书馆,几乎都与方苞共事,且是方苞上司。《方苞集》收录与鄂尔泰相关的文章五篇,即《与鄂少保论修三礼书》《与鄂少保论丧服注疏之误书》《与鄂张两相国论制驭西边书》《与鄂少保论治河书》《与鄂相国论荐贤书》,主要揭示方苞在朝廷工作的状况。前二者围绕三礼修纂展开。乾隆元年(1736)朝廷诏开三礼馆,修纂《三礼义疏》,鄂尔泰、张廷玉、朱轼等为总裁。方苞、李绂等为副总裁。方苞不仅提出修纂总原则,而且负责具体修纂事宜及人事管理等。《与鄂少保论修三礼书》诸札,记录了方苞关于三礼修纂的基本方法、工作分配以及人事调整等,为研究《钦定三礼义疏》的修纂提供了第一手资料。在修纂方法上,方苞提出:"人删三经注疏各一篇,择其用功深者各一人,主删一经注疏,一人佐之,余人分采各家之说,交错以遍;然后众说无匿美,而去取详略可通贯于全经。"①可惜当时并未完全实行,王兰生与甘汝来等人分纂《仪礼》《戴记》,按照自己的想法行事。方苞本人分配的修纂任务是《周官注疏及订义》,他与弟子钟岏等人一起,最早完成修纂任务。

"治河"与"驭边"是关系国计民生的大事,方苞忧国忧民,不仅多次向朝廷上奏折,而且积极与名宦大吏交流,建言献策。"荐贤"之书,不仅体现方苞对后生晚辈的关切提携,还表现方苞识人的眼光。在《与鄂相国论荐贤书》中方苞主要推荐八人:"徐士林、王安国,宜任正卿。陈德容、魏定国、晏斯盛,久练吏治,使为巡抚,可保境内和宁。雷铉、陈仁、熊晖吉,列于九卿,遇大事必能陈义不苟。"②可以说,方苞判断得非常准确,这些贤士除了早卒者外,其他基本都如方苞所言,我们不妨看看他们的升迁简历。

徐士林(1684—1741),山东文登人,康熙五十二年(1713)进士,历任内阁中书、礼部员外郎、安庆知府、江苏按察使、江苏巡抚,乾隆六年(1741)病逝在任上,入祀贤良祠。王安国(1694—1757),江苏高邮人,雍正二年(1724)榜

---

① 方苞:《方苞集》卷六,第154页。
② 方苞:《方苞集》集外文卷五,第649页。

眼,历任编修侍讲、广东学政、左都御史兼领广东巡抚、礼部尚书、吏部尚书等职。陈德荣(1689—1747),直隶安州人,康熙五十一年(1712)进士,历任湖北枝江知县、贵阳知府、安徽布政使,卒于任所。后入祀乡贤祠和贵州名宦祠。魏定国(1678—1755),江西建昌人,康熙四十五年(1706)进士,历任应城知县、直隶州知府、河南按察使、山东巡抚、安徽巡抚、吏部右侍郎等。卒后钦赐"耆年清望"匾额,以示褒奖。晏斯盛(1689—1752),江西新喻人,康熙六十年(1721)进士,历任检讨、山西道御史、贵州学政、鸿胪寺少卿、安徽布政使、山东巡抚、湖北巡抚、户部侍郎等。雷鋐(1696—1760),福建宁化人,雍正十一年(1733)进士,历任通政使、浙江学政、左副都御史、江苏学政等。陈仁,广西武宣人,雍正十一年(1733)进士,历任御史、湖北督粮道、福建监察御史加一级授朝议大夫。熊晖吉,江西新昌人,雍正二年(1724)进士,历任编修、侍讲、湖南乡试正考官、翰林院侍讲学士、通政司右通政等。

从相关文章来看,方苞与鄂尔泰的往来,既无朋友间的嘘寒问暖,也无文人之间的诗酒唱和或学人之间的讨论商榷。鄂尔泰本身既不是文人也不是学者,而是当时清政府一名高级官员,只是因为工作关系,恰巧和方苞大量接触。他们的关系大概介于好友与同事之间。乾隆十年(1745)鄂尔泰病逝,方苞没有撰碑传墓志,也没有写纪念文章,仅有一封给鄂尔泰之子的简短回信《与鄂长郎书》,其中评价鄂尔泰:"在贤尊,善始善终,亦复何恨!而老生所深痛者,国家失社稷之臣,天下士有志节者无所依赖,非独以平昔交好也。"另外,方苞在信中提及,在鄂尔泰困顿之时,方苞曾经给以劝导:"往者贤为小人所构,老生屡致书贤尊,言自古名贤未有不经蹉折者,正可因此淬砺身心,进德修业。未几时,闻圣主复擢居要地,夙夜虔恭,私怀甚慰。"①方苞所言之事,在二人的年谱中均没有记载,或许只是一次普通的交谈。而方苞行文的口气,俨然一副长者的姿态,恐怕让身居显贵的鄂家难以接受。

---

① 方苞:《方望溪遗集》,第59页。

方苞弟子雷鋐称鄂尔泰："公性耿直,好奖励名节,恶偷合取容,以媚世者。"① 袁枚亦言鄂尔泰虽自视过高,常卑视古人,"然于近今人才,一善一技不肯忘"②。整体而言,对于方苞的才学,鄂尔泰还是颇为推崇的。他在《文蔚堂诗集》中有长诗一首《赠方望溪》,高度评价"望溪老友":

六经治世非土苴,相期津逮窥垠涯。抉经之心不易得,词林文苑徒纷拏。

博物但解辨䶂鼠,搜神或诧名駏驉。心井逼塞航断港,银海掉眩生狂花。

此曹正坐读书误,遗弃根本搜櫱芽。桐城望溪我老友,学崇中正防奇邪。

说经铿铿究终始,尤于三礼咀其华。曲礼增删繁就简,正义参订蓬扶麻。

群书穿穴寻圣奥,下帘每听鼓三挝。方今重轮陛下圣,五纬顺序曜帝车。

致君尧舜诚有术,许身稷契非矜夸。天地人祀各适职,往谐秩宗帝女嘉。

惟寅惟清恭朝夕,诏兼书局穷罗爬。吾衰旧闻苦荒落,妄冀邃密商量加。

间送一难辄许可,琼琚乃报投木瓜。姚姒上溯下闽洛,青镜恐蚀妖虾蟆。

岂邀名誉嗣圣德,宁望荒远登羲娲。所贵经学适时用,瞑坐曈若翻金鸦。

委蛇退食时过我,剧谈恒瀹头纲茶。偷闲依然两学士,相视一笑无喧哗。

---

① 雷鋐:《西林鄂文端公逸事》,见《鄂尔泰年谱》,北京:中华书局,1993年,第148页。
② 袁枚:《武英殿大学生傅文端公鄂尔泰行略》,见《鄂尔泰年谱》,第141页。

张苍伏胜暨辕固,经儒往往臻耆耋。朝廷会行乞言礼,洗爵君且斟流霞。①

第五节　寄情山水:与石永宁家族的交游

石永宁(1693—1751),字承谟,号东村,姓索绰络,正白旗人,祖都图为康熙近臣,因孔武有力,身健如石,被康熙赐姓石。雍正年间举贤良方正,乾隆己巳年(1749)荐举明经,敕封文林郎、诰封光禄大夫。著有《东村诗钞》《寸寸集》《铸陶集》等。永宁与其兄富宁后世人才济济,出现"四代七翰林",被《清史稿》誉为"八旗士族之冠"。②

石永宁生于仕宦之家,年轻时疏于事功,对诗文偏爱有加。乾隆二年(1737),方苞住在北京紫禁城西华门外,听闻子侄辈多称许石东村之诗③,恰逢石永宁以诗相投,遂彼此结识。石永宁与顾琮皆为吉林永吉县人,方苞是否通过顾琮认识石永宁,目前暂无直接证据。永宁与兄富宁偕隐不仕,寄情山水之间,吟诗作词,得鹰青山人李锴(1686—1755)之诗,甚为敬服,悉毁平生所作,誓不更为,转从李锴游,长期隐居盘山。"每严冬大雪,携手步西潭,以杖叩冰,相视愉怡,见者咸诧而不知其何以然。"④方苞的《二山人传》与《鹰青山人诗序》,记载二人交往历程,为后世广泛征引。

东村自毁诗稿之事,让方苞想起自己早年作诗,父亲力戒其为诗,毕竟诗歌创作不只靠个人努力,还需天赋秉性。方苞后来绝意于诗,可谓深思熟虑,石永宁则是深感自己"幼学难补,虽殚心力所造,适至是而止耳"⑤。李锴听闻焚诗之事,非常惊骇,亦能理解,并作《焚诗歌为石东村作》以慰藉:"生平为

---

① 鄂尔泰:《赠方望溪》,见沈德潜:《清诗别裁集》卷十八,乾隆二十六年(1761)刻本。
② 赵尔巽等:《清史稿》卷三百六十三,第11412页。
③ 从方观承的《述本堂诗集》与石东溪、东村兄弟大量的诗歌往来看,方苞所言的子侄即方观承等人。
④ 方苞:《方苞集》卷八,第224页。
⑤ 方苞:《方苞集》卷八,第224页。

诗不知数,告我草稿今通焚。丈夫猛捷贵有断,龙蜕不惜黄金鳞。君看《笙诗》无一字,束氏补之成赘文。我闻此论骇卓绝,至人之迹神其灭。"①永宁友人郑板桥(1693—1766)获悉此事,亦有诗《寄题东村焚诗二十八字》云:"闻说东村万首诗,一时烧去更无遗。板桥居士重饶舌,诗到烦君并火之。"②今人罗时进称赞焚诗者潇洒豁达,但离不开其特殊的家族背景。③古来不乏自焚诗文者,或为避祸,或薄少作,或去业障,或博虚名,等等,不一而足,能如东村之见贤思齐者,还不多见,与方苞早年戒为诗异曲同工。

东村当然并未尽毁其诗作,焚前曾刊刻山居五言律诗二十首,这些诗后来被收录进《寄闲堂诗集》。该集为其侄德元雕印,弟子法式善(1753—1822)编辑,德元在跋语中评价曰:"东村公尤喜为诗,识者谓上匹储王,下亦不失为徐昌谷、高子业。"④把东村之诗与王维、储光羲、徐祯卿、高叔嗣之诗相比,评价不低。试看东村代表作《移居盘山》:"卜宅依山麓,从容亦苟完。编篱三径曲,凿牖一天宽。鼓腹煨鸥芋,章身制鹖冠。举家清且健,随在可盘桓。""安卧惭高士,恒饥泣小儿。牵衣喧宴起,索食问朝炊。语涩翻成笑,情闲且赋诗。南山一顷豆,悔不及耕时。"⑤确有几分田园味道!李锴称东村之诗发自内心,"周章坎壈中无龌龊语,甥中彪外具见一端云"⑥。方苞肯定东村的诗少世俗语,往往能够"即事抒情,翛然有真意"⑦。

石东村少时颇行豪举,喜好声色犬马,三十岁后始折节读书,后家事迍邅,奉母东郭,开垦墓田以养。虽已不仕,常望其子赫然有所立,因特重家族教育。东村有二子,皆英特。长子观保(1712—1776),号补亭,乾隆元年(1736)举人,乾隆二年(1737)进士,改庶吉士,授编修,官至礼部尚书,永宁以

---

① 徐世昌:《晚晴簃诗汇》卷七十二,民国十八年(1929)刻本。
② 郑燮:《板桥集》二编,见《清代诗文集汇编》(第 273 册),第 635 页。
③ 罗时进:《清人焚稿现象的历史还原》,载《文学遗产》,2017 年第 5 期,第 129 页。
④ 明德、永宁、富宁著,法式善编:《寄闲堂诗集》,嘉庆十二年(1807)强恕堂刻本。
⑤ 徐世昌:《晚晴簃诗汇》卷七十,民国十八年(1929)刻本。
⑥ 徐鼐霖:《永吉县志》卷三十四,李澍田等点校,长春:吉林文史出版社,1988 年,第 604 页。
⑦ 方苞:《方苞集》卷八,第 224 页。

子而贵。次子观德(1725—1784),号近亭,颇有其祖上之风,体干雄特,八岁能举巨石三钧,将冠可扑三四人,清代宫廷画家冷枚曾为其作《虎子图》,李锴及方苞兄之子方道永、侄方观承、友德济斋和大批亲王贝子名宦多有题跋。方苞对东村长子颇为称道,对其次子的教育略有微言,遂作《赠石仲子序》,记录东村教子历程并予以劝诫,提出不能"专恃艺勇,或假学诵为进取之资","具大将之才识,而一归于忠孝,非深究古今事物之变,而概乎有闻于道者不能"①。

与方苞交游的满族士人,除了上述四人外,尚有不少。与方苞往来较多的还有留保家族。礼部侍郎留保(1689—1762),其父鄂素早亡,由伯父赫世亨、和素抚养成人。赫世亨与和素长期任职武英殿总管,方苞也长期任武英殿修书处总裁,相互接触应该不少。方苞与赫世亨长子完颜保亦有往来。《方苞集》收录有《中宪大夫鄂公夫人撒克达氏墓表》《完颜保及妻官尔佳民墓表》等。其他经常往来的,像兵部尚书法海(1671—1737),虽然与方苞关系不错,也是方苞最初在蒙养斋修书时认识的朋友,但与其相关的文献保存下来的较少,仅有一篇《兵部尚书法公墓表》。至于武英殿大学士来保(1681—1764),与方苞虽有往来,但更多只是工作上的关系,除了《与来学圃书》,其他信息留存不多,因此概不细论。

综上所述,通过方苞与满族仕宦的交往可知,在民族交往中,不仅交织着历史、民族、家国等社会环境因素,更渗透着身世、才情等个体性因素,前者是民族交往的宏观方面,后者是民族交往的微观方面,正是通过一个个微观汇合成宏观。仅就方苞个案来看,可以得出三点结论:

其一,对方苞而言,结识了一群心意相通的他族友人,既同朝共事,又谈文论道。他们多为满族上层官宦,有着广泛的官场影响力与强大的学术话语权,他们的揄扬与助力,为方苞在京城官场与学术圈带来巨大声望。这是他

---

① 方苞:《方苞集》卷七,第203~204页。

成为庙堂理学家的重要资本,并推动了他一代宗师地位的确立。其二,对满族人而言,结识了一位兼通文章与经术的文坛大家,增加了对汉族文化的认识和了解,提升了满族仕宦的文章水平与学术能力,强化了满族官宦群体对中华传统文化的认同感。其三,对民族交往而言,加强了满汉之间的交流、融合,揭示了在既有的历史文化差异与民族矛盾背景下,个体性因素特别是身世与才情,在民族交往中发挥着正面而重要的作用。

当然方苞并非个案,在梳理清代仕宦交往史时不难发现,有一大批像方苞一样的汉族士人,如熊赐履、李光地、李绂、查慎行、陈宏谋、纪昀、戴震、曾国藩、魏源、李鸿章、张之洞、吴汝纶等,在他们与满族及其他民族士人的交往中,保留了大量雅集宴饮与诗词唱和的文献资料,充分发挥个体性因素在交往中的积极作用。恰如著名民族学理论家盖尔纳所说,民族是"伙伴关系的相互承认"①。正是由于身世、才情及个人品格等个体性因素的彼此吸附与认可,助推了伙伴关系的形成;而长久的伙伴关系又促进了彼此的情感认同与心理接受,从而加强了多民族思想文化的整体交流与融合,并孕育了前所未有的文化繁荣,诞生了光辉千古的文学巨著《红楼梦》、流誉天下的旷世词人纳兰性德和延续两百余年的桐城派。

---

① 盖尔纳:《民族与民族主义》,韩红译,北京:中央编译出版社,2002年,第9页。

第四章 从修书总裁到著作等身

全祖望称,古今宿儒,有经术者或未必兼文章,有文章者或未必本经术,而方苞是经术兼文章①。实际上,除了上述两种身份,方苞还是清代一流的编辑出版家,他在朝为官三十年所从事的主要工作就是修书。

第一节 方苞与清代图书编辑出版

从康熙五十二年(1713)入朝为官,到乾隆七年(1742)致仕归里,三十年仕宦生涯,方苞两入南书房,官至礼部侍郎,经历不少重大历史事件,但修书工作一直没有中断。他长期担任康、雍、乾三朝武英殿修书处和各大修书馆总裁,主持国家大型文献编校整理工作,提出系列编辑出版的理论,培养编辑出版人才,成为清初一流的编辑出版大家。

一、方苞的编辑出版历程

根据《方苞全集》以及其他相关文献,将方苞编辑出版历程整理如下:

康熙三十八年(1699),方苞江南乡试第一名。同年,刊印自己的第一部

---

① 全祖望:《全祖望集汇校集注》,朱铸禹校注,第305～310页。

时文稿,乡试座师太原姜楇和韩城张廷枢为其作序。康熙四十五年(1706),方苞中礼部会试第四名,未应殿试。同年,他的第二部时文稿《抗希堂稿》在广陵刊印。

康熙五十年(1711),《南山集》案发,方苞受牵连入狱。五十一年(1712),在狱中完成了《礼记析疑》和《丧礼或问》两部著作。康熙五十二年(1713),因李光地等人营救,被赦免出狱,并入值南书房。同年八月,方苞由南书房移至蒙养斋,开启修书生涯。

蒙养斋算学馆,康熙五十二年奉诏成立,被法国传教士称为"皇家科学院"①,负责修纂乐律、历算诸书,由诚亲王允祉、庄亲王允禄等纂修,何国宗、梅瑴成汇编,魏廷珍、王兰生、方苞分校,成德、明安图、顾琮、留保等考测或校录。方苞承修《御制历象考成》,从康熙五十二年开始,到雍正元年(1723)修成。该书结合汤若望的《西洋历法新书》和本土历法,代表当时天文历法最高成就。

康熙五十五年(1716),方苞所著《春秋通论》完成,五十六年(1717)《春秋直解》完成,五十九年(1720)《周官集注》完成,六十年(1721)《周官析疑》完成。康熙六十一年(1722)四月,方苞扈跸热河,六月奉命回京,充武英殿修书总裁,校勘《御制分类字锦序》。是年,参与修纂《御定子史精华》。

雍正三年(1725),方苞仍为武英殿修书总裁,并引荐雍正二年(1724)进士熊晖吉入馆修书。雍正四年(1726),《御定音韵阐微》成。该书始修于康熙五十四年(1715),李光地拟定条例,王兰生纂辑,徐元梦董其成,方苞与李清植、俞鸿图、周学健、唐继祖、戴临为武英殿校对。雍正四年五月,《御定骈字类编》240卷完成,吴士玉、张廷璐、张照、王兰生、方苞为武英殿总裁,舒大成、李光墺、陈万策、唐继祖等纂修。雍正五年(1727),《御定子史精华》160卷完成,吴士玉、张廷璐、张照、王兰生、方苞为武英殿总裁,舒大成、陈万策、唐继祖等为修纂,并奏请李学裕进馆修书。该书针对子史浩博芜杂,标其精

---

① 黄彦震、尚振华:《清宫蒙养斋考》,载《兰台世界》,2009年第24期,第64页。

要,注其原委,繁简得中,嘉惠学林。

雍正九年(1731),方苞授詹事府左春坊左中允。雍正九年十二月,朱轼、吴襄、方苞等撰写的《驳吕留良四书讲义》刊行。雍正十年(1732)五月,迁翰林院侍讲。雍正十年十二月《圣祖仁皇帝御制文集》(四集,康熙五十一年到六十一年)编纂完成,方苞校勘。雍正十一年(1733)三月,奉命编选《古文约选》;四月,擢内阁学士兼礼部侍郎,以足疾辞,命仍专司书局;八月充《一统志》馆总裁,从事《大清一统志》编纂工作;冬月作《与〈一统志〉馆诸翰林书》。雍正十三年(1735)正月,方苞充《皇清文颖》馆副总裁,此为清廷第二次编纂该书。

乾隆元年(1736),方苞再入南书房,诏命编选《钦定四书文》。同年,诏修《三礼义疏》,方苞充三礼馆副总裁,拟定纂修条例,并从《永乐大典》中录取前人经说。乾隆二年(1737),方苞擢礼部右侍郎,仍领武英殿修书事,管理宫廷修书工作。《御制日讲春秋解义》修纂完成,允礼、张廷玉、方苞为校订。乾隆四年(1739)二月,诏重刊《十三经》《廿一史》,方苞充经史馆总裁;四月,《钦定四书文》成,颁行天下;五月方苞被劾落职,仍留三礼馆修书。乾隆七年(1742)三月,方苞奉旨在三礼馆分纂《周礼》已竣。年老多病,告老还乡。乾隆十二年(1747),《十三经》《廿一史》刻成。乾隆十三年(1748),《三礼义疏》刻成。乾隆十四年(1749)七月,方苞《仪礼析疑》成;八月,卒于上元。当年《御制日讲礼记解义》完成,方苞为原任副总裁。

不难发现,方苞一生编辑出版图书历四十年,而且正处于清朝文化鼎盛的康、雍、乾三朝,对清代图书出版事业卓有贡献。

二、方苞的编辑出版业绩

清代图书编辑出版事业兴盛,涌现出一大批编辑出版专家学人,戴文葆先生称方苞是"官书官刻的编辑家"[①]。康雍乾三朝,是清代文化的高峰时

---

① 戴文葆:《历代编辑列传(三十四)·方苞》,载《出版工作》,1989年第8期,第126页。

期。方苞在此时期多次主持或参与国家大型图书的编纂整理,概括起来主要有三类:一是文学类,有《古文约选》10卷、《钦定四书文》41卷;二是学术类,主要有《钦定三礼义疏》《十三经》《廿一史》《日讲春秋解义》《日讲礼记解义》等;三是志书类,主要有《大清一统志》。

《古文约选》是方苞奉和硕果亲王允礼之命,在雍正十一年(1733)编选、乾隆三年(1738)刊行的一部古文选本,其对象是国子监的八旗子弟,具有官修教材性质。在《古文约选序例》中,方苞交代了选文范围、选文数量、古文源流、衡文标准等方面的内容,比较完整地体现了方苞的古文思想理念。从选文范围看,该书与之前古文选本的显著区别在于,仅收录两汉及唐宋八家古文,而没有选先秦及六朝文。并非先秦文章不好,"但其著书,主于指事类情,汪洋自恣,不可绳以篇法"。比较而言,秦汉唐宋文源自先秦,门径清晰可辨,"俾承学治古文者,先得其津梁,然后可溯流穷源,尽诸家之精蕴耳"①。之所以如此,也由于该书对象为初学者,选文不宜过深,应易于学习。从选录数量看,全书共363篇,两汉文49篇,唐宋八家文314篇,以唐宋文为主体。在唐宋八家文中,韩文72篇、柳文46篇、欧阳文58篇,几乎占了全书的一半,体现了方苞"文介韩欧之间"的为学祈向。从古文源流看,他认为六经、《论语》《孟子》是古文之源,《春秋三传》《史记》《国语》《战国策》、两汉及唐宋八家文皆其流也,而以《左传》《史记》为最精。从衡文标准看,以是否符合义法衡量文章高下。作为官修的古文经典选本,该书不仅为科举士子所重,且对后世文集编选产生影响,尤其对姚鼐编纂《古文辞类纂》影响颇深。

《钦定四书文》是方苞奉乾隆诏命编选的一部明清八股时文集,主要目的是为科举主管部门提供衡文之准绳,为士子揭示作文之矩矱。乾隆元年(1736)奉诏编选,四年(1739)刊印书成,随后颁行京师、各省督抚及各地学馆,后收入《四库全书》。作为唯一入选《四库全书》的八股文选本,该书对了解明清八股文的发展有重要意义。在该书凡例中,方苞交代了四书文流变、

---

① 方苞:《方苞集》,第613~614页。

选文数量、选文标准等方面的内容,比较完整地体现了方苞的时文理念。从四书文流变看,分为化治、正嘉、隆万、启祯与国朝五个阶段,各有特点:"明人制义,体凡屡变。自洪永至化治,百余年中皆恪遵传注,体会语气,谨守绳墨,尺寸不逾。至正嘉,作者始能以古文为时文,融液经史,使题之义蕴隐显曲畅,为明文之极盛。隆万间,兼讲机法,务为灵变,虽巧密有加而气体荼然矣。至启祯,诸家则穷思毕精,务为奇特,包络载籍刻雕物情。凡胸中所欲言者,皆借题以发之,就其善者可兴可观,光气自不可泯。至于我朝,人文蔚起,守洪永以来之准绳而加以变化,探正嘉作者之义蕴而挹其精华,取隆万之灵巧、启祯之恢奇而去其轻浮险谲,兼收众美,各名一家。"①从选文数量看,该书选录从明迄清271位作家的783篇四书文,其中明代486篇,清代297篇,每篇制义之中均有圈点旁批,指明行文优劣,文后有总评。从选文标准看,凡所录取,"皆以发明义理、清真古雅、言必有物为宗"。所谓"清真古雅",应该依于理、达其辞、存乎气,而理气之深浅盈虚源于学,也就是六经与宋元诸儒之书。

乾隆元年(1736)诏开三礼馆,纂修《三礼义疏》,乾隆十三年(1748)书成,修成《钦定周官义疏》48卷、《钦定仪礼义疏》48卷、《钦定礼记义疏》82卷,蔚为大观,可谓清代三礼学集成之作,后收入《四库全书》,助推清代礼学的复兴。纂修《三礼义疏》,鄂尔泰、张廷玉、朱轼等为总裁,方苞、杨明时、徐元梦、王兰生等为副总裁,实则方苞是纂修主要人物。他在《三礼义疏》纂修中的作用主要有三:一是拟定《三礼义疏》纂修条例,提出纂修"六类"之法,即正义、辨正、通论、余论、存疑、存异②。二是领纂《周官义疏》48卷,并于乾隆六年(1741)率先完成。三是主持日常管理工作,包括纂修人员的选择安排,以及文献的征稽等。对于清代三礼学的发展,方苞功莫大焉③。

《十三经》和《二十四史》是我国传统的基本典籍,乾隆间校刊《十三经》

---

① 方苞:《钦定四书文凡例》,乾隆四年(1739)刻本。
② 后来程廷祚从方苞六类之说,研究《周易》,而有《大易择言》。方苞晚年又丰富之前的理论,提出八类之说:正义、辨正、通论、考定、考证、余论、存疑、存异。见《答翁止园书》。
③ 林存阳:《三礼馆:清代学术与政治互动的链环》,北京:社会科学文献出版社,2008年,第269页。

《廿一史》是清代校勘学史和出版史上的一件大事。此事乾隆三年(1738)由大学士张廷玉和福敏提出,得到乾隆皇帝恩准。乾隆四年(1739)方苞受任经史馆总裁,负责具体工作。方苞提出广泛征集旧本,以何焯校本为基础,并制定了严格的校勘程序,采取了一些开创性的做法,力超前人,泽被后世。该版完成后,成为清代士人研习的主要版本,"殿本"之名亦因之而大盛。后来《四库全书》和《四库全书荟要》收录的《十三经注疏》《二十四史》皆以此为底本,扩大了殿本的影响。民国张元济校刊百衲本《二十四史》,亦多参校殿本。

经筵,是汉唐以来帝王为讲经论史而特设的御前讲席,为历代所沿袭。有清一代康熙最重视这一制度,选取《四书》《五经》及《通鉴》等有关治乱兴衰之典籍日讲,并留下系列教材。《易》《书》《诗》《四书》等刻于康熙朝,《春秋》刻于雍正朝,《礼记》刻于乾隆朝。这套系列图书曾多次刊行,后收入《四库全书》。方苞参与《日讲礼记解义》和《日讲春秋解义》的修纂刊刻工作,尤其是《日讲礼记解义》的纂修,他虽为副总裁,却是编纂官员中极少数精通三礼学的专家,因此实际负责具体工作。该书体现了方苞的三礼学理念。

《大清一统志》,是继隋、唐、宋、元、明以后的大型志书。有清一代,前后编辑过三部《一统志》,即康熙《一统志》、乾隆《一统志》、嘉庆《一统志》。康熙《一统志》的修纂主要由徐乾学执掌,自康熙二十五年(1686)开始,因卷帙浩繁,终未成书。雍正三年(1725)续修,初由蒋廷锡、陈德华执掌,后由方苞接管。乾隆五年(1740)稿成,乾隆九年(1744)刊行,凡 356 卷,由总裁陈德华进呈。方苞于雍正十一年(1736)任《一统志》总裁,采取了卓有成效的措施,如规范体例,整饬团队,广征史料,推行"行查事项"十四条和三校制,极大加快了修志进度。方苞修志时期,是康熙《一统志》纂修最有成效的时期,为最后的完成奠定了基础[①]。《大清一统志》不仅展示了清代社会文化的发展面貌,而且对地方志的编纂起到了示范作用。

---

① 牛润珍、张慧:《〈大清一统志〉纂修考述》载《清史研究》,2008 年第 1 期,第 140 页。

三、方苞的编辑出版思想及创举

第一,开创官刻经史附校勘记之滥觞。

在刊刻《十三经》《廿一史》时,方苞鉴于"自唐初孔颖达、贾公彦等所引《十三经》及传注,并周、秦诸子,已多讹误;宋、明刊刻,未经订正",遂提出要把校勘发现的错误"详细校勘,一一开列,进呈御览"①。这里所言前朝校勘之误的开列,实际上就是我们今天所谓"校勘记",《十三经》《廿一史》成书时所附的《考证》亦源于此。官刻正经、正史而附校勘记,宋元明皆无先例,而乾隆武英殿本的《十三经》《廿一史》行此创举,"这个功劳首先应归于方苞"②。虽然后来方苞不再担任武英殿总裁,但后继者张照仍然坚持编写校勘记,并对方苞此举高度评价:"伏思方苞奏定卷末刊载考证,极有伦理,盖学问无穷,不可以今日一时所见为定。或原本别有意义,而今日所据之本转有未合,实所难定。惟将考证详载于末,则后人得见前本是非,听其论定,果有未合,既不致求益反损,而合者自必十分之九,又足以彰圣朝,此举实有裨益。"③此后,武英殿对辽、金、元三史进行新编,又补刻了《旧五代史》《明史》,而附录校勘记成了刊刻经史的惯例,一脉相承。武英殿虽然自康熙朝就开始刻书,但所刊书籍一直称"内务府本",直到刊刻《十三经》《廿一史》后,由于校勘精审,装帧精美,印刷精良,版本学上始称"殿本"④。"殿本"不仅取代内务府本,而且取代明代的南、北监本,成为当时最流行的善本,其所开创的刊刻经史附校勘记的范式,至今仍是古籍整理的通行做法。

第二,开创官刻经史句读的先例。

在刊刻《十三经》《廿一史》时,前代旧刻经史皆无句读,个中原委,方苞认为:"盖以诸经注疏及《史记》、前后《汉书》辞义古奥,疑似难定故也。因此纂

---

① 方苞:《方苞集》集外文卷二,第566页。
② 张学谦:《武英殿本〈二十四史〉校刊始末考》,载《文史》,2014年第1辑,第97页。
③ 乾隆七年六月初七日张照《奏陈校刊经史事宜》,军机处录副奏折,中国第一历史档案馆藏。
④ 向功晏:《清代殿本浅析》,载《故宫博物院院刊》,1985年第4期,第73页。

辑引用者,多有破句。"基于此,方苞提出:"必熟思详考,务期句读分明,使学者开卷了然,乃有裨益。"①御览对此表示赞同:"《十三经》经文,因有注疏详明,句读易晓。晚唐以后史书,亦无难读者。至注疏及《史记》《前汉书》《后汉书》以及《三国志》《魏》《晋》等书,俱使句读分明,自属有益学者。但疑似难定之处,应令细心审办,不致舛误。"②可见当时计划句读范围及难度之大。据考证,清代之前的《十三经》的注疏合刻本,"自南宋八行本而下,南宋福建刻十行本、元福建刻十行本、明嘉靖李元阳福建刻本、明万历十四年至二十一年北京国子监刻本、明崇祯元年至十二年毛氏汲古阁刻本,经文、注疏皆无句读"③。因此,经文及其注疏真正加句读自殿本始。经过校勘、加句读之后的殿本,极大方便了读者的阅读,对后世标点及研究亦有一定的学术影响,而此亦方苞之功也。

第三,简化官刻经史雕版形式,以传之久远。

古代刻书所用木版,会因空气干湿而发生变形,造成印刷时边框难以对齐,因此装订只要求版框下线对齐,上线不论。而清代内务府书籍装帧要求较高,特别是进呈皇帝御览之书,上下线均要对齐,人工处理极其麻烦。印刷时还要"或烘板使短,或煮板使长,终有参差,仍用描界取齐",这种做法对版片损害很大,"数烘数煮,板易朽裂。凡字经剖补,木皆突出散落,再加修补,则字画大小粗细不一,而舛误弥多"。方苞因而提出改善之策:"经史之刊,以垂久远,若致剥落,则虚縻国帑。伏乞特降谕旨,即进呈之本亦止齐下线,不用烘煮,庶可久而不敝。"④虽然目的是保存图书雕版,减轻刻工之负担,但给帝王提意见,则需要极大的勇气,体现了方苞作为文人士大夫的良知。庆幸

---

① 方苞:《方苞集》集外文卷二,第567页。
② 中国第一历史档案馆编:《乾隆朝上谕档》(第一册),桂林:广西师范大学出版社,2008年,第362页。
③ 张学谦:《武英殿本〈二十四史〉校刊始末考》,载《文史》,2014年第1辑,第97页。
④ 方苞:《奏重刊〈十三经〉〈廿一史〉事宜札子》,见《方苞集》集外文卷二,第568页。

的是，方苞的意见得到采纳，且此后武英殿刻书"永远遵行"①，不再烘板煮板，刻版得以更加长久的保存。方苞所开创的官刻简化雕版等一系列举措，奠定了殿本的地位，在清代校勘出版史上有重要意义，对后世研究亦有一定的学术价值。

第四，开创官刻经史从《永乐大典》辑佚的先河。

古书辑佚始于宋，而兴盛于清，正如梁启超所言："吾辈尤有一事当感谢清儒者，曰辑佚。"②辑佚是文献整理的重要组成部分，清代官刻经史真正有组织的从《永乐大典》辑佚，"实由三礼馆肇其始"③。而当时负责此项工作的正是方苞，他在任三礼馆副总裁时，接受李绂和全祖望的建议。全祖望《仪礼戴记附注跋》曰："方京师开三礼书局，同馆诸公，皆苦《仪礼》传注寥寥。予谓侍郎桐城方公、詹事临川李公曰：'《永乐大典》中有永嘉张氏《正误》、庐陵李氏《集释》。'二公喜，亟钞之，虽其中有残缺，然要可贵也……"④李绂《答方阁学问三礼书目》曰："而宋元以前解经之书，自科举俗学既行，其书置之无用，渐就销亡……现在尚存什之二三者，惟《永乐大典》一书。此书现存翰林院，尽可采用。礼局初开，誊录生监与供事书吏一无所事。若令纂修等官于《永乐大典》中检出关系三礼之书，逐一钞写，各以类从，重加编次，两月即可钞完，一月即可编定……其功之大，当与编纂三礼等。"⑤方氏于是奏请出秘府《永乐大典》，录取宋元人经说，并得同意。⑥ 方苞所主导的三礼馆辑佚工作，虽然成果和范围都很有限，但其开创之功不可否认，可谓后来《四库全书》大规模从《永乐大典》辑佚的先河。

---

① 中国第一历史档案馆编：《乾隆朝上谕档》（第一册），桂林：广西师范大学出版社，2008年，第362页。
② 梁启超：《清代学术概论》，夏晓虹点校，北京：中国人民大学出版社，2004年，第184页。
③ 喻春龙：《清代辑佚研究》，上海：上海古籍出版社，2010年，第144页。
④ 全祖望：《全祖望集汇校集注·鲒埼亭集外编》卷二七，朱铸禹校注，第1279页。
⑤ 李绂：《穆堂初稿》卷四十三，影印道光十一年（1831）刻本，见《续修四库全书》（第1421～1422册）。
⑥ 方苞：《方苞集》附录一《方苞年谱》，第883页。

第五，初具"四校法"雏形的古籍校勘学。

陈垣在《校勘学释例》中总结校勘古籍四法，即对校法、本校法、他校法、理校法，而方苞的古籍校勘方法已经初具"四校法"雏形。所谓"对校法"，就是同书不同版本之间的校对。在《十三经》《廿一史》校勘过程中，针对前代底版损毁严重的状况，方苞广寻旧版，以便校勘："伏祈皇上饬内府并内阁藏书处遍查旧板经、史，兼谕在京诸王大臣及有列于朝者，如有家藏旧本，即速进呈，以便颁发校勘。并饬江南、浙江、江西、湖广、福建五省督抚，购求明初及泰昌以前监板经、史，各送一二部到馆，彼此互证，庶几可补其缺遗、正其错误。"①所谓"本校法"，以本书前后互证，抉摘异同。而他校法即以他书校勘本书，方苞在《拟定纂修三礼条例札子》中提出："或以本节本句，参证他篇，比类以测义；或引他经，与此经互相发明。"②所谓"理校法"，陈垣先生认为"最高妙者此法，最危险者亦此法"③，它主要指根据文字音韵训诂或历史文化知识判断曲直是非。方苞在《拟定纂修三礼条例札子》中所言"一曰正义，乃直诘经义，确然无疑者"，即此法。这四种方法，方苞之所以能够在校勘官刻经史时推行，得益于他在日常古籍研究中对于这些方法的广泛使用，特别是他校法，比如在《周礼》研究中，他综合采用以本经解本经、以他经解本经、以他书解经、以义理解经等各种方法校勘④，奠定了他在清代礼学上的地位，以汉学家为主体的《四库全书》编纂者亦对其表示称赞。⑤ 方苞虽然没有把他的校勘方法总结为"四校法"，但他在实践中的使用，对后人不无启发。清代著名校勘学家卢文弨(1717—1795)对方苞推崇有加，以未能入方门为憾，后与

---

① 方苞：《奏重刊〈十三经〉〈廿一史〉事宜札子》，《方苞集》集外文卷二，第566页。
② 方苞：《拟定纂修三礼条例札子》，《方苞集》集外文卷二，第565页。
③ 陈垣：《校勘学释例》，北京：中华书局，1959年，第148页。
④ 关于方苞《周礼》研究中的校勘之法，刘康威有细致探讨，详见他的《方苞的〈周礼〉学研究》，台湾私立东吴大学硕士论文2005年，第136~161页。
⑤ 《四库全书总目》称赞方苞的《周官集注》"训诂简明，议论醇正"，称赞方苞的《周官析疑》与《考工记析疑》"体会经义，颇得大义"。

方苞弟子钟励暇游。①

第六，以义法思想为标准的文章编纂学。

方苞编纂的文集主要有两部，一是《古文约选》，一是《钦定四书文》，前者为古文，后者为八股文。二者都是为帝王所编，都有很大的影响，都秉承一贯的原则：以义法为标准。何谓"义法"？方苞《史记评语》曰："《春秋》之制义法，自太史公发之，而后之深于文者亦具焉。义即《易》之所谓'言有物'也，法即《易》之所谓'言有序'也。义以为经而法纬之，然后为成体之文。"②简单地说，义法就是言有物、言有序，有物是内容，有序是形式，二者相合以成文。古文义法是桐城派古文理论的起点和基石，为方苞首创，它贯穿在方苞的古文创作和文集编选过程中。在《古文约选》之前，已经有不少文章选本，一般都会有《左传》《史记》《汉书》，包括部分六朝骈文。方苞却有自己对古文的理解，他认为："盖古文所从来远矣，六经、《语》《孟》，其根源也。得其支流，而义法最精者，莫如《左传》《史记》，然各自成书，具有首尾，不可以分剟。"这些作品，虽然义法深蕴，却难以解析，而"《公羊》《穀梁传》《国语》《国策》，虽有篇法可求，而皆通纪数百年之言与事，学者必览其全，而后可取精焉"。这些典籍虽然可以解析，但又必须前后通贯。因此，方苞最后只选取了两汉和唐宋八大家的古文，原因在于："惟两汉书疏及唐宋八家之文，篇各一事，可择其尤。而所取必至约，然后义法之精可见。"③方苞的选文标准，不仅合于义法，且易于学习，这也充分体现在《钦定四书文凡例》中："故凡所录取，皆亦发明义理、清真古雅、言必有物为宗，庶可以宣圣主之教思，正学者之趋向。"④

第七，以辞尚体要为原则的方志编修学。

《中国方志大辞典》和《中国地方志词典》虽都把方苞列为方志人物，但对

---

① 卢文弨：《方望溪钟蔗经两先生〈删订周礼订义〉书后》，见《抱经堂文集》(2)，上海：商务印书馆，1935年，第116页。
② 方苞：《方苞集》卷二，第58页。
③ 方苞：《古文约选序例》，见《方苞集》集外文卷四，第613页。
④ 方苞：《钦定四书文凡例》，见《钦定四书文校注》，王同舟、李澜校注，武汉：武汉大学出版社，2009年，第1页。

其编纂思想没有提及。方苞接手《大清一统志》纂修工作后，就提出自己的方志理念，并推出系列举措加以规范，加快修志的进度。方苞首先总结明代《一统志》的弊端，他认为："明《统志》为世所诟病久矣，然视其书，尚似一人所条次；譬为巨室，千门万户，各执斧斤任其目巧，而无规矩绳墨以一之可乎？是书所难，莫若建置沿革，山川古迹；振奇矜能者，大率博引以为富，又不能辨其出入离合，而有所折衷，是以重复訑舛抵牾之病纷然而难理。不知辞尚体要。"①在此基础上，他提出了"辞尚体要"的纂修原则。"辞尚体要"最初见于《尚书·毕命》："政贵有恒，辞尚体要，不惟好异。"②刘勰的《文心雕龙》始以其论文，后来成为古文家所秉承的文章学观念，从韩愈、欧阳修到宋濂等一脉相承，方苞亦极其推崇。方苞的古文义法以"洁"为准则，而其所谓"洁"即"明于体要，所载之事不杂"③，方苞把义法理论运用到方志编修上，就是强调"辞尚体要"。他认为要做到"辞尚体要"，必须见识通明，且与"由博返约"相结合，才能真正做到体例完整："然简明非可强而能，必识之明，心之专，遍于奥颐之中，曲得其次序，而后辞可约焉。其博引而无所折衷，乃无识而畏难，苟且以自便之术耳。故体例不一，犹农之无畔也；博引以为富，而无所折衷，犹耕而弗耨也。且或博焉，或约焉，即各致其美，而于体例已不一矣。"④

四、方苞编辑出版活动的当代启示

方苞长期任职国家最高图书出版机构，主持并参与多项大型文献编纂整理工作，同时自己又是一代文宗，学有专长，对于我们今天的编辑出版活动颇有启示。

其一，编辑出版人应该是专家。编辑出版活动本质上是一项专业性的文化活动，需要极其专业的实践或理论知识，而某些古代典籍的编辑出版工作，

---

① 方苞：《与〈一统志〉馆诸翰林书》，见《方苞集》卷六，第180页。
② 李民、王健：《尚书译注》，上海：上海古籍出版社，2004年，第386页。
③ 方苞：《书〈萧相国世家〉后》，见《方苞集》卷二，第56页。
④ 方苞：《与〈一统志〉馆诸翰林书》，见《方苞集》卷六，第180页。

非专家难以胜任。方苞之所以能够任《十三经》《廿一史》副总裁,与其长期专研经史之学分不开。他能够主持《钦定三礼义疏》工作,因为他是三礼馆总裁中唯一兼通三礼学的人,在三礼学各个领域皆有专著,是当之无愧的专家型编辑出版人,因此从编辑、校勘、辑佚、整理、出版等各个环节都能够提出专业性的指导意见。而诏命他来编纂《古文约选》和《钦定四书文》,也因为他是当世无双的古文家和时文家,能够编选出一流的选本,嘉惠时贤与后学。

其二,编辑出版人应该坚守原则。编辑出版人经常受到出资人与行政监管部门的制约,二者都会与编辑出版人的理想相冲突。如何处理好三者的关系,并保证出版物的质量,是编辑出版人应该思考的问题。方苞编纂出版的几乎都是国家大型文献,且多为皇帝钦定,遵守帝王意图在所难免。特别是方苞身份特殊,当年因《南山集》案几乎丧命,加之清代文网森严,一不留神就可能犯禁,引来杀身之祸,因此方苞更加谨慎。但他并没有因此放弃自己的原则,在编纂两部文集时,严格遵守义法原则。他所谓言有物,主要是指符合儒家经义,而非迎合帝王意志。在编纂《十三经》《廿一史》时,为了保存书版,他更是直接向皇帝进谏。

其三,编辑出版人应该引领文化。出资人与监管者的制约来源于上,市场与读者的需求则来源于下。市场的需求,某种程度上就是大众的口味。不仅众口难调,而且大众的口味多世俗庸常。编辑出版人一方面要满足市场的需求,占有市场份额,扩大市场影响;另一方面又不能一味迎合市场,降低自己的文化追求。方苞的《古文约选》尽量满足士人的实际需要,同时又坚守义法准则,以经典古文提升士人的水平。编纂《钦定四书文》时,市场上充斥着各种粗制滥造的选本,当时从帝王到士大夫都希望能够正本清源,因此方苞在编选时谨遵义法,以内容为上。一流的出版物,应该是大众文化的引领者,而非迎合者。迎合,短期内或可受到追捧,长远来看必然降低个人品位与国家文化水平,实际是一种文化堕落与不自信。

其四,编辑出版人应该知人善用。编辑出版,本质上不是一个人在战斗,而是团队合作。识人、用人、与人合作,是编辑出版人必备的素养。方苞承担国家大型图书编纂出版任务,首先考虑的就是人的问题。他一方面扶植培养新人,另一方面访求名家。在掌管武英殿事务时,他选拔新科进士熊晖吉、沈立夫、官献瑶、钟励暇等人入馆锻炼;在编选《钦定四书文》时,他从翰林院抽调新进翰林万承苍、储晋观、赵青藜、曹秀先等人为协修,其中,万承苍为康熙五十二年(1713)进士,储晋观为雍正十一年(1733)进士,而赵青藜和曹秀先二人为乾隆元年(1736)新科进士。由于方苞于雍正十一年(1733)开始教习庶吉士,所以储、赵、曹等三人均可算其门生。其中,赵青藜被认为是方苞的继承人。后来,万承苍丁忧告归,储、赵、曹兼有其他馆务,因而人力不足,方苞又邀请了举人周振采参与编选。在修《钦定三礼义疏》时,他推荐弟子沈廷芳入馆,并举荐全祖望、沈彤、吴廷华等为纂修;同时,他向当时礼学名家江永问礼,并多次与礼馆同事讨论修礼问题。所有这些都是保证出版质量的前提。方苞受任之后,奏调万承苍、储晋观、赵青藜、曹秀先等四名翰林院官员协助编选。

综上所述,方苞为清代著名文学家、学者,不仅具有丰富的图书编辑出版经验,而且有很高的理论水平,提出了不少创新性的编辑出版理念,开创了官刻经史附校勘记和加句读的先例,堪称清代一流编辑出版家,是文学家、学者和编辑出版家的典范结合。方苞的编辑出版理论与实践,奠定了"殿本"的地位,推动了清代图书编辑出版事业的发展,对繁荣当代图书编辑出版事业也有重要的启示意义。

第二节 方苞著述考辨

据前人所录,结合当代所存,对方苞著述予以重新辑考,方苞著作大致可以分为六类,诗文类、时文类、经史类、评点类、编纂整理类、散佚类。

一、诗文类著作

1.《望溪先生文偶抄》(初刊本、评点本)

是编现藏于南京图书馆,6册,为方苞弟子王兆符、程崟所辑,乾隆十一年(1746)刊刻,侧边有"望溪集"字样,首页有小玲珑山馆的印章,为方苞亲手所定文集初刊本。该本由序文、编次条例、目录、进呈文、正文、圈点、批语等构成。序文有3篇,分别是雍正元年、雍正五年、乾隆十一年由王兆符、顾琮、程崟所作。正文有圈有点无抹,无眉批、夹批、旁批等形式,文末汇集了当世147位评点者350余条近2万字的批语,评点者中有李光地、钱澄之、杜苍略、黄九烟、韩菼、姜宸英、万斯同、张伯行、李塨、李绂、梅文鼎、徐元梦、杨名时、蔡世远、陈世倌、王豊川、何焯瞻、查德尹、王懋功、陶子师、张朴村、赵国麟、戴名世、刘大櫆、程廷祚、雷铉、陈大受、官献瑶、沈廷芳等清初名家,批语内容涉及方苞和清代文学一些独家史料,有重要的文献价值。该本依类编次,收文260篇,具体包括:进呈文10篇、读经24篇、读子史23篇、书后12篇、杂著26篇、书22篇、论6篇、序30篇(寿序5篇)、记15篇、传7篇、墓志铭29篇、墓表24篇、哀辞9篇、祭文7篇、家志铭状15篇、骚赋1篇。

此外,还有节选版的评点本,是前述之本的选录,内容与今天通行《方苞集》(上海古籍出版社本)前一、二两卷和部分三、四卷内容一致,是方苞读经、子、史的部分评点,总量为58篇,评论者99位,评论170余条。该本因为有利于科举考试,所以当年被从《望溪集》中抽出,单独刊行,传布稍广,目前国内主要有三个版本:一是陕西省图书馆藏,2册,乾隆十三年(1748)方苞弟子官献瑶所刊。二是国家图书馆所藏,1册,乾隆十四年(1749)刊,为前者的翻刻本。三是南京图书馆藏《望溪读经》,与上述两个版本内容一致,篇章顺序略有差别。

2.《望溪先生文偶抄》(抗希堂本)

是编为方苞弟子王兆符、程崟所辑,方苞手定,乾隆十一年(1746)刊刻,侧边有"望溪集"字样。该本由序文、编次条例、目录、进呈文、正文等构成。序文有3篇,分别是雍正元年(1723)、雍正五年(1727)、乾隆十一年由王兆符、顾琮、程崟所作。是编后收入方苞家刻《抗希堂十六种》,是后世一切方苞文集的基础。该书在全国各大图书馆收藏较广,但文集内所收篇目数量和篇章顺序,不尽相同。

3.《望溪集》(《四库全书》本)

是编成于乾隆四十五年(1780),由江苏巡抚采进四库馆,八卷本。第一卷读经26篇,第二卷读子史27篇,第三卷论文12篇、杂著9篇,第四卷杂著20篇,第五卷书15篇、论7篇,第六卷序19篇,第七卷序21篇,第八卷记16篇、传10篇,合计182篇。《四库全书总目提要》评价曰:"其所论古人矩度与为文之道,颇能沉潜反复,而得其用意之所以然。虽蹊径未除,而源流极正,近时为八家之文者,以苞为不失旧轨焉。"

4.《望溪先生全集》(戴均衡本)

是编成于咸丰元年(1851),为桐城人戴钧衡(1814-1855)所刊,正集十八卷,集外文十卷,两年后,又刊行增补集外文补遗二卷,同时附录苏惇元所编《方望溪先生年谱》。该书辑佚广泛,整理精良,问世之后,取代之前诸本,成为流通最广的版本,《四部备要》《四部丛刊》《万有文库》《续修四库全书》《清代诗文集汇编》等,皆选用该本。诚如萧穆所言:"盖望溪先生文程刻之外,非戴君搜辑之力,则至今已不能传。"

5.《方苞集》(上海古籍出版社)

该书由刘季高校点,上海古籍出版社1983年初刊,名为《方苞集》,以上海涵芬楼影印的咸丰元年(1851)戴均衡本为底本,并在此基础上进行分段标点,针对底本部分明显误植,予以更正,没有校勘记。至于原作舛误处,则文下加按语,以备参考。该书面世后,多次翻印再版,为当代最流行的方苞诗文集版本之一。

6.《方望溪遗集》(黄山书社)

该书由徐天祥、陈蕾编选,吴孟复作序,黄山书社1990年初版,以孙葆田所辑《望溪文集补遗》和刘声木所辑《望溪文集再续补遗》与《三续补遗》为基础,除去与戴均衡本重复者,共得文106篇,诗20首,断句2则,并按照姚鼐《古文辞类纂》分类之法厘为序跋、奏议、书牍、赠序、碑传、杂记、诗赋七类。书后有附录二,其一为方苞《评点柳文》,其二为全祖望《前侍郎桐城方公(苞)神道碑铭》、孙葆田《望溪文集补遗序》《望溪文集补遗附记》、刘声木《望溪文集再续补遗序》《望溪文集三续补遗序》《苌楚斋六笔卷二一则》、傅增湘《望溪文稿跋》等。

二、时文类著作

1.《方灵皋全稿》

方苞是清代时文大家,《清史稿》评曰:"开国之初,若熊伯龙、刘子壮、张玉书为文雄浑博大,起衰式靡。康熙后益轨于正,李光地、韩菼为之余,桐城方苞以古文为时文,允称极则。"康熙三十八年(1699),方苞为江南乡试第一名,刊印第一部时文稿。康熙四十五年(1706),方苞为礼部会试第四名,刊印第二部时文稿。方苞时文稿名为《方灵皋全稿》,又名《重订方望溪全稿》《重订方望溪先生全稿》《抗希堂全稿》《抗希堂自订全稿》等,目前国内分布较广,中国国家图书馆、上海图书馆、苏州大学图书馆、武汉大学图书馆、安徽省图书馆、贵州省图书馆、福建省图书馆等皆有藏。

据不同版本统计,方苞时文有150篇左右,其好友及弟子戴名世、张自超、刘古塘、翁止园、程崟、王兆符、张曰伦、刘师向、吴华国等参与整理,姜橚、张廷枢、戴名世、龚孝水、季咸若、陈至言等为之序,李光地、韩菼、刘大山、汪武曹、左未生、张彝叹、朱书、徐诒孙、刘言洁、张曰伦、何焯、谢云墅、胡袭骏、吴东岩、王若霖、乔介夫、张大受、徐亮直、武商平、伍芝轩、季弘纾、韩祖语、朱师晦、朱东御、储礼执、钱名世、朱履安、魏方甸、刘紫涵、唐建中、程若韩、白楚唯、吴思立、方拱枢、秦雏生等为之评论。

2.《方百川稿》一卷、《方椒涂稿》一卷、《方望溪稿》一卷

是编为方苞与兄方舟(百川)、弟方林(椒涂)三人时文合集,各人一卷,共6册,光绪二十年(1894)善成堂刻本,藏于保定市图书馆。此外,宁波市图书馆还有《方灵皋全稿不分卷》《方百川时文不分卷》,6册,清刻本;贵州省图书馆与新乡市图书馆藏有方百川与方椒涂二人时文合集,后者时文后附有方苞、戴名世、韩菼、刘大山、刘古塘、王源、张闻成、武商平、王溉亭、季弘纾、朱师晦、刘言洁、伍芝轩、白楚唯、张彝、左未生、汪武曹、刘北固、谢云墅、吴荆山、王云衢、徐诒孙、何焯、朱书、吴淳发、韩祖语、韩祖昭、顾生、龚孝水、顾亭、秦雒生、鲍季昭等人的评论。

3. 三方合稿

是编为方苞与兄方百川、友方楘如三人合集,星江胡韫川选评,三友山房版,藏于广西壮族自治区图书馆。收录时文方苞23篇,方舟9篇,方楘如18篇,每篇附有时贤评点,评论者有胡袭参、汪家倬、王际且、韩菼、李光地、朱东御、周粹存、方若名、吴喜丙、严在昌、吴景、方若芳、刘素川、储礼执、刘北固、张曰容、汪武曹、王予中、刘古塘、方粹然、刘大山、张岩举、李子固、徐文虎、刘言洁、吴思立、储六雅、李鹿友、徐笠山、徐诒孙、方越年、方百川、龚孝水、方承奎、方超然、鲍季昭、韩祖语、韩祖昭、王蒻林、朱书、张彝叹等。

方楘如,字文辀,号朴山,淳安赋溪人,方苞同年,康熙四十五年(1706)进士,官丰润知县,著有《集虚斋学古文十二卷》《离骚经解略一卷》《集虚斋四书口义十卷》等。《方苞集》卷七有《赠淳安方文辀序》。胡光琦,字步韩,号韫川,婺源玉坦人,读书以朱子正学为宗,乾隆三十七年(1772)进士,乾隆四十九年(1784)任盐亭县知县,著有《日知笔记二卷》等。

三、经史类著作

1.《周官辨》一卷

是编成于康熙五十二年(1713),分《辨伪》《辨惑》二门,凡十章,《辨伪》两章,《辨惑》八章,卷首有龚缨序、顾琮序和作者自序。正文有圈点。文末附有时贤评论,评论者有方苞友人李光地、蔡世远、李雨苍、杨宾实、李塨、汪武曹、朱轼、吴佑咸、陈鹏年、涂燮庵等,弟子黄世成、雷铉、吴以诚等。目前存世有雍正三年(1725)刻本、雍正十年(1732)刻本、乾隆七年(1742)刻本、贵州彭昭文刻本等。《四库全书总目提要》称其:"就《周礼》中可疑者摘出数条,断以己见。"该书在中国国家图书馆、上海图书馆、南京图书馆、辽宁省图书馆、湖南省图书馆、重庆图书馆、贵州省图书馆、天津师范大学图书馆、苏州大学图书馆等皆有藏。

2.《周官集注》十二卷

是编成于康熙五十九年(1720),仿朱子之例,采合众说,凡十二卷,分为天官、地官、春官、夏官、秋官、冬官。卷首有《自序》《总说》《条例》,正文有圈点,高安朱可亭、湘潭陈沧洲参订。是编意旨,方苞于序中曰:"余尝析其疑义,以示生徒,犹恐旧说难自别择,乃并纂录合为一编,大指在发其端绪,使学者易求,故凡名物之纤悉,推说之衍蔓者,概无取焉。"《四库全书总目提要》称其:"训诂简明,持论醇正,于初学颇为有裨。"该书在中国国家图书馆、上海图书馆、南京图书馆、天津图书馆、福建省图书馆、辽宁省图书馆、苏州图书馆、南开大学图书馆、苏州大学图书馆等皆有藏。

3.《周官析疑》三十六卷、《考工记析疑》四卷

是编成于康熙六十年(1721),包括《周官析疑》与《考工记析疑》,各分篇第,卷一至卷三十六为《天官》《地官》《春官》《夏官》《秋官》,后又有卷一至卷四为《冬官考工记》,亦存两本别行。卷首有乾隆八年(1743)顾琮、雍正十年(1732)朱轼和陈世倌的序,正文有圈点。方苞诸友海宁陈秉之、高安朱可亭、临桂陈榕门、漳浦蔡闻之、新建周力堂、高淳张彝叹、怀宁刘古塘、宿松朱字绿、安州陈廷彦、青阳徐诒孙等参订《周官析疑》,受业弟子程崟、王兆符、黄世成等参订《考工记析疑》。《续四库全书总目提要》称:"其旨基于宋学,就《周官》所立职官之义、属官之职掌等加以考辨,扬宋而抑汉,力诘郑注。"该书在中国国家图书馆、首都图书馆、上海图书馆、南京图书馆、陕西省图书馆、安徽省图书馆、天津图书馆、河南大学图书馆、西北师范大学图书馆等皆有藏。

4.《礼记析疑》四十八卷

是编于康熙五十一年(1712)在《南山集》案狱中完成,为方苞就元代陈澔《陈氏礼记集说》所作的辨析。卷首有方苞自序,文中有圈点,怀宁刘古塘、高淳张彝叹、上元翁兰友同订。《四库全书总目提要》称其"皆具有所见,足备礼家一解",亦"未免武断,然无伤于宏旨"。《郑堂读书记》则称其:"融会诸家旧说,而以己意断之,其持义多允,颇足以补正陈氏之失。"该书在中国国家图书馆、首都图书馆、上海图书馆、南京图书馆、陕西省图书馆、山西省图书馆、贵州省图书馆、重庆图书馆、河南大学图书馆等皆有藏。

5.《仪礼析疑》十七卷

是编成于乾隆十四年（1749），为方苞晚年著作。方苞自谓尝十治《仪礼》，用力甚勤。是书大旨在举《仪礼》之可疑者详加辨之，其无可疑者并《经》文不录。《四库全书总目提要》称其："皆细心体认，合乎《经》义。其他称是者尚多。检其全书，要为瑜多于瑕也。"《郑堂读书记》称其"用功既深，往往发明前人所未发。弃所短而取所长，亦足为说《礼》之津梁矣"。该书在中国国家图书馆、上海图书馆、南京图书馆、天津图书馆、福建省图书馆、陕西省图书馆、山西省图书馆、贵州省图书馆、湖南省图书馆等皆有藏。

6.《丧礼或问》二卷

是编于康熙五十一年（1712）方苞在《南山集》案狱中完成。全书顾琮参订，包含两卷：《仪礼或问二十七章》《戴记或问五十五章》。卷首录刘古塘雍正四年（1726）序，文末附兄子道希康熙五十五年（1716）跋，正文有圈点。是编由方苞之父方仲舒丧起，方苞感叹："时人于丧礼，百不一行；非惟不行，亦竟不知。老夫痛之，故为《或问》一书。"当年全祖望初入京，即上书方苞《奉望溪先生论〈丧礼或问〉札子》曰："议论之精醇，文笔之雅健，直驾西汉石渠诸公之上。"《续修四库全书总目提要》称其："重在保存古礼，虽难尽行，自系守经之论。"该书在中国国家图书馆、上海图书馆、南京图书馆、天津图书馆、南开大学图书馆、江苏师范大学图书馆、陕西省图书馆等皆有藏。

7.《春秋通论》四卷

是编成于康熙五十五年（1716），由顾用方、朱可亭、魏慎斋参订，方苞门人王兆符、程崟校录。卷首有雍正十年（1732）朱轼序、乾隆九年（1744）顾琮和魏定国序。正文有圈点。全书以《孟子》之意贯穿全经，按所属之辞，合其所比之事。辨其孰为旧文，孰为笔削，分类编排，为四十篇。每篇之内又各以类从，凡九十九章。《四库全书总目提要》对其部分观点颇有微词，但也指出其优点在于"惟其扫《公》《穀》穿凿之谈，涤孙、胡锲薄之见，息心静气，以《经》求《经》，多有协于情理之平，则实非俗儒所可及"。该书在中国国家图书馆、上海图书馆、南京图书馆、陕西省图书馆、贵州省图书馆、湖南省图书馆、南开大学图书馆等皆有藏。

8.《春秋直解》十二卷

是编成于康熙五十六年(1717),由方苞次子道兴编录,门人程崟、余甡、刘敦校雠。卷首有方苞后序、程崟后序、佚名序、缺页、方苞自序。正文有圈点。全书以春秋时期鲁国十二公来划分,每公一卷,合计十二卷。是编本意,方苞在《春秋直解后序》曰:"余之为此,非将以文辞耀明于世也,大惧圣人之意终不可见焉耳。"《续修四库全书总目提要》评方苞《春秋》之学:"颇有宋学风气,又时杂考据于其间,亦可为学风之占也。"该书在中国国家图书馆、上海图书馆、南京图书馆、湖南省图书馆、陕西省图书馆、新疆大学图书馆等皆有藏。

9.《春秋比事目录》四卷

是编成于《春秋通论》之后,由顾用方、朱可亭、魏慎斋参订,方苞门人王兆符、程崟编录。卷首有乾隆九年(1744)顾琮序。《四库全书总目提要》列之入经部三十一,点明方苞此书之意:"苞既作《春秋通论》,恐学者三《传》未熟,不能骤寻其端绪。乃取其事同而书法互异者,分类汇录,凡八十有五类。"该书在中国国家图书馆、上海图书馆、南京图书馆、南开大学图书馆、湖南省图书馆、安徽省图书馆、贵州省图书馆、哈尔滨市图书馆、暨南大学图书馆等皆有藏。

10.《春秋发疑》一卷

此稿刊载在虞万里主编的 2007 年《传统中国研究集刊》上,整理者为虞先生好友严寿澄。据严先生自述,此稿乃其业师封庸庵旧藏,后归其父。另据文后曹元忠(君直)所题跋语可知,曹先生 1914 年曾亲见封庸庵先生关于方苞《春秋发疑》的家藏稿,并确定此稿为方苞手稿。经统计,《春秋发疑》除总论 9 条之外,共 137 条。此稿后收入 2017 年底复旦大学出版社出版、彭林和严佐之主编的《方苞全集》第六册,整理者高瑞杰认为:"其所论虽不脱于《春秋通论》《春秋直解》申发大义之范围,而所论精赅,又颇有提纲挈领之效。"

11.《朱子诗义补正》八卷

是编是对朱熹《诗集传》的补正之作,由方苞门人高密单作哲编次,无序跋。全书共八卷,解读《诗经》220余首,行文时不列《诗经》原文,依照诗篇次序解说,题后即为论说文字。书名为"补正",确有"补朱子之说,正朱子之误"的特点。洪湛侯在《诗经学史》中称此书"可取者尚多",李学勤、吕文郁主编的《四库大辞典》也称:"是书尊从朱说,然亦有己见,并非盲从。"此书常见有乾隆三十二年(1767)刻本、道光二十年(1840)刻本、光绪三年(1877)南海冯氏刻本。该书在中国国家图书馆、上海图书馆、陕西省图书馆、湖南省图书馆、吉林省图书馆、辽宁省图书馆、复旦大学图书馆、陕西师大图书馆等皆有藏。

7.《离骚正义》一卷

是编取《离骚》之文,逐段解释,间或结合诸家之说,以为佐证。全书重在解释《离骚》大义,强调"人臣之义"的思想表达,贯穿方苞的义法理念,姜亮夫评价其"既异于明以来以时文义例说《骚》之弊,亦少桐城批点之恶气。望溪学有根柢,非泛泛以文章为宗主之桐城他家可比"。《续修四库全书总目提要》称其虽缺少考证,难免臆测,但是"词义浅近,颇称简要。其于旧注,亦能汰其冗芜,循文诠释,往往深得骚人之旨"。常见的有乾隆刻本、光绪二十四年(1898)娜嬛阁刻本。该书在中国国家图书馆、上海图书馆、吉林省图书馆、内蒙古自治区图书馆、河南大学图书馆、江苏师大图书馆等皆有藏。

13.《史记注补正》一卷

是编由门人王兆符、程崟编录,方苞讲授。方氏以《史记》有句法不甚可解,而三家注均未发明,或发明失当,故撮其文,重加注释。凡补正者三百四十余条,"足备读《史》者之一助"(《郑堂读书记》卷十五)。《续修四库全书总目提要》称其"诚后世人君之龟鉴,不止为史公之功人也"。常见的是《抗希堂十六种》本、光绪二十年(1894)广雅书局刻本。该书在中国国家图书馆、天津图书馆、上海图书馆、陕西省图书馆、湖南省图书馆、贵州省图书馆、辽宁省图书馆、吉林省图书馆等有藏。

四、评点类著作

1.《左传义法举要》一卷

是编为方苞口授,门人王兆符、程崟整理而成,为方苞评点《左传》代表作品,体现了方苞的义法思想。全书包括《齐连称管至父弑襄公》《韩之战》《城濮之战》《邲之战》《鄢陵之战》《宋之盟》六篇,卷首有程崟雍正六年(1728)所作的序,正文有圈点、夹批、回评等形式。该书有康熙、嘉庆桐城方氏抗希堂刻本,雍正六年(1728)贵阳彭昭文堂刻本,光绪十九年(1893)金匮廉氏刻本等,中国国家图书馆、上海图书馆、南京图书馆、天津图书馆、湖南省图书馆、福建省图书馆、吉林省图书馆、山西省图书馆、辽宁省图书馆、重庆图书馆等皆有藏。

2.《方氏左传评点》二卷

是编为光绪十九年(1893)金匮廉泉刻本。全书以春秋时期鲁国十二公来划分,为上下两卷,上卷包括隐公、桓公、庄公、闵公、僖公、文公、宣公、成公,下卷包括襄公、昭公、定公、哀公,分别用五种颜色的笔迹对《左传》文本进行剪裁取舍,"大抵辞意精深处用丹笔,叙事奇变处用绿笔,脉络相灌输处用蓝笔"(廉泉序)。由于是编稀见,廉泉在荣成孙葆田处见之,遂予以刊行,"俾当世治古文者览观焉"。由廉泉的题记可知,该评点内容辑录自果亲王允礼所刊的《春秋左传》(现藏哈佛燕京图书馆)。《续修四库全书总目提要》称其评点"亦足以阐明左氏之义法"。该书在中国国家图书馆、北京大学图书馆、上海图书馆、天津图书馆、福建省图书馆、吉林省图书馆、内蒙古大学图书馆、苏州大学图书馆等皆有藏。

3.《方望溪评点史记》四卷

是编多与《归有光评点史记》一起刊行,常见的有同治五年(1866)王拯编纂广州刻本,光绪二年(1876)武昌张裕钊校刊本。前者是合刊,后者是归震川评点在前,方苞评点附后,有圈点,用丹笔、蓝笔。该书在北京师范大学图书馆、天津图书馆、辽宁省图书馆、湖南省图书馆、上海图书馆、南京大学图书馆等皆有藏。

4. 评点《柳文》

方苞评点柳文,常见者或有三种:雍正时果亲王允礼编刻《古文约选·柳文约选》所附,其中有18篇附方氏评点;李绂《穆堂别稿》卷三十六《与方灵皋论所评柳文书》所附,其中涉及柳文49篇;据旧抄本整理之《评点柳文》,收入黄山书社印行之《方望溪遗集》,其中涉及柳文77篇。此外,上海师范大学图书馆和山东大学图书馆藏方苞亲笔评点明刻本《柳文》,采用圈点、尾批、眉批等形式,并辅以校勘、训诂,全书约107篇有朱笔评点及旁批,书法流畅,总计一百九十余处。其中约有三分之一不见于上述三种。此书曾经清末桐城派名家马其昶收藏,马氏定其评点为方苞亲笔,并广邀劳乃宣、刘廷琛、赵熙、林纾、陈宝琛等友朋题跋,至为宝贵。

5. 评点《世说新语》

明清时期,《世说新语》评点众多,方苞评点是其中之一,该本现藏安徽省博物馆。评点共有50条,其中《德行》篇11条,主要是对人物性格、个性之臧否,对了解方苞评点艺术以及明清小说评点都有独特意义。

6. 评点《刘海峰稿》

《刘海峰稿》为刘大櫆时文集,由方苞、吴荆山共同鉴定,光绪元年(1875)邢邱刻本,收录时文101篇,为桐城派稀见文献,学界罕有研究。方苞评点共有21条,涉及文法、文意、文类等不同层面,对于了解方苞时文评点以及时文义法,皆有启发,而且可以和《钦定四书文》里的评点相对照,以发现方苞时文评点的特征,同时也是研究明清评点学的第一手文献。该本现藏于清华大学图书馆、武汉大学图书馆、吉林省图书馆、洛阳市文物考古研究院等。

7. 评点《杜工部集》

是编底本为郑沄玉勾草堂本《杜工部集》,并经姚永概过录方苞、姚范、张裕钊三人汇评,其中方苞评点使用黑笔,姚范使用红笔,张裕钊用绿笔。方苞除了大量圈点之外,尚有批语18条,所论杜诗推崇醇正雅洁,"其眉批之作,要言不烦,多有精辟之语",是研究方苞诗学、评点学以及桐城派理论传承关系的珍稀文献。该本现藏于安徽省图书馆。

8. 评点《唐大家韩文公文钞》

是编为明代茅坤辑评的韩愈《唐大家韩文公文钞》十六卷,方苞评点,王囯过录,现藏于安徽省图书馆。

五、编纂整理类著作

1.《古文约选》

《古文约选》是方苞奉和硕果亲王允礼之命,在雍正十一年(1733)编选的一部古文集,其对象是国子监的八旗子弟,具有官修教材性质。该书与之前古文选本的区别在于,仅收录两汉及唐宋八家古文,而没有选先秦及六朝文。之所以如此,是因为该书对象为初学者,选文不宜过深,应易于学习。全书共363篇,两汉文49篇,唐、宋八家文314篇,其中韩文72篇、柳文46篇、欧阳文58篇,几乎占全书一半。作为官修的古文经典选本,该书不仅为科举士子所重,而且对后世文集编选产生影响,尤其对姚鼐编纂《古文辞类纂》影响颇深。该书常见有雍正十一年果亲王府刻本、同治八年(1869)吴氏望三益斋刻本,在中国国家图书馆、黑龙江省图书馆、山西省图书馆、贵州省图书馆、湖南省图书馆等有藏。

2.《钦定四书文》

《钦定四书文》是乾隆元年(1736)方苞奉诏编选的一部时文集,主要目的是为科举主管部门提供衡文之准绳,为士子揭示作文之矩矱。乾隆四年(1739)书成,随后颁行京师、各省督抚及各地学馆。该书选录明清四书时文783篇,明代486篇,清代297篇,并按照时间分为化治、正嘉、隆万、启祯及国朝五个时期。每篇正文之后,皆抉其精要评论,体现了方苞的时文理念及评点学思想。作为唯一入选《四库全书》的八股文选本,该书对了解明清八股文的发展有重要意义。该书有乾隆七年(1742)武英殿刻本,《四库全书》本、光绪二年(1876)湖北崇文书局刻本等,中国国家图书馆、天津图书馆、福建省图书馆、山西省图书馆、湖南省图书馆、复旦大学图书馆、辽宁省图书馆、宁波天一阁等有藏。

3.《钦定周官义疏》

乾隆元年(1736)诏修《三礼义疏》，十三年(1748)修成《钦定周官义疏》48卷、《钦定仪礼义疏》48卷、《钦定礼记义疏》82卷，堪称清代三礼学集成之作。方苞为纂修《三礼义疏》副总裁，负责拟定纂修条例、征稽文献、组织人员等，并领纂《周官义疏》，且率先完成。《钦定周官义疏》对汉至清之《周礼》研究进行广泛挖掘，并做了概括性总结，卷首冠以《御制日知答》，对该书予以说明。此书采掇群言，例分为七：一曰正义，二曰辨正，三曰通论，四曰余论，五曰存疑，六曰存异，七曰总论。《四库全书总目提要》评其曰："粗精并贯，本末兼赅，博征约取，持论至平，于《考工记》注奥涩不可解者，不强为之词，实为集汉学宋学之成。"该书有乾隆十三年(1748)内府刊本、同治七年(1868)合肥李瀚章刻本、光绪十四年(1888)江南书局刻本等，中国国家图书馆、天津图书馆、山西省图书馆、辽宁省图书馆、陕西省图书馆、湖南省图书馆、内蒙古自治区图书馆等有藏。

4.《删定〈荀子〉〈管子〉》

是编成于乾隆元年(1736)，有乾隆写刻本、《抗希堂十六种》本等，为方苞删定，顾琮参校。卷首有方苞乾隆元年(1736)作的序，交代删定是编原委始末。方苞认为："荀氏之书，略述先王之礼教；管氏之书，掇拾近古之政法，虽不遍不该，以视诸子之背而驰者，则有间矣。而其义之驳，辞之蔓，学者病焉。"故对二书进行删定。其中《荀子》一书的《成相》《致仕》《强国》《赋篇》四篇全部删除，《管子》一书则删除了《幼官图》《五辅》《地图》《正世》《封禅》等二十篇，其他保留篇目也有不同程度的删除，同时部分语句下面附按语以简注或评点。该书在中国国家图书馆、北京师大图书馆、复旦大学图书馆、重庆图书馆、天津图书馆、福建省图书馆、江苏师大图书馆、宁波天一阁等皆有藏。

六、散佚类著作

1. 删定《通志堂经解》

《通志堂经解》是清初一部阐释儒家经典的大型丛书,收录了先秦、唐、宋、元、明各个朝代的经解 138 种,署名纳兰成德校订,实由徐乾学主持编纂。是书在康熙十二年(1673)与三十一年(1692)之间刊刻,孟森称其"欲集宋学之大成"。方苞认为是书卷帙浩繁、群言参差、价格昂贵,不利于传播和学习,遂花费三十余年时间,完成删节,达九十余万言,张廷玉曾为方苞《宋元经解删要》作序。此书几乎耗费方苞一生精力,后世多有高评,今惜不见。

2.《书义补正》八卷

是编本名《尚书述》,其目有八,曰正义、考证、考定、辨正、通论、余论、存异、存疑,卷帙颇繁,马其昶录其按语别出之,并题以今名。

3.《读〈尚书〉偶笔》

据苏惇元《方苞年谱》记载,此书成于康熙二十六年(1687)以前。方苞自称平生用力最勤者唯在先儒经义,于《诗》《书》《礼》《春秋》《易》皆有研究,是书或为其成果。

4.《读〈易〉偶笔》

据苏惇元《方苞年谱》记载,此书成于康熙二十六年(1687)以前。方苞自称平生用力最勤者唯在先儒经义,于《诗》《书》《礼》《春秋》《易》皆有研究,而自成童即治《周易》,"学之几二十年",是书或为其成果。

5.《周官余论》

是编十篇,雍正二年(1724)方苞以其中三篇示朱轼,朱氏特别推崇,欲上奏皇帝,被方苞阻止。蔡世远亦曾手录其中五六篇,欲上达被拒。后弟子尹会一欲刊刻全书仍被拒,仅言卒后可刊。

当然,还有一些方苞审定的年谱,如《征君孙先生年谱》《汤文正公年谱》《尹健余先生年谱》等,不能归为他的著作;方苞为别人编选的诗文集,如顾琮的《静廉堂诗钞》,也不能归为他的著作;方苞参与校订修纂的文献,如《日讲春秋解义》《日讲礼记解义》等,也不能归为他的著作。

方苞一生,笔耕不辍,著述浩繁,有的未及整理出版,有的出版之后散佚,有的尘封在世上某个角落无人知晓,有的堆在图书馆库房世人难觅,有的附录在其他典籍或著述中尚未析出。相信随着学界对传统文献的不断挖掘整理,会有更多的方苞著述文献面世。

第五章　翰林院教习及方苞弟子谱系

"古之学者必有师。师者,所以传道授业解惑也。"韩愈的《师说》,精炼地概括了师道,也揭示了师徒关系。在中国历史上,由早期的学在官府、官师合一,到春秋战国时期"文化下移",士承担教育的重任;到唐代科举制度确立,师徒关系发生重要转变;及至明清时期,"儒学与举业走向一体化,形成以举业为中心的师承关系"①,这也充分体现在方苞及其弟子身上。

从康熙五十二年(1713)正式进入朝廷,到雍正八年(1730)近二十年时间,方苞一直没有正式的官职,从事的工作也主要是修书。但从雍正九年(1731)开始,方苞官运亨通,一路高升。雍正九年特授中允(正六品),十年(1732)五月迁翰林院侍讲(从五品)、七月迁翰林院侍讲学士(从四品),十一年(1733)四月擢内阁学士兼礼部侍郎(正二品),进入仕宦高层行列,经常参与讨论一些关系国计民生的大事。这种身份地位,特别是供职翰林院的履历,对其弟子群体的构成产生直接影响。

翰林院是朝廷设置的最高文化部门,集中了当时知识分子中的精英,翰林学士是社会中地位最高的士人群体。他们日常的工作,无论是经筵日讲、进士朝考、稽查官学功课,还是入值侍班、扈从出巡、殿试考官、教习庶吉士,

---

① 林上洪:《清代科举人物师承研究》,武汉:华中师范大学出版社,2013年,第57页。

都彰显他们显赫的社会地位以及崇高的文化权威。方苞长期置身翰林院,并在雍正十一年(1733)和乾隆二年(1737)两次出任翰林院庶吉士教习①,同时参与雍正十三年(1735)九月顺天乡试"十魁卷"和乾隆元年丙辰科会试阅卷工作②。此外,康熙五十二年(1713)和乾隆元年(1736),方苞两入南书房,作为皇帝近臣,"南书房翰林除其政治作用外,主要与皇帝探讨学术",同时"南书房翰林于行政、用人两方面均有重要作用"③。

方苞入朝之前,游走四方,所收弟子数量不少,但后人知之甚少;我们所知晓的,几乎都是有一定科举功名的弟子,体现了仕途与师徒之间的密切关系。据笔者考证,方苞50名弟子中,进士31人,占60%以上,举人(含副榜)10人,占近20%。弟子资禀与成就各不相同,在望溪之门的地位和功能也不同。《论语·先进》把弟子分为四类:德行、言语、政事、文学。有鉴于此,我们根据方苞弟子对望溪学派传承、扩展的领域及其功能的差别,把他们也分为四类:一是行其道,二是传其文,三是承其学,四是广其门。

第一节 行其道:雷鋐与尹会一

清初理学,继宋明以后进入一个新的发展时期,其学理探讨或许无法与宋明相比,但在社会践行方面,有过之而无不及。朱昌荣提出,在学术思想史的角度之外,融入社会史的研究视角④,是睿智而切实的。

方苞与张玉书、李光地、杨名时、蔡世远、张伯行等一起,是清初庙堂理学的代表人物,正如《清史稿》所言:"圣祖以朱子之学倡天下,命大学士李光地参订《性理》诸书,承学之士,闻而兴起。苞与光地谊在师友间,名时、兰生、廷珍、世远皆出光地门。煦亦佐光地修书,得受裁成于圣祖。叔琳、苞友,鋐又

---

① 鄂尔泰、张廷玉:《词林典故》卷七,乾隆十三年(1748)武英殿刻本。
② 《清实录·高宗实录》(一)卷十四,北京:中华书局,1985年,第163、406页。
③ 邸永君:《清代翰林院制度》,北京:社会科学文献出版社,2002年,第175、178页。
④ 朱昌荣:《程朱理学官僚与清初社会重建——基于学术思想史与社会史结合的考察》,载《历史研究》,2013年第4期,第45~62页。

出世远门,渊源有自。独近思未与光地等游,而学术亦无异,雍正初,与世远、苞先后蒙特擢。"①他们改革弊政、敦行教化、兴办教育、移风易俗,同时注重义理探讨,强调文以载道,重视名节。唐鉴的《国朝学案小识》把方苞列入理学的"守道学案",忽视了其理学践行之功。其实方苞不仅"守道",也"传道"和"翼道",一生尊崇程朱,践履躬行,重视教化,《清史稿》评价方苞:"为学宗程朱,尤究心《春秋》、三礼,笃于伦纪。既家居,建宗祠,定祭礼,设义田。其为文,自唐宋诸大家上通太史公书,务以扶道教、裨风化为任。"②章太炎亦称方苞"虽未识程朱深旨,但孝友严整躬行足矣"③。在方苞弟子中,真正能够传承发扬方苞理学一脉的有雷鋐和尹会一。

雷鋐(1696—1760),福建宁化人,雍正元年(1723)进士,在清代理学史上地位颇高,《国朝学案小识》甚至把他与陈宏谋、蔡世远、江永、姚鼐等列入"翼道学案",在其师方苞之前。《清史稿》把他与李光地并列,称闽之学者"以安溪李光地,宁化雷鋐为最"④;梁启超亦称雷鋐"继李、蔡,治程朱理学"⑤。《清儒学案》专设"翠庭学案",称其"督学吴越,以理学维风化,不愧醇儒"⑥。今人李帆的《清代理学史》,也将其置于重要位置⑦。

雷鋐初受学于理学家蔡世远,后蔡氏把他推荐给方苞,方苞对雷鋐十分欣赏,称"天下士鲜心契者,独谓鋐,当作第一流人"⑧。雷鋐常向方苞请益,其《经笥堂文钞》有《上方望溪先生书》《上方望溪先生》信札两封,一是恳求恩师为其家族撰写墓表,二是讨论妇人改嫁的礼仪问题,二者皆有关人伦风化、礼教伦常。相信在此之外,平素相关讨论应该更多。方苞卒后,雷鋐整理恩师

---

① 赵尔巽等:《清史稿》卷二百九十,第 10282 页。
② 赵尔巽等:《清史稿》,第 10272 页。
③ 章太炎:《訄书》,见《章太炎全集》(三),第 157 页。
④ 赵尔巽等:《清史稿》第 34 册,第 10281 页。
⑤ 梁启超:《近代学风之地理分布》,载《清华学报》,第 1 卷第 1 期(1924 年 6 月)。
⑥ 徐世昌:《清儒学案》(第四册),北京:人民出版社,2010 年,第 1720 页
⑦ 李帆:《清代理学史》(中册),广州:广东教育出版社,2007 年,第 77 页。
⑧ 沈廷芳:《雷副宪传》,见《隐拙斋集》卷四十一,《清代诗文集汇编》(第 298 册),第 545 页。

一生学行作《方望溪先生苞行状》。《方苞集》收《送雷惕庐归闽序》《雷氏先墓表》《与雷贯一》等文，《方望溪遗集》有《答贯一》信札二封。

与恩师方苞一样，雷铉理学的突出表现是尊崇程朱。与方苞不同，雷铉出生在朱熹故里建宁，自小耳濡目染，受到朱子理学思想影响，后来从学的蔡世远也是朱子学名家，他和方苞、杨名时、朱轼等一起围绕在李光地周围，构成清初庙堂理学的核心学术圈。因此雷铉对朱子非常推崇，他认为："朱子之道，大而能博，学者未能遍观而尽识。然其要不外居敬以立其本，穷理以致其知，返躬以践其实而已矣。人苟不自甘流俗，奋然以圣贤为必可学而至，实用力于此三言焉，如履康庄大道，以登堂而入室，自不为歧途曲径所眩惑。"①他所提出的朱子之道的三个方面，由内而外，由自我而世界，通过独善其身，达到兼济天下；他认为理学是要落到实处的，及物才是真学问。重视践履、强调躬行是雷铉及清初庙堂理学的基本特征，他甚至认为："其志超然于富贵利达之外，其讲明践履探原握要，历贫贱患难死生而如一。此之谓实学也。……按实而求之，即道学也，岂别有琅深不可造之境哉！所患者志不立而苟安流俗耳。"由于雷铉长期担任江苏、浙江两省学政，因此他的理学落到的实处就是正学，他说："余奉简命视学江左，集思与多士振兴正学。每靳毋安卑近，汩没于帖括词章之习。而高明之士，又虑其误入于阳儒阴释之途。有能潜业斯编，以反求诸身心，如浮海之得津筏，庶不至茫无畔岸也已。"②雷铉的正学，首先是确立朱熹的正统地位，他说："自汉唐来，学术纷拏，赖濂洛数大贤开其蔀而辟其途，然后道学之统绝而复续。至朱子，辨之精，行之勇，守之严，其功比于孟子之崇王斥霸、辨杨墨，发明性善养气，殆所谓先后一揆者矣。"③其次，是对白沙、阳明之学的批判，他在《读书偶记》中说："白沙、阳明之流弊，猖狂而不可收拾，学术之不可不慎也如此。"④再次，整理出版程朱派

---

① 雷铉：《漳平县朱子祠记》，见《经笥堂文钞》，《清代诗文集汇编》（第285册），第33页。
② 雷铉：《朱子圣学考略节要序》，见《经笥堂文钞》，《清代诗文集汇编》（第285册），第15页。
③ 雷铉：《竹山精舍记》，见《经笥堂文钞》，《清代诗文集汇编》（第285册），第37页。
④ 雷铉：《读书偶记》，见《景印文渊阁四库全书》（第725册），第698页。

学者的著述,"数年间,雷铉先后为真德秀、蔡清、胡居仁、林希元、黄道周、刘宗周、张履祥、陆陇其、朱轼、张伯行、沈近思、朱梅崖、朱泽沄等朱子学者的十余个重刊文集撰写序言,总结各位儒者的治学特点及其对朱子学发展的贡献"①。由于他长期不遗余力地在江浙阐明理学和施行教化,化民成俗,肃清积弊,"浙人谓不动声色而弊绝风清,百年来所仅见"②。

实学之外,雷铉对程朱的心性理论也进行了一定程度的探讨。他高度评价孟子的人性论,认为仁、义、礼、智作为人性,实来自孟子,孟子所谓人之所以善源自恻隐、羞恶、辞让、是非四端之说,发前人所未发。仁义礼智四者的关系,雷铉认为仁是根本,包含义、礼、智,"乃不仁之人自戕其生理,并丧乎义、礼、智者,则气禀既杂,物欲乘之,天理、人欲判焉而相反"③。与人性相联系的情,雷铉也有论及,他认为人的喜怒哀乐兼人心与道心,未发时为道心,此诸情为一也,已发而为情,此心统性情,"《中庸》不重言喜、怒、哀、乐也,言喜、怒、哀、乐之未发耳,言喜、怒、哀、乐之中节耳。未发之中全是道心,中节则人心无非道心矣。且中节则喜、怒、哀、乐无非恻隐、羞恶、辞让、是非之心可知矣"④。性命与事功原为二,而心统性情,"仁也,以不忍人之心行不忍人之政,所以抚字之、教导之、惩戒之、奖劳之,皆此心自不容已流露出"⑤。如此一来,性命与事功变为一事,这些观念显然源自程朱。

雷铉尊崇程朱的同时,亦有批评陆王。他认为王阳明矫正程朱流弊,偏离圣学之道,"有明开基,尊朱子以定一宗,纲纪聿修,风教懋著。家无异学,士鲜歧趋。百年之间,真儒递出。厥后习尚颓败,正气消磨。挟策吟哦者,驰骛词章;学专训诂者,拘泥章句。姚江王氏起而矫之,倡为心学,以号召后进,

---

① 陈友良:《清儒雷铉的理学背景及正学观述略》,载《孔子研究》,2015年第3期,第106页。
② 阴承方:《都察院左副都御史雷公行状》,见《经笥堂文钞》,《清代诗文集汇编》(第285册),第4页。
③ 雷铉:《金坛试院示诸生》,见《经笥堂文钞》,《清代诗文集汇编》(第285册),第78页。
④ 雷铉:《江宁试院示诸生》,见《经笥堂文钞》,《清代诗文集汇编》(第285册),第77页。
⑤ 雷铉:《读书偶记》卷一,《文渊阁四库全书》本。

不返求朱子之正宗,而诋为朱子之流弊,声势气焰,耸动一时,遂至凭臆见作聪明,跌荡绳墨,滔滔如狂澜,不可复挽"①。另外在《象山禅学考》和《阳明禅学考》两篇文章中,他专门讨论陆、王如何由儒入禅,并指出其带来的危害:"指心即理,欲人反求诸心,宜无不可。锢于气禀,蔽于私见,必且师心自用,认欲为理,其祸至不可究极。"阳明之病,在于未读朱子之书,"王姚江格亭前竹子七日成病,其未深读朱子之书可知"②。不难发现,雷𬭎笃信程朱,立场坚定。阴承方在《都察院左副都御史雷公行状》中称雷𬭎"平日读书穷理,研精覃思,识见周彻,洞悉自古圣贤君子学术纯疵,一以程朱为宗,而凡流于异端,似是之非者,不能惑也"③,可谓知言。唐鉴的《国朝学案小识》中,雷𬭎甚至超越"守道"的老师方苞,位列"翼道学案",有其合理性。

尹会一(1691—1748),字元孚,号健余,雍正二年(1724)进士,以理学与经世著称于世,《国朝学案小识》把尹会一列入"待访录",评价他:"生之学渊懿纯粹,不为岸异,于古今人学术纯驳审慎别择之。"④美国历史学家罗威廉誉他为"陈宏谋长期的思想指导者和知己"⑤。被列入"翼道学案"的陈宏谋(1696—1771)评价他:"本躬行必得之余,端士习文风之本,按试所经,必有闻风兴起者,不独冰壶朗映、誉澈公明。从此人敦实学,士重躬行,熏陶涵育,为多士讲明根本之务,为国家造就有用之才,知大儒之所以成就必多也。"⑥

尹会一对方苞仰慕已久,乾隆五年(1740)入京为副都御史才得见,虽拜师被拒,但此后往来日渐频繁。乾隆十一年(1746)担任江苏学政,亲自前往

---

① 雷𬭎:《蔡虚斋先生文集序》,见《经笥堂文钞》,《清代诗文集汇编》(第285册),第17页。
② 雷𬭎:《读书偶记》,见《景印文渊阁四库全书》第725册,第690页。
③ 阴承方:《都察院左副都御史雷公行状》,见《经笥堂文钞》,《清代诗文集汇编》(第285册),第4页。
④ 唐鉴:《国朝学案小识》卷十一《博野尹先生》,道光二十五年(1845)本。
⑤ [美]罗威廉:《救世:陈宏谋与十八世纪中国的精英意识》,陈乃宣等译,赵刚校,北京:中国人民大学出版社,2013年,第112页。
⑥ 陈宏谋:《寄尹元孚书》,见《培远堂手札节要》,同治七年(1868)楚北崇文书局刻本影印本。

清凉山拜访方苞，执弟子礼，方苞再拒。后尹氏效仿南宋蔡元定父子拜朱嘉为师之旧例，与其子尹嘉铨一起拜师，方苞才接受，传授《丧礼或问》《仪礼》诸书，并时常通信讨论读书或治学问题，包括施政设教，亦多有探讨。

尹会一理学思想的首要特点是尊崇程朱。他立志成为一名程朱理学学者，"非朱子手定之书不观，朱子书非发明《四书》诸经者从略，经书中非切于身心日用者亦从缓"①。他笃信程朱所提倡的修身方法及躬行实践的态度，"朱子之道，主敬以立其本，穷理从致其知，反躬践其实。而敬者又贯通乎三者之间，所以成始成终也。又曰：洙泗（孔孟）以还，博文约礼，两极其至者，（朱熹）先生一人而已。数语足以括朱子之生平，定吾学之准的"②。

在人性论的问题上，他受到孟子影响，坚持"性善论"，认为人性本善，而后天的欲望毁坏人性，因此应该"反身克己"，恢复人的本性："盖人性皆善，而本心之德，不能不坏于人欲，皆由性偏处为累，禅于克治耳，能从难克处用力，则义理之性以渐而复矣！"他甚至把"反身克己"当作一种人生乐趣，"有一分省克，即有一分乐趣，时时内省，其乐何极？一息尚存，不容少懈"③，"盖吾人一生，除省身克己之外，别无学问。日省日克，总视乎心之悔与不悔耳，能知悔者盖寡"④。尹会一的"克己"总是和"居敬"结合在一起，前者重在内，后者则偏于外，前者是内心功夫，后者是实践行动，"学问之道，不外修己治人，修治之功，只要迁善改过，严而操之曰'克己'，约而守之在'居敬'，居敬则能穷其理而践其事，由己及人，俱可归于至善，而底厥成矣"⑤。

去禅存儒，维护正学，是尹会一理学的第二个方面。尹会一认为："道之不明不行也，乱于异端，更坏于俗学，不务忠信崇礼。"⑥所谓"俗学"是被功名利禄熏染的儒学，"异端"主要是指脱离现实的禅佛之学。前者让人痴迷名

---

① 吕炽编：《尹健余先生年谱》卷下，方苞阅定，上海：商务印书馆，1936年，第39页。
② 尹会一：《健余札记》卷一，见《丛书集成初编》，上海：商务印书馆，1936年，第11页。
③ 尹会一：《健余先生尺牍》卷二《上方望溪先生》，上海：商务印书馆，1936年，第20页。
④ 尹会一：《健余先生尺牍》卷二《上方望溪先生》，第21页。
⑤ 尹会一：《健余札记》卷一，第1页。
⑥ 尹会一：《健余先生文集》卷八，上海：商务印书馆，1936年，第89页。

利,心术不正;后者让人空虚萎靡。抵制俗学,要读圣贤之书,"有吾在,便是力振顽风的标准,吾儒读圣贤书,志在返朴还淳,万不可为俗论所惑"①。抵制异端,要借助于程朱的"格物致知"之学,"学者不能明善,身何以诚? 率意妄行禅学之所以悖道也……朱子所为吃紧示人,以格物为明善之要,救禅学空寂一流"②。他还进一步批判禅宗"因果报应"之说蛊惑人心,需要以程朱"格物致知"之法存养心性,才能不惑,"至于命数之说,祸福之事,毫无足凭,徒惑人见闻耳! 不如仍以敬信之衷,恪守儒书格物致知为学问,存心养性是功夫。操持有据,进退不失其正,明哲不失其几,实可俟诸百世而不惑也"③。

抵制异端与俗学的另一个举措就是维护理学道统。保证道统传承的连续性和纯正性,目的在于维护儒家学说的正统地位。乾隆三年(1738),尹会一主政河南期间,续编汤斌的《洛学篇》。洛学为北宋程颢、程颐所创之理学学派,因其长期在河南洛阳一带讲学,故名洛学。尹会一将清代初期河南地区孙奇逢、汤斌、耿介、张沐、张伯行、窦克勤、冉觐祖等7位重要的理学家增补入书中。乾隆八年(1743),归养之余,他又续编了魏一鳌所编的《北学编》,把清初的孙奇逢、杜越、王余佑、习包、魏象枢、陈形、张潜、魏一艺、张烈、颜元、李塨、王源、冯濂等13位北方儒学家辑入书中,接续儒学传统,振兴儒家并寄希望于未来。与此相应,尹会一还重新编撰和修订了多部理学书籍,从乾隆三年(1738)至十三年(1748),他共修订和重刊了《周易象意》《近思录集解》《近思录五子传略》《小学纂注》《大学衍义》《困学录集粹》《吕语集粹》《纲目四鉴录》等儒家典籍。同时,在担任扬州知府期间,他修葺并扩大安定书院的校舍,延请金坛理学名儒王步青,在书院讲授朱熹的《小学》以及《近思录》等理学典籍。

当然,尹会一在治国理政、选贤举能、进谏纳谏方面也有丰富的理论与实践,主要体现在《四鉴录》一书中。在国家治理方面,尹会一认为要实行仁治,

---

① 王击仓编:《健余先生读书笔记》卷三,上海:商务印书馆,1936年,第23页。
② 王击仓编:《健余先生读书笔记》卷一,第7页。
③ 尹会一:《健余先生尺牍》卷三,上海:商务印书馆,1936年,第28页。

重视教化,因势施政,赏罚分明,广开言路等。同时要善待百姓,不与百姓争利。还应该礼贤下士,广求贤才,选贤用能。《四鉴录》文献资料主要来自司马光的《资治通鉴》、朱熹的《资治通鉴纲目》、胡安国的《资治通鉴举要补遗》等,深受朱子思想影响,继承并发扬了朱熹的史学观念和纲常名教思想,旨在达到"正朝廷以正百官,而化行俗美,士敦志行,女厉安贞"①的目的。在为官理政的过程中,他基本能够实行自己的理念。艾文锦评价尹会一,为官时"着眼点不在当官做老爷,而能够经理吏治、民生之'要务'";"以兴学育才为己任',重在'课实学''省虚文''储才致用'";"既要忠心报效朝廷,又不满足于官方倡导的空谈学风,既要遵从'圣旨',对朝廷唯命是听,又想革除阻碍社会发展的某些'弊端',反映到哲学上,就形成了尹会一既以程朱信徒相标榜,又推崇颜元的'惟务实学'"②。

第二节 传其文:沈廷芳与刘大櫆

在方苞弟子中,被列入《清史稿·文苑传》的有两位:沈廷芳和刘大櫆。从当时来看,沈廷芳影响较大;从后世来看,刘大櫆影响更大。在沈廷芳《隐拙斋集》序言中,桑调元称沈廷芳起家文学侍从,"海内久脍炙其清词丽句"。彭端淑称:"其文出入唐宋,而铭、赞尤高,与古人驰骋上下。其《于东诗集》,若《登太山铜楼》,及《送卢明府》诸章,奔放流利,直蹴少陵之室。"厉鹗称其诗:"有清丽之辞,和平之音,为能绝去粗浮怒张之习,而有似乎唐大历、宋庆历诸公也。"查慎行评其诗:"能出入于唐之钱刘、宋之苏陆诸家。"

沈廷芳(1702—1772),字椒园,又字畹叔,号萩林先生,浙江仁和人。乾隆元年(1736)举博学鸿词,入选翰林院庶吉士,第二年授编修。历任山东道监察御史、河南按察使、山东按察使等。曾以御史充顺天乡试同考官,主讲广州粤秀书院、福州鳌峰书院等。著有《五礼经传目》5卷、《十三经注疏正字》

---

① 尹会一:《四鉴录·序》,光绪五年(1879)定州王氏谦德堂刻本。
② 艾文锦:《尹会一评传》,载《河北师范大学学报》,1985年第3期,第108、109、113页。

81 卷、《鉴古录》16 卷、《隐拙斋集》50 卷等,纂修《广州府志》60 卷,皆被收入《清史稿·艺文志》。《四库全书总目》收其《隐拙斋集》《十三经注疏正字》,评曰:"其诗学出于查慎行,古文之学出于方苞,故所作虽无巨丽之观,而皆有法度。"①《清史稿·文苑传》评价亦相近:"少从方苞游,为文无纤佻之习。诗学本查慎行。"②

沈廷芳与方苞的结识,源于刘大櫆的引荐。沈廷芳曰"雍正戊申冬,余因刘耕男征士(大櫆)谒先生,请为弟子"③。沈廷芳与刘大櫆多有往来,且二人都喜欢作诗。另外,沈廷芳为海宁查昇(1650—1707)的外孙,而海宁查氏与方苞多有往来,方苞为查慎行作墓志铭虽受其子查克念所请,但也离不开沈廷芳的功劳。后来由于沈廷芳之母的要求,沈廷芳又请方苞为其外祖父查昇作墓表,方苞亦应允,可见其对沈廷芳的欣赏。方苞曾言沈廷芳、沈彤、刘大櫆为"吾贤而三"④。

从留下来的文字看,《方苞集》有《隐拙斋诗集序》《与沈畹叔尺牍三首》。《隐拙斋集》有《方灵皋夫子枉过隐拙斋》《次方夫子见寄韵》(卷四)、《灵皋夫子为初白先生志墓奉谢》(卷六)、《大风直武英殿呈方夫子》(卷七)、《追题查浦先生东还图次灵皋夫子韵》《望溪文集后序》(卷三十八)、《方望溪先生传》(卷四十一)、《教忠祠祭方望溪夫子敬赋》(续集卷二)等。在 32 卷诗集中,被沈廷芳以"先生""师"称呼的人不少,以"夫子"称呼的,仅有方苞。

沈廷芳为文,师法方苞,于古文义法颇有体会。在方苞卒后,关于写作《方望溪先生传》,诸人观点不同。"房仲谓:'先生文章重海内,今但举其事迹,而于文略焉,得毋太简。'余曰:'篇中所引李文贞公语,特重,已足以概之矣。况先生历官行事,卓有可传,传只著其大者,其文词与他善行,不具书,义

---

① 《四库全书总目提要》卷一百八十五,集部三十八,别集类存目十二。
② 赵尔巽等:《清史稿》列传二百七十二,第 13372~13373 页。
③ 沈廷芳:《方望溪先生传后》,见《隐拙斋集》卷四十一,《清代诗文集汇编》(第 198 册),第 539 页。
④ 沈廷芳:《方望溪先生传后》,见《隐拙斋集》卷四十一,《清代诗文集汇编》(第 298 册),第 540 页。

法固当如此。'"①细读沈廷芳所作《方望溪先生传》，正如其言，论方苞文章之功，仅引李光地一句赞语，更多篇幅则放在写其一生行事上，做到了详略有致。方苞古文义法，本就重视详略虚实，但仅有此又不够，因为详略虚实属于法，法随义变，"夫法之变，盖其义有不得不然者"②。在《与孙以宁书》中，方苞又言："古之晰于文律者，所载之事，必与其人之规模相称。"③沈廷芳虽然于详略虚实有所体会，但在方苞所言人物之"规模"方面，并没有充分地领会，也没有抓住方苞之所以为方苞的关键。为同门雷铉所书《雷副宪传》与《方望溪先生传》相当，叙述一生学行，而较少突出其精神与"规模"。

刘大櫆（1698—1780），字才甫，又字耕南，号海峰，江南桐城人。雍正时，两登副榜。乾隆间，博学鸿词与经学特科皆不录。久之，选黟县教谕，数年告归。著有《海峰文集》10卷、《海峰诗集》4卷、《历朝诗约选》92卷等，被收入《清史稿·艺文志》。《书目答问》亦著录其诗文集。此外，曾编纂（乾隆）《歙县志》，文论著作《论文偶记》后世影响颇大。沈德潜评《海峰诗集》："品在当涂、典午之间，近人不能作，并不能解。"袁枚在《随园诗话》中引程渔门之言，认为刘大櫆"诗胜于文也"④。《清史稿·文苑传》评价："大櫆虽游苞门，传其义法，而才调独出，著《海峰诗文集》。"⑤

刘大櫆与方苞的师徒关系，后世几乎都予以承认，当时却不然。

从人生历程来看，方苞生长于金陵，刘大櫆生长在桐城，二人自小不相识。从七岁开始，刘大櫆受业于同里吴直。雍正三年（1725），二十八岁的刘大櫆游历北京，结识天下友朋，以授徒为生。第二年始拜见方苞，方苞对其大加赞赏，一时名动京城。雍正十一年（1733），诏征鸿儒，方苞举荐大櫆，惜未

---

① 沈廷芳：《望溪文集后序》，见《隐拙斋集》卷三十八，《清代诗文集汇编》（第298册），第516页。
② 方苞：《方苞集》卷二，第64页。
③ 方苞：《方苞集》卷六，第136页。
④ 刘大櫆：《刘大櫆集》附录四《诸家评论》，吴孟复标点，上海：上海古籍出版社，1990年，第627、628页。
⑤ 赵尔巽等：《清史稿》列传二百七十二，第13377页。

第。此后刘大櫆为生计四方奔走,在方苞身边时间并不长。乾隆七年(1742)方苞致仕归金陵,与刘大櫆往来稍多。

《刘大櫆集》有《送方望溪先生南归》《祭方望溪先生文》《过望溪先生龙潭别墅》等,在《寄翁兆溱》诗后注曰:"兆溱与余同受业望溪先生门下。"①《杨黄在文序》中言及,乾隆十三年(1748),方苞推荐他和杨黄在入尹会一幕府。尹会一卒,他们齐聚方苞家中。方苞卒,刘大櫆哭于白下②。《方望溪遗集》有《刘氏宗谱序》,《方苞集》正集没有刘大櫆相关文章,《送张辂文省亲序》言及刘大櫆携其友张辂文为方苞看病。《与魏中丞定国》称:"及门刘生大櫆,天资超越,所为古文,颇能去离世俗蹊径,而命实不犹。弟举以鸿博,已入彀,而或检去之,两中副车。今以亲老,不忍远离,止得暂图教职。公见其文,自知其尧然而异于侪辈。弟复先言之者,以其数奇耳。"《与双学使》亦曰:"刘生大櫆不但精于时文,即诗、古文词,眼中罕见其匹。为人开爽,不为非议,为学幕中最难得之人。"③不难发现,方苞与刘大櫆本人都承认这一师徒关系。

作为方苞高第的沈廷芳,曾言及方苞称其与沈彤、刘大櫆为"吾贤而三",并称刘大櫆"才高而笔峻,惜学未笃"④。刘大櫆弟子吴定《海峰夫子古文序》曰:"两人之文各殊所造,灵皋善择取义理于经,其所得于文章者义法而已。先生乃并其神气、音节尽得之,雄奇恣肆,驱役百氏,其气之肆、波澜之阔大、音调之铿锵,皆灵皋所不逮。"⑤《海峰夫子时文序》亦曰:"能以古文为时文者,惟归氏熙甫一人,先生生我朝,文教累洽之时,独闭户得古文不传之学。"⑥在《海峰先生墓志铭》中,吴定认为其师刘大櫆古文继归有光、方苞之

---

① 刘大櫆:《刘大櫆集》,第557页。
② 刘大櫆:《刘大櫆集》,第53页。
③ 方苞:《方苞集》集外文卷十,第801页。
④ 沈廷芳:《方望溪先生传后》,见《隐拙斋集》卷四十一,《清代诗文集汇编》(第298册),第540页。
⑤ 吴定:《海峰夫子古文序》,见《紫石泉山房文集》,上海:上海古籍出版社,第339页。
⑥ 吴定:《海峰夫子时文序》,见《紫石泉山房文集》,第341页。

后而起,其文采"足使震川灵皋惊退改色"①。依刘大櫆高第吴定之言,刘大櫆与方苞并没有什么师徒关系。即便是姚鼐的《刘海峰先生传》,也只是说刘大櫆于京师遇方苞受到称赞而天下闻名,从头至尾未言拜师方苞。也就是说,刘大櫆的弟子基本都不承认或没有正式承认其与方苞的师徒关系。

综合来看,方苞与刘大櫆师徒之名具,师徒之实稀。方苞对刘大櫆,更多是同乡前辈对后辈的鼓励与生活帮助,而较少谈文论学。与此相对,方苞与其他弟子门人谈文论学的文章却很多,并收录在自己晚年手定的文集中。

从文学风格来看,方苞与刘大櫆确实大不同,《国史文苑传》有提及②,刘大櫆弟子和桐城派后学也多次提及。方苞一生抗心希古,文风浑厚古朴;刘大櫆个性鲜明,文章汪洋恣肆。刘大櫆的文风,显然不是承自方苞。其实,后世所谓"桐城派",在方苞、刘大櫆时代并不存在③,主要是姚鼐的建构之功④,包括"桐城派三祖"的雏形,也是姚鼐在《刘海峰先生八十寿序》中提出,经过其弟子推波助澜,才逐渐被学界接受认可。郭绍虞先生的《中国文学批评史》,用"义法"把方苞、刘大櫆、姚鼐贯串起来,只是后人对桐城派的理论总结。

刘大櫆当然受到方苞义法理论的影响,认为为文应"义法不诡于前人"⑤,但更多的是对原有理论的突破。刘大櫆特别重视为文之"能事","能事"离不开"材料","材料"是"行文之实",亦即"义理、书卷、经济";而如何处理这些材料就是"能事"。很明显,刘大櫆的"材料"相当于方苞义法之"义","能事"相当于"法",但具体内容所指,与方苞义法不同。方苞的"义"主要是孔孟之道、程朱之理,"法"主要是详略、虚实、顿挫之法;而刘大櫆的"义"只是"材料","法"是"神气、音节、字句"。这样一来,方苞的义法说,就转换成了刘大櫆的"神气、音节"论。方苞重视文章之义之理,刘大櫆重视文章之神之美。

---

① 吴定:《海峰先生墓志铭》,见《紫石泉山房文集》,第 374 页。
② 《国史文苑传·刘大櫆传》,《刘大櫆集》,第 626 页。
③ 任雪山:《"桐城派"之名提出及其流变》,载《合肥学院学报》,2016 年第 6 期,第 52~56 页。
④ 参见陈平原:《文派、文选与讲学——姚鼐的为人与为文》,载《学术界》,2003 年第 5 期;王达敏:《姚鼐与乾嘉学派》,北京:学苑出版社,2007 年。
⑤ 刘大櫆:《姚南青五十寿序》,《刘大櫆集》,第 149 页。

刘大櫆提出的"文章十二贵"①,就是对文章之美的最好解读。

刘大櫆和方苞的文章理论,侧重点明显不同。方苞的义法,阐发古文内容与形式的关系,强调"法以义起""法之变,盖其义有不得不然者",突出了义(内容)对法(表现形式)的决定性作用。刘大櫆的神气理论,看重的是"文之能事",也就是行文之法,以及由此产生的文章之美。郭绍虞先生认为,刘大櫆的文论是方苞"义法说"之具体化,也可以说是将其推进了一步。这是从联系的一面讲的。如果从区隔一面来看,刘大櫆偏情,方苞重理;刘大櫆高扬艺术性,方苞阐发思想性。正如陈兆伦《跋〈紫石泉山房文集〉后》所言:"国朝古文之盛,义法莫如方侍郎,才调莫如刘学博。"②

刘大櫆对于方苞的最大影响在于培养了一批弟子,因为他们,方苞的学术文章传播更久远。刘大櫆弟子影响最大的要数姚鼐(1732—1815),作为桐城派真正的创立者,在他之后,桐城派崛起于文坛,延续二百余年,直至民国余韵犹存。刘大櫆的另一个弟子钱伯坰(1738—1812)传文法到阳湖,陆继辂在《七家文抄序》中说:"乾隆间,钱伯坰鲁斯亲受业于海峰之门,时时诵其师说于其友恽子居、张惠言,二子者始尽弃其考据、骈俪之学,专志以治古文。"③

第三节 承其学:王又朴、沈彤、程廷祚、叶酉

方苞一生,于经学用功颇勤,学兼四部,以经部成就最大,《四库全书总目》评价方苞"于经学研究较深"④。在方苞的经学研究中,又以《春秋》、三礼

---

① 刘大櫆在《论文偶记》中提出文章"十二贵":文贵奇、文贵高、文贵大、文贵远、文贵简、文贵疏、文贵变、文贵瘦、文贵华、文贵参差、文贵去陈言、文贵品藻。
② 陈兆伦:《跋〈紫石泉山房文集〉后》,见《紫石泉山房文集》,上海:上海古籍出版社,2010年,第244页。
③ 陆继辂:《七家文抄序》,见《崇百药斋文集续集》卷三,光绪四年(1878)陆佑勤兴国州署刻本。
④ 永瑢等:《四库全书总目》,第1528页。

研究为盛,《清史稿·方苞传》曰:"苞为学宗程、朱,尤究心《春秋》、三礼,笃于伦纪。既家居,建宗祠,定祭礼,设义田。"①《四库全书总目》经部著录方苞的《周官集注》《周官辨》《周官析疑》《考工记析义》《仪礼析疑》《礼记析疑》《春秋通论》《春秋比事目录》等多部著作,足见其学术地位。

方苞弟子在经史之学上,继承方苞的有王又朴、沈彤、程廷祚、叶酉等。

第一,《易》学研究。方苞自称平生用力最勤者唯在先儒经义,于《诗》《书》《礼》《春秋》《易》皆有研究,而自成童即治《周易》,"学之几二十年"②。《四库全书总目》(卷六经部六)收录方苞二位弟子王又朴、程廷祚的著作。

王又朴(1681—1763),雍正元年(1723)进士。其《易》学代表作为《易翼述信》12卷,是编《经》《传》次序皆依王弼旧本,而冠以《读易之法》,终以所集《诸儒杂论》。其大旨专以《象》《彖》《文言》诸传解释《经》义,自谓笃信《十翼》,述之为书,故名曰《易翼述信》,而以朱子所云"不可便以孔子之说为文王之说"者为非。其所征引诸家,独李光地之言为最多,对于《本义》亦时有异同。盖见智见仁,各明一义,原不能固执一说以限天下万世也。至其注释各卦,每爻必取变气,盖即之卦的遗法。其于《河图》《洛书》及《先天》《后天》皆不列图,而叙其说于《杂论》之末,特为有识。其《时位德》《大小应》《比主爻》诸论,亦皆恪遵御纂《周易折中》之旨,阐发证明,词理条畅,《四库全书总目》以为其可取者亦颇多焉。王氏治《易》基本属于程朱一脉,又受到李光地影响,总体倾向与方苞一致。比较而言,方苞更欣赏程廷祚的《易》学,曾为《易通》14卷作序,即《易通札代序》,又名《答程起生书》(《方苞集》卷六)。

程廷祚(1691—1767),上元人,有《大易择言》36卷。是编因桐城方苞《绪论》,以六条编纂诸家之说:一曰正义,诸说当于《经》义者也。二曰辨正,订异同也。三曰通论,谓所论在此而义通于彼与别解之理犹可通者也。四曰余论,单辞片语可资发明者也。五曰存疑,六曰存异,皆旧人诠舛之文,似是者谓之疑,背驰者谓之异也。六条之外,有断以己意者,则以"愚案"别之。概

---

① 赵尔巽等:《清史稿》,第10272页。
② 方苞:《方苞集》卷六,第166页。

而言之,其力排象数之学,惟以义理为宗。《四库全书总目存目》亦收录程廷祚《程氏易通》14卷、《易说辨正》4卷。前者含《易学要论》2卷、《周易正解》10卷、《易学精义》1卷、又附录《占法订误》1卷,《易通》其总名也。其《要论》尽去汉人爻变、互体、飞伏、纳甲诸法,未免主持稍过。然举宋人《河》《洛》《先天》诸图及乘承比应诸例扫而空之,则实有芟除缪轕之功。其《正解》则《经》《传》之义疏,不用今本,亦不用古本,以《象传》《小象》散入《经》文,《十翼》并为《六翼》,颇嫌变乱,而诠释尚为简明。其《精义》统论《易》理,通其说于道学,略如语录之体。其《占法订误》谓画有奇偶九六,而上下进退于初、二、三、四、五、上之际,所谓六爻发挥者,《易》之变唯在于此。之卦则所以识别动爻之用,而所取仍在本卦。故以《洪范》之说为占法,而以《春秋》内、外传所载为附会变乱,不与《易》应。《四库全书总目》以为有矫枉过正之嫌。后者盖其中年所作,在《大易择言》《易通》二书之前。后多附入二书中,然亦时有采取未尽者。盖所见随年而进,故不一一尽执其旧说也。

  第二,《春秋》学研究。《四库全书》收录方苞三位弟子程廷祚、沈彤和叶酉的著作。程廷祚有《春秋识小录》9卷,是书含《春秋职官考略》3卷、《春秋地名辨异》3卷、《左传人名辨异》3卷。其考职官,首为数国共有之官,次为一国自有之官,皆分列排纂,凡与《周礼》异同者,根据《注》《疏》为之辨证,颇为精核。其考地名,首为地同而名异,次为地异而名同。其辨人名,自一人二名以逮一人八名者,皆汇列而分注之。大致与《春秋名号归一图》互相出入,而较为简明。虽似与《经》义无关,然读《经》《传》者往往因官名、地名、人名之舛异,于当日之事迹不能融会贯通,因于圣人之褒贬,不能推求详尽,故程著颇值得关注。沈彤有《春秋左氏传小疏》1卷,是编以赵汸、顾炎武所补《左传》杜《注》为未尽,更为订正。其中得失互见,颇可以补正顾氏之失。该书虽是未完之书,于读《左传》者亦有所裨也。叶酉有《春秋究遗》16卷,是编多宗其师方苞《春秋通论》,亦稍有从违。其曰"究遗"者,盖用韩愈《赠卢仝》诗"《春秋三传》束高阁,独抱遗经究终始"语也。于胡《传》苛刻之说及《公》《穀》附会之例,芟除殆尽。于《左氏》亦多所纠正,乃往往并其事迹疑之。统核全书,瑕固不掩其瑜也。

综合来看,叶酉著作受方苞影响更大。此外,张甄陶有《春秋三传定说》12卷,收入《清史稿·艺文志》。

第三,三礼研究。《四库全书》收录方苞弟子沈彤的两部礼学著作:《周官禄田考》3卷、《仪礼小疏》1卷。前者分《官爵数》《公田数》《禄田数》三篇。凡田、爵、禄之数不见于《经》者,或求诸《注》。不见于《注》者,则据《经》起例,推阐旁通,补《经》所无乃适如《经》之所有。《四库全书总目》(卷十九经部十九)称其说精密淹通,于郑、贾《注》《疏》以后,可云特出。其中稍有抵牾者,仅三四条耳,亦可云深谙经术者矣。后者取《仪礼》《士冠礼》《士昏礼》《公食大夫礼》《丧服》《士丧礼》五篇,为之疏笺,各数十条。每篇后又各为监本刊误。卷末附《左右异尚考》一篇,考证颇为精核。《四库全书总目》(卷二十经部二十)称其"大抵援据淹通,无可訾议。盖彤三礼之学亚于惠士奇,而醇于万斯大。此书所论,亦亚于所作《周官禄田考》,而密于所作《尚书小疏》焉"。其《果堂集》有给方苞之信札五封,请教三礼问题,礼学著作中也常引用方苞之言,可见方苞对其影响是毋庸赘言。此外,王士让的《仪礼训解》17卷引用方苞语逾200条。官献瑶《石溪读周官》6卷亦多引用方苞之说。

雷铉的《读书偶记》3卷被收入《四库全书》,是编乃其读书札记。大旨以朱子为宗,然能不争门户,持论特平。较讲学诸家,颇为笃实。书中论《易》者几及其半,大致多本李光地,其论礼多本方苞。一则其乡前辈,一则其受业师也。所记方苞驳苏轼一条,引曾子问及檀弓曾申之事,谓亲在不妨学丧礼。国初汪琬与阎若璩以论礼讼争,琬以是攻若璩,若璩援以驳琬者,其始末具见若璩《潜邱札记》中。苞殆偶述旧文,而铉误以为师说,盖当铉在时,《潜邱札记》尚未出,故未见也。汪师韩《韩门缀学》5卷《续编》1卷,亦多引方苞之说。

王又朴的《史记七篇读法》,包括《项羽本纪》《外戚世家》《萧相国世家》《曹相国世家》《淮阴侯列传》《李将军列传》《魏其武安侯列传》七篇,不仅《后序》提及"余师方望溪先生曾约取《左传》数首,而特著其义法,有非世儒之所知而语特简妙",而且正文多次引用方苞之言。如《〈曹相国世家〉读法》曰:"昔余在都初见望溪先生时,先生为言萧、曹二世家史公笔法。今萧相论已见文集,余亦推其意而广之。"《〈萧相国世家〉读法》引望溪(方苞)师曰:"文中止举收图籍、举淮阴、守关中、荐曹参数事,而何之相业已复绝千古,其余则皆不足论耳!此史公见大处。"乾隆十二年(1747),王又朴以所作古文及《〈项羽本纪〉读法》呈教,方苞回信评价道:"致来诸古文辞并《〈项羽本纪〉读法》,颇识高笔健,义法直追古人,而《项纪》一通,尤发前人未发,贤之用心勤矣。"①

第四节 广其门:程崟、官献瑶、陈大受、汪师韩

望溪学派,弟子众多,分布广泛,各有所成,他们以自己的方式,扩大方门的影响,大致来说有五种类型。

一、编纂刊行方苞著述

著述刊行,既是学术总结,也是学术交流和传播的基础。方苞一生著述丰赡,主要通过弟子的编纂刊行而流播于后世。方苞文集《望溪先生文偶抄》,主要由弟子王兆符、程崟编纂刊行;时文集《重订方望溪先生全稿》,由程崟、王兆符、张曰伦、刘师向、吴华国、檀馨等参与编次;《史记注补正》由王兆符、程崟编录;《朱子诗意补正》由单作哲编次;《考工记析疑》由程崟、王兆符、黄世成等参订;《春秋通论四卷》由王兆符、程崟校录;《春秋直解十二卷》由程崟、余熉、刘敦校雠;《春秋比事目录四卷》由王兆符、程崟编录;《左传义法举要一卷》由王兆符、程崟整理。

二、提督学政

简称"学政",亦称"督学使者",俗称"学台""学使",是清代地方文化教育行政官,掌全省学校政令和岁、科两试,并按期巡历所属各府、厅、州,察师儒优劣,生员勤惰等,通常三年一任,位在巡抚与布政使、按察使之间。方苞弟

---

① 方苞:《与王介山书》,《方望溪遗集》,合肥:黄山书社,1990年,第50页。

子多提督学政。乾隆十年(1745),汪师韩为湖南学政;乾隆十一年(1746)至十三年(1748),尹会一为江苏学政;乾隆九年(1744)至十二年(1747),官献瑶为广西学政,后转陕西学政;乾隆十二年,叶酉提督贵州学政,乾隆十五年(1750)任湖南学政;乾隆十五年至二十一年(1756),雷铉为浙江学政和江苏学政;乾隆十八年(1753),陈浩为湖北学政;等等。

三、主持乡试

乡试由各地州、府主持,通常三年一次,在各省省城(包括京城)举行,考中称举人,也是候补官员,可以参加次年在京师举行的会试,考官由天子派翰林、内阁学士等担任。方苞弟子担任乡试考官的不少。雍正七年(1725),陈浩为福建乡试副主考;乾隆三年(1738),陈大受为浙江乡试正考官;乾隆三年和乾隆六年(1741),赵青藜为浙江乡试考官;乾隆九年(1744),官献瑶为浙江乡试副考官;乾隆九年,叶酉为河南乡试副主考;乾隆十二年(1747),赵青藜为湖南乡试正考官;乾隆十二年,沈廷芳为顺天乡试同考官;乾隆十二年,韩彦曾为福建乡试正考官;乾隆十二年,李清芳为广东乡试副考官;乾隆十六年(1751),胡蛟龄为山东乡试正考官。

四、书院教学

书院是中国传统教育的独特形式,有清一代文士学人多从其出。清史专家孟森曾说:"清一代学人之成就,多在书院中得之。"①书院培养了大批学子,也为桐城派的传衍开拓了空间②,方苞之学的传播亦有赖于全国各地讲学的弟子门生。其中陆嘉颖主讲广东端溪书院;汪师韩主讲清晖书院和河北莲池书院;沈廷芳主讲广州粤秀书院、福州鳌峰书院、仪征乐仪书院、安庆敬敷书院等;官献瑶主讲福州鳌峰书院;陈浩主讲开封大梁书院;黄明懿主讲湖南岳麓书院、广西漓江书院;韩彦曾主讲钟山书院;叶酉主讲南京钟山书院;

---

① 孟森:《明清史讲义》,北京:中华书局,1981年,第553页。
② 徐雁平:《书院与桐城文派传衍考论》,载《南京晓庄学院学报》,2006年第1期,第99页。

刘大櫆主讲山西百泉书院、安徽敬敷和问政书院；张甄陶主讲云南五华书院、贵州贵山书院、福建鳌峰书院等；孙廷镐主讲浙江蛟川书院。

五、高层官僚

高层官僚，多为某省或某部的行政主管，在相应领域具有话语权和实际影响力。方苞本人官至二品，且长期在皇帝身边办差，其弟子门生有不少进入官僚高层，三品及其以上的官僚有六人，他们是：陈大受（1702—1751），曾任内阁学士、吏部右侍郎、兵部右侍郎、兵部尚书、户部尚书、吏部尚书、协办大学士、军机大臣、太子太保、太子太傅、安徽巡抚、江苏巡抚、福建巡抚、闽浙总督、直隶总督、两广总督（从一品）。尹会一（1691—1748），曾任扬州知府、两淮盐运使、河南巡抚、左副都御史、工部侍郎、吏部侍郎等（正二品）。李清芳（1700—1769），李光地从孙，官至内阁学士、兵部侍郎等（正二品）。李学裕（1691—1745），官至广东按察使、江苏按察使、安徽布政使（从二品）。尹嘉铨（1711—1782），历任山东按察使、山东布政使、甘肃布政使（从二品）等。沈廷芳（1702—1772），官至巡漕御史、山东按察使等（正三品）。

从书院日常教学，到主持乡试，再到一省的教育主管或行政长官，方苞的弟子分布在这些系统的不同层面和位置，有意无意地传播方苞之学。再加上方苞著作的出版，更加速了这一进程。比如官献瑶，在提督陕甘学政时，曾翻刻《望溪先生文偶抄》的方苞读经史部分，"述先生读书教人之方，俾多士知所用心焉"①。

---

① 官献瑶：《望溪先生文偶抄序》，《望溪先生文偶抄》，乾隆十三年（1748）刻本，官献瑶刻，藏于陕西省图书馆。

第六章　理论纷争与清代学术史书写

学术越辩越明,争鸣是学术的生长点与助推器,但也会在一定程度上扭曲事件的真相,让人难辨真伪。比如汉宋之争,作为清代学术发展的一条重要脉络,在清初并不明显,但后来的学术史书写,却呈现另一番图景。

第一节　方苞与江永的京师之会与汉宋之争

乾隆五年(1740)庚申,江永(1681—1762)随程恂入都,乾隆六年(1741)二月十六日,与方苞相会,论学三礼。京师归来后,江永声名大震,延引、从学者日众。方苞、江永京师之会,初始影响并不大,但后世不断被书写与重塑,汉学家与桐城派各有说辞,正史和学界亦屡有提及,但各方说法迥异,令人莫衷一是,遂成为清学史上一大公案。由于江永开创乾嘉汉学皖派,方苞开创桐城派,两人的京师之会也就有了更为深远的学术意义。尤其值得注意的是,此事在清代学术史上往往与汉宋之争联系在一起。而这一事件,是如何经过反复书写成为典型,又是如何成为汉宋之争的滥觞,至今鲜有研究。有鉴于此,笔者希冀通过梳理事件的来龙去脉,厘清事实,并提出一些新的看法,以就正于方家。

一、汉学家的说辞

乾隆二十七年壬午(1762)三月,江永卒,五月弟子戴震(1724—1777)作《江慎修先生事略状》,其中特别提及与方苞论学之事:

> 先生尝一游京师,以同郡程编修恂延之至也。三礼馆总裁桐城方侍郎苞素负其学,及闻先生,愿得见,见则以所疑《士冠礼》《士昏礼》中数事为问,先生从容置答,乃大折服。而荆溪吴编修绂,自其少于《仪礼》功深,及交于先生,质以《周礼》中疑义,先生是以有《周礼疑义举要》一书。此乾隆庚申、辛酉间也。后数年,程、吴诸君子已殁,先生家居寂然。①

受戴震之请,王昶(1725—1806)在江永卒后十余年,为江永作墓志铭《江慎修先生墓志铭》,所言与戴氏基本相同:

> 先生年六十,尝偕友人入都,时开三礼馆,总裁方阁学苞以经术自命,举《冠礼》《昏礼》数条为难,先生从容详对,方公折服。又吴编修绂,亦深三礼,有疑相质,无不首肯也。②

戴震好友钱大昕(1728—1804)《江先生永传》的相关记述,内容一致:

> 尝一游京师,同郡程编修恂延主其邸,桐城方侍郎苞素以《三礼》自负,闻先生名,愿一见。见则以所疑《士冠礼》《士昏礼》中数事为问,先生从容置答,乃大折服。荆溪吴编修绂,于《仪礼》功深,及交先生,质以《三礼》中疑义,往复辩难,叹曰:"先生非常人也。"③

江藩(1761—1830)《国朝汉学师承记》中的江永,态度最为激烈:

---

① 戴震:《戴震全书》(六),张岱年主编,合肥:黄山书社,1995年,第413页。
② 王昶:《春融堂集》卷五十五,见《清代诗文集汇编》(第358册),第545页。
③ 钱大昕:《嘉定钱大昕全集》(9),陈文和主编,南京:江苏古籍出版社,1997年,第668页。

（江永）一游京师，同郡程编修恂延之也。是时三礼馆总裁方侍郎苞素负其学，见永，即以所疑《士冠礼》《士昏礼》数事为问，从容答之。苞负气不服，永哂之而已。荆溪吴编修绂深于三礼，质以《周官》疑义，永是以有《周礼疑义举要》之作也。数年后，程、吴二君皆没，永家居寂然。①

阮元(1764—1849)《儒林传稿》之《江永传》，叙述相对简略：

尝一至京师，桐城方苞、荆溪吴绂质以三礼疑义，皆大折服。②

纵观汉学家对方苞、江永论学事件的书写，呈现以下几个特征：

第一，汉学家总体说辞一致，既叙其事，亦写其人。叙事频频因袭，写人前后相延，主要突出方苞为学"自负"，但对江永之学"大折服"的特点，从而塑造了汉学家胜于桐城派的基本形象。但所述真伪，缺乏考据。

第二，汉学家对事件的书写，如出一辙，大要不出戴震《江慎修先生事略状》之范围。这不仅因为戴文撰写最早，距离事件最近，且戴震与江永关系密切。这更是戴震在汉学家中的地位和学术史上的地位之表征，无怪乎梁启超称其为汉学中坚、清学代表，"苟无戴震，则清学能否卓然自树立，盖未可知也"③。

第三，江藩与其他汉学家相比，富于夸张渲染。他一方面延续了汉学家对方苞自负形象的刻画，另一方面把"大折服"改为"不服"。如果说"大折服"表现的是方苞学不如江永，"不服"则塑造了方苞气量狭窄的形象。而江永对此的反映是：哂之而已。"哂之"显然是化用《论语·先进》中"子路、曾皙、冉有、公西华侍坐"的典故，弟子们各谈志向，孔子对子路的回应是"夫子哂之"。江藩虽然没有提"夫子"，但尊崇江永之意甚明，从"从容答之"到"哂之而已"，江永俨然一副学问长者的样子，而方苞却是一副自负的形象。

---

① 江藩：《国朝汉学师承记》，钟哲整理，北京：中华书局，1983年，第77页。
② 阮元：《儒林传稿》卷三，见《续修四库全书》（第537册），第665页。
③ 梁启超：《清代学术概论》，夏晓红点校，北京：中国人民大学出版社，2004年，第160页。

江藩对方苞的描写，可谓绘声绘色，活灵活现。如果此说属实，则方苞的形象会下跌；如果纯属虚构，则是对方苞人品的诋毁。基于江藩不在论学现场，也没有提供任何证据，故可视为对方苞的污蔑，"于方苞学问人品，俱有所诬矣"。之所以这么说，是因为江藩的《国朝汉学师承记》一书"凡涉方苞者，屡鄙薄之，以至肆意改篡史料"①。比如方苞曾荐沈彤到三礼馆修书，本为一件好事，《国朝汉学师承记》却说："有人荐修三礼及《大清一统志》，议叙得九品官，耻不仕。"②事实并非如江藩所言，沈彤《上内阁方学士书》为此事致歉方苞："彤顿首，三礼馆纂修，闻阁下以彤之所学，能有当于是，而数在馆称之，近且昌言于众，谓能胜其任者，不使之与其事，实惭且歉。此古大臣所以待贤者能者之盛心也，彤何人而得此于阁下哉！则所谓惭且歉者，乃不在阁下而在彤矣。"③可见江藩诋毁方苞，并非偶然为之，其目的无非是打击宋学，抬高汉学。从历史效果看，江藩的污蔑是有效的，其生动形象的描绘广为传播。但他偏狭的性格与门户偏见，也引来广泛批评。时人龚自珍、黄式三撰文商榷，方东树则作《汉学商兑》进行激烈的批驳，后世的皮锡瑞、章太炎、梁启超、钱穆等人也对江藩的偏剧狭隘持否定态度。

第四，吴绂虽与江永亦有论学，但其书写价值主要为反衬方苞的自负形象。吴绂，宜兴人，乾隆二年（1737）进士，庶吉士散馆授编修，后在三礼馆修书。其一，吴绂的学问与影响，与方苞不可同日而语。其二，吴绂因方苞入三礼馆纂修，后公然与方苞为敌，窜改纂修内容，影响颇坏④。其三，吴绂在馆期间，考核成绩不佳，被罚俸一年，乾隆多次降旨令其休致回籍⑤。其四，众所周知，方苞是《周礼》研究专家，在与江永论学之前已有《周官辨》《周官集注》《周官析疑》《周官余论》等多部著述，《四库全书总目提要》评《周官集注》

---

① 漆永祥：《江藩与〈汉学师承记〉研究》，上海：上海古籍出版社，2006年，第377页。
② 江藩：《国朝汉学师承记》，钟哲整理，北京：中华书局，1983年，第30页。
③ 沈彤：《果堂集》卷四，见《清代诗文集汇编》（第264册），第370页。
④ 全祖望曰："而荆溪人吴绂者，公所卵翼以入书局，至是遂与公为抗，尽窜改公之所述，力加排诋，闻者骇之。"《全祖望集汇校集注》，朱铸禹校注，2000年，第308页。
⑤ 张涛：《乾隆三礼馆史论》，上海：上海人民出版社，2015年，第321～322页。

"训诂简明,持论醇正"①,同时在三礼馆方苞亦主修《周官义疏》。因此,江永从京师归来所撰《周礼疑义举要》,没有理由不受到方苞《周礼》研究的影响,而仅受吴绂影响。而且从江永、方苞著作内容来看,从思想观念到研究方法也有相通之处②。所以,强调吴绂之功,来反衬方苞之无功,只是叙事策略而已。其五,称江永晚年怀念之人,只提程、吴,回避方苞,贬抑方苞之意昭然若揭。

第五,阮元对事件记述最简,对方苞的评价也更加缓和,去掉了方苞"自负"之说,但"大折服"说依然保留。扬汉抑宋依然是其论学主调。他在编纂《皇清经解》时,没有采录一部方苞的学术著作,比《四库全书》还明显,这是汉学家对宋学家压制的另一个表现,当时就有人反对。③ 后来顾颉刚评价这一段历史称方苞"屈抑了二百年了"④。

二、桐城派的声音

相比于汉学家对京师论学事件的"热评",桐城派的记录却很少。能够查到明确记载二人见面的是刘大櫆的《江先生传》:

> 尝一至京师,朝廷方开三礼之馆,卿士预修三礼者,就质所疑。先生为置辨,皆畅然意满称善。⑤

作为方苞弟子并与双方皆有交集的刘大櫆,其记录显得尤为重要。与汉学家相比,刘氏所记有两处明显不同:其一,隐去方苞之名;其二,论学结果

---

① 永瑢等:《四库全书总目》,第 156 页。
② 江永与方苞皆以《周礼》为周公所作,皆以经解经、以诸子(管子)解经,皆对郑注有所匡正,等等。
③ 朱次琦评价《皇清经解》:"何偏之甚也。顾亭林之学不分汉宋也,今宋其说,尊宋者芟焉。书以国朝为目,当时之儒非皆汉学也。若方灵皋者流,乃一言之不录也。"简朝亮:《朱九江先生传》,见汪兆镛《碑传集三编》卷三三,台北:明文书局,1986 年,第 66 页。
④ 顾颉刚:《方苞考辨〈周官〉的评价》,见《文史》(第三十七辑),北京:中华书局,1993 年,第 1 页。
⑤ 刘大櫆:《刘大櫆集》卷五,第 166 页。

是双方都满意,而非方苞折服于江永。

隐去姓名,通常有三个原因:一是出于忌讳或尊重,不直呼其名;二是有难言之隐,不便直说;三是此事与其人形象有损,从而作虚化处理。通过分析,最后一种可能性较大。如果刘大櫆如汉学家所言"大折服",既有损老师形象,也可能不符合事实。当时江永与方苞的综合条件,毕竟相差悬殊。从年龄来看,二人见面时,江永61岁,方苞74岁,方苞年长江永13岁。从社会地位看,方苞为内阁学士、礼部侍郎、当朝二品大员、理学名臣,江永只是一个没有什么功名的乡间教书先生。从学术成就和影响看,江永虽然此前编有《仪礼约编》《周礼约编》《礼记约编》等礼学著述,而《礼书纲目》乾隆二年(1737)被三礼馆檄取、三年(1738)被礼部檄取,有一定的影响力,但与方苞不可同日而语。方苞不仅三礼著述丰富,而且身兼国家各类修书馆总裁,又是三礼馆副总裁,学术影响力远超江永。因此,无法证实所谓"大折服"之说。有鉴于此,不如隐去方苞之名,对事件作虚化处理,既回避了二人水平高低的比较,也不得罪任何人。

刘大櫆与汉学家的说法,究竟孰是孰非? 比较而言,刘大櫆从双方立论,而不从一方言说,明显比汉学家们更为客观。刘大櫆的记述,既是他为学态度的体现,也是他了解双方的证明。对于作为他的老师的方苞,刘大櫆自然比较熟悉。刘大櫆对江永的了解,主要通过在黟县的生活、交游。刘大櫆到达黟县的时间,学界有不同看法。关于刘大櫆任黟县教谕的时间,吴孟复先生提出在乾隆二十四年(1759)或二十五年(1760)[①],而孟醒仁认为在乾隆二十六年(1761)[②],李君明则主张在乾隆二十三年(1758)[③],蔡锦芳考证应该在二十八年(1763)[④]。综合各方意见,同时参考《黟县志》官方记载和刘大櫆《谢氏妹六十寿序》一文自叙,可以确认刘大櫆于乾隆二十三年(1758)始为黟

---

① 吴孟复:《刘大櫆简谱》,见《刘大櫆集》,第619页。
② 孟醒仁:《桐城派三祖年谱》,合肥:安徽大学出版社,2002年,第142页。
③ 李君明:《刘大櫆年谱》,见《西南古籍研究》(年刊),昆明:云南大学出版社,2004年,第470页。
④ 蔡锦芳:《刘大櫆与徽州学术文化》,载《中国典籍与文化》,2002年第3期,第110页。

县博士,二十六年(1761)为黟县教谕,足以证明在江永去世之前,他已到黟县。在黟、歙期间,刘大櫆与江永诸弟子程瑶田、郑牧、吴定、金榜、汪梧凤、汪肇龙等常相往来。他是否结识江永,目前没有证据,但对江永比较了解。这从传记内容也可以看出,他在传记中明确提到江永卒于"乾隆二十七年三月十三日",并历数其学行及各类著述,"凡书二十余编,共百余卷,藏于家。呜呼,可谓多矣"①。同时,刘大櫆的传记并未提及受江永家人或弟子委托,可见该文是其真实意图之表达。

其实,不仅是刘大櫆,而且其他桐城派的人对江永印象都不错。姚鼐曾经为黟人吴石湖所刻江永的《乡党文择雅正编》作序,高度评价江永:"婺源江慎修先生,修行乡间,讲明六艺,博学精思,导启滞霾,生则学者师焉,没而配食朱子。"②在《吴石湖家传》中,姚鼐把江永视为宋学的传人,与宋以来诸儒并称:"婺源自宋笃生朱子,传至元明,儒者继起,虽于朱子之学益远矣,然内行则崇根本而不为浮诞,讲论经义,精核贯通,犹有能守大儒之遗教而出乎流俗者焉。近世若江慎修永,其尤也。"③桐城派中兴的主将曾国藩(1811—1872),甚至把江永比喻为泰山北斗:"若斗杓岱岳,不可遽即。"④桐城派后期代表吴汝纶(1840—1903),把江永、戴震与"桐城派三祖"并称为一时人杰:"经师若婺源江氏、休宁戴氏,文章若桐城方、刘、姚氏,皆所谓特立于一时。"⑤桐城派末学姚永朴(1861—1939)称江永:"天性和粹,未尝訾人。"⑥

就连对汉学家批判最激烈的方东树,也在《汉学商兑》中高度评价江永及戴震诸汉学家的小学成就:

---

① 刘大櫆:《刘大櫆集》,吴孟复标点,第165页。
② 姚鼐:《乡党文择雅序》,见《惜抱轩诗文集》,刘季高点校,上海:上海古籍出版社,1992年,第57页。
③ 姚鼐:《吴石湖家传》,见《惜抱轩诗文集》,第313页。
④ 曾国藩:《答黄廷瓒》,见《曾国藩全集·书信》,长沙:岳麓书社,1994年,第68页。
⑤ 吴汝纶:《安徽通志序》,见《吴汝纶全集》(一),合肥:黄山书社,2002年,第296页。
⑥ 姚永朴:《旧闻随笔》,张仁涛点校,合肥:黄山书社,2011年,第46页。

> 小学、音韵，是汉学诸公绝业，所谓此自是其胜场，安可与争锋者。平心而论，实为唐宋以来所未有。①

在《汉学商兑》书成 15 年后，方氏依然推重汉学家小学功夫，并专门提及江永：

> 近世有陈第、顾炎武、江永、段玉裁、戴震、孔广森诸家，追绝学，寻坠绪，迭兴继起，驰精入神，几于补捉出八荒，而后古音大著，伟矣哉。纵世未信，而其复古之功不可诬也。②

从刘大櫆、姚鼐，到方东树、曾国藩，再到吴汝纶、姚永朴，可以说桐城派对江永的态度一直比较温和，他们并没有像汉学家那样，利用江永、方苞京师论学事件大做文章，从而抬高自己，贬低对方。其实，按照江永与方苞当时的综合条件，方苞的影响更大，桐城派的文章比汉学家更容易做，他们也更懂得文章法度，但桐城派抱守文德，修辞立其诚，怀德致远。当然，桐城派的态度也应该与江永推崇程朱有关吧。

三、学术界的态度

方苞与江永京师论学之事，在社会上广为传播，但各方反应不同，出现各种版本。大部分正史基本都采纳戴震等汉学家的说法，保留了"大折服"说，而去掉方苞"自负"说。《清史列传·江永》著录如下：

> 尝一至京师，桐城方苞、荆溪吴绂质以礼经疑义，皆大折服。③

《清史列传》材料出自《国史馆本传》，二者记载完全相同。应该说作为官方正史，它更多的还是追求客观真实，有理有据，而删去了人格高低的比较。

---

① 方东树：《汉学商兑》卷下，见《汉学师承记外二种》，北京：生活·读书·新知三联书店，1998 年，第 383 页。
② 方东树：《二十一部古韵序》，见《考槃集文录》，《续四库全书》本，上海：上海古籍出版社，2002 年，第 305 页。
③ 王钟瀚：《清史列传》卷六十八，北京：中华书局，1987 年，第 5490 页。

后来的《大清一统志》《清史稿》和《国朝先正事略》(李元度)、《清儒学案》(徐世昌)、《清代七百名人传》(蔡冠洛)等基本都采用此说。

当年一位湖南籍学人余廷灿(1729—1798)的《江慎修永传》，给出了第二个版本，代表了另一种态度：

> 三礼馆总裁桐城方侍郎苞，闻永所学，面以所疑《士冠礼》《士昏礼》中数事为问。永从容条答，侍郎乃心折服。①

余廷灿为乾隆二十六年(1761)进士，翰林院散馆后在三通馆修书，师从同乡王文清。王氏长期在朝廷经史馆、律吕馆、三礼馆修书，与方苞接触较多，对方苞非常推崇②。余氏对事件的叙述以方苞为中心，去掉了汉学家所谓方苞"自负"说，以及夸张性的"大"字，而仅言"折服"。"折服"与"大折服"，虽只是一字之差，实际效果却不同。它既表达了江永的礼学修为，也彰显了方苞真诚平等的为学态度，同时还有"礼贤下士"的意味，照顾到宾主双方，更显客观公允。光绪《重修安徽通志》的《江永传》与此为近：

> 尝一至京师，桐邑方苞、荆溪吴绂质以《礼经》疑义，皆折服。③

可能出于对方苞的感情，感觉"自负"有损方苞形象，"大折服"有悖情理，家乡的通志就简化处理，仅保留"折服"二字。

钱林(1762—1828)的《文献征存录》卷五《江永》给出了第三个版本：

> 游京师，侍郎方苞擅通礼学，以所疑《士冠礼》《士昏礼》中数事为问，即为释其疑滞，苞叹曰：朱子奢、李善信之俦也。④

此处显然也是以方苞为中心的记述，同时未采用汉学家精心建构的方苞

---

① 余廷灿：《存吾文稿》，嘉庆六年(1801)云香书屋刻本。
② 王文清(1688—1779)由京返湘后，两度出任岳麓书院山长，他把方苞修撰《三礼义疏》的体例转化为读经之法，影响湘学发展。张涛：《乾隆三礼馆史论》，上海：上海人民出版社，2015年，第244页。
③ 吴坤修等：《重修安徽通志》卷二百十九，光绪四年(1878)刻本。
④ 钱林：《文献征存录》卷五，咸丰八年(1858)刻本。

"自负"与"大折服"两大形象,也没有采用"折服"说,而是代之以一个形象化的类比,把江永比喻为如《礼记正义》的修撰者朱子奢、李善信等一类的人物,这样既体现了江永的学术成就,又不用与方苞比较高下,还回避了对方苞人格的评价,可谓是更加高级的处理。

钱穆在《中国近三百年学术史》中的处理,与前三个版本皆完全不同,呈现出第四个版本。他先分析了事件的时代背景与双方的学术倾向,然后给出结论:"时清廷崇正学,纂修三礼,欲补南宋以来朱义之未备。方望溪苞拟定《纂修三礼札子》,亦以宋儒'有志未逮,未经垦辟'为说。慎修曾至京晤方氏,未合而归。"①按照钱氏所言,方苞与江永皆宗宋学,绍述朱熹,本应该"相合",最后江永却"未合而归",让人生疑。不知此处钱穆的理据何在,难道是直接扣以汉宋交恶的"帽子"?

还有第五个版本,就是干脆不载此事,比如阮元的《畴人传》、杨向奎的《清儒学案新编》、唐鉴的《学案小识》等,这也算是一种态度。当然还有不同的表述,但基本不出以上类型,无须赘言。克罗齐曾说,当代性是一切历史的内在特征。② 所有的事件书写者,并没有考证事实,而是秉承"六经注我"的理念,从当下出发,从自我身份或现实需要出发,借他人酒杯,浇自己心中块垒。

四、当事人的反应

作为当事人之一的方苞,其传世的文集中从来没有提及与江永论学事件,也没有一篇文章涉及江永。同为清初礼学家,同样尊崇朱熹,同样生长于江南,方苞应该是知道江永的,但与江永仅见的一次面,在他几十年修书历程中只是一件小事,在他波澜起伏的人生中更是微不足道,因此不提亦属正常。

对于很少出远门的江永而言,与方苞京师之会却是人生一件大事。他在《随笔札记》中,对此事有详细记载:

---

① 钱穆:《中国近三百年学术史》,北京:商务印书馆,1997年,第339~340页。
② 克罗齐:《历史学的理论和实际》,傅任敢译,北京:商务印书馆,1986年,第3页。

> 乾隆辛酉二月十六日,三礼馆总裁方望溪先生苞谓永云:"《昏礼》妇至不交拜,何也?"永退思之,为说以覆曰:"交拜者,世俗之礼,不可以论古人(乡俗亦有不交拜者),古人拜必有先也,而后答之(拜讫乃答,虽敌者不并拜)……"①

由江永的记述来看,首先他对方苞比较尊重,称之为"先生",他毕竟是晚辈后学,这比较符合当时双方的身份地位。其次,江永并非如汉学家所谓"从容答之",而是"退思之,为说以覆"。方苞也不是汉学家们异口同声的所谓"自负"和"大折服"。再次,江永与方苞会晤之后,颇受启发,回来继续思考方苞所提问题,并撰写长文认真回复。最后,京师论学事件对江永意义重大。江永一生居乡教书授徒,唯一一次入京,不仅与"三礼馆总裁方公苞、编修吴公绂殷勤问难",而且同"光禄梅公毂成、学士熊公晖吉、编修杭公世骏、部郎胡公蛟龄俱就讲学焉"②。京师之行,极大地扩展了江永的学术视野和影响。自京师游学归来,江永声名大震,"江氏的自豪感、知名度都得到了提升,江永的学术,尤其是礼学和历法研究被北京的学者所知悉"③。不仅如此,乾隆七年(1742)九月,江永被郡守礼聘到徽州最高学府紫阳书院讲学,十月被江西学政邀请阅卷,与此同时,一大批青年才俊慕名而来,包括戴震、程瑶田、金榜、方矩、汪麟书、汪梧凤、吴绍泽等,他们聚集在江永周围,堪称徽州学术一时之盛。因此从江永角度来说,他对于方苞应该心怀感激吧。

五、小结

综上可知,汉学家、桐城派、学术界和当事人对江永、方苞京师论学事件的持续书写与重塑,让事件本身具有了典型的意义和学术价值。纵观各方叙

---

① 江永:《善余堂文集》,见《清代诗文集汇编》(第 248 册),2010 年,第 412 页。
② 薛贞芳:《清代徽人年谱合刊》,合肥:黄山书社,2006 年,第 62 页。
③ 苏正道:《江永生平学行考述》,见《儒家典籍与思想研究》(第 8 辑),北京:北京大学出版社,2016 年,第 98 页。

事策略,当事人双方相对客观,桐城派总体态度温和,汉学家的言辞有失偏颇,后世学界看法各不相同。其中影响最大的观点非戴震之说莫属。戴震对老师江永与方苞京师论学事件的言说,是不符合事实的,也与其一贯奉行的实事求是的学术态度迥异,明显有夸大江永、贬低方苞之嫌。何以如此?这要从戴震一生的学术思想变迁来看。

戴震之学,大致分为两个阶段,以乾隆二十二年(1757)游扬州为界。梁启超和胡适认为,戴震游扬州后,受颜李学派影响,发展出反理学的倾向①;余英时与其师钱穆主张,东原结识惠栋后,持汉学观点甚力②。二者相较,笔者倾向于后者。戴震前期学于江永,汉宋并举,尊崇程朱。其扬州之游,明显受惠栋的影响。惠栋之学最严汉宋壁垒,贬斥宋儒不留余地,视汉儒为绝对权威。戴震进而与宋学立异,与汉学为伍,其所作《题惠定宇先生授经图》即透露出这种变化:"震自愧学无所就,于前儒大师,不能得所专主,是以莫之能窥测先生涯涘。然病夫六经微言,后人以歧趋而失之也。言者辄曰:有汉儒经学,有宋儒经学。一主于训诂,一主于义理。此诚震之大不解也者。夫所谓理义,苟可以舍经而空凭胸臆,将人人凿空得之,奚有于经学之云乎哉?"③尤其是较于乾隆二十年(1755)《与姚孝廉姬传书》"先儒之学,如汉郑氏、宋程子、张子、朱子,其为书至详博,然犹得失中判"之论④,戴震学术思想的转变清晰可判。

戴震的《江慎修先生事略状》作于扬州归来之时,扬汉抑宋之意方炽。他不惜违背事实贬低方苞、抬高江永,不仅是偏袒老师,更是其褒汉贬宋之始。汉宋之争,是清代学术思想史发展的一条重要脉络,大致分三期:一是

---

① 梁启超:《戴东原先生传》,北京:北京出版社,1999年,第4186页;胡适:《戴东原的哲学》,见《胡适文集》,北京:北京出版社,1998年,第250~252页。
② 余英时:《戴震的〈经考〉与早期学术路向》,见《论戴震与章学诚》,北京:生活·读书·新知三联书店,2012年,第183~219页;钱穆:《中国近三百年学术史》(上),北京:商务印书馆,1997年,第345~357页。
③ 戴震:《戴震全书》(六),张岱年主编,第505页。
④ 戴震:《戴震全书》(六),张岱年主编,第372页。

顺康雍时期。以江永、方苞为代表,不分门户,汉宋兼采。二是乾嘉时期。以戴震、王昶、钱大昕、姚鼐、翁方纲、程晋芳等为代表,汉宋纷争蜂起。三是嘉道时期。以江藩与方东树为代表,二人的《汉学师承记》和《汉学商兑》把汉宋之争推向高潮,此后汉宋调和,学术转向今古之争。汉宋之争究竟起于何时何事,学界并无定论。章太炎认为文士与经儒交恶,始于1773年戴震入四库馆①。其实,通过上述分析可知,戴震《江慎修先生事略状》一文已明显有褒汉贬宋之意,或可视为汉宋之争的滥觞,这可能是戴震此文最重要的学术意义。

朱维铮在《汉学与反汉学》中曾说:"在戴震于一七七七年去世后,姚鼐对他进行猛烈抨击,甚至辱及人身,而戴门弟子和朋友都报以沉默……但汉学家在忍受他和他的支持者攻评四十年后,已难以继续隐忍,则也是事实。"②从江永、方苞论学事件的书写来看,汉学家的攻势是何其猛烈,桐城派的反应又是何等温和,朱先生的看法值得商榷。章学诚曾说"不知古人之世,不可妄论古人文辞也"③,这句话反过来也同样有效:不知古人文辞,不可妄论古人之世也。历史书写的叙事策略、文章修辞及其背后的本事,总是互相支撑、互为表里,这也是文史研究的基本准则:既不废文辞,又知人论世,文史互见,方见真淳。对江永、方苞京师论学事件的理解,可以说是很好的思路。

中国历来有史传书写的传统,《礼记·玉藻》云:"动辄左史书之,言则右史书之。"④一个事件只有被反复讨论才有意义,被持续书写才能进入历史。每一次书写,既是对现实的建构,也是对过往的重塑。正如新历史主义代表人物海登·怀特所言,历史书写"不仅赋予过去的事件以实在性,也赋予它

---

① 章太炎:《说儒》(二),见《中国近三百年学术史论》,上海:上海古籍出版社,2006年,第15页。
② 朱维铮:《求索真文明——晚清学术史论》,上海:上海古籍出版社,1996年,第24~25页。
③ 章学诚:《文史通义新编新注》,仓修良编注,杭州:浙江古籍出版社,2005年,第136页。
④ 杨天宇:《礼记译注》,上海:上海古籍出版社,2004年,第362页。

们意义"①。江永、方苞京师之会,正是通过一代代学人书写,彰显其恒久的学术魅力与价值。而学人们也借助于历史书写,来表达自己的人文理想与学术诉求。

第二节 方苞与钱大昕的学术公案及汉宋之争

方苞和钱大昕都是清代著名学者,两人并无直接往来的证据,但隔空喊话不少。特别是钱大昕,对方苞议论不少,其中《跋望溪文》一文对方苞的后世形象影响尤著。此文征引甚广,程晋芳的《致袁枚书》、陈用光的《太乙舟文集》、李慈铭的《越缦堂日记》、方浚师的《蕉轩续录》、谭献的《复堂日记》、萧穆的《敬孚类稿》、陈康祺的《郎潜纪闻三笔》、陈寿棋的《左海文集》、徐柯的《清稗类钞》、姚永朴的《旧闻随笔》、郭绍虞的《中国文学批评史》以及钱仲联的《梦苕庵清代文学论集》等皆有讨论。

纵观各家对钱氏之见的态度,基本分为两类,一类是肯定,比如《清稗类钞》对《跋望溪文》几乎一字不变,原文转录,唯最后一句改为"钱竹汀亦不满之"②。另一类是否定,比如萧穆称:"辛楣实未见穆堂诸稿,妄听前辈之言,为此谬说。"③不论肯定或否定,各家大多直接引用钱氏原文,而对其真伪缺少分析,使得争论双方各说各话,难以达成共识,因此有必要对这桩学术公案细加考辨。

《跋望溪文》,出自钱氏《潜研堂文集》卷三十一,其全文如下:

> 望溪以古文自命,意不可一世,惟临川李巨来轻之。望溪尝携所作曾祖墓铭示李,才阅一行,即还之。望溪恚曰:"某文竟不足一寓目乎!"曰:"然。"望溪益恚,请其说。李曰:"今县以'桐'

---

① 海登·怀特:《元史学:19世纪欧洲的历史想象》,陈新译,南京:译林出版社,2004年,第1页。
② 徐珂:《清稗类钞》(5),北京:中华书局,1984年,第1558页。
③ 萧穆:《敬孚类稿·补遗》,合肥:黄山书社,1992年,第470页。

名者有五：桐乡、桐庐、桐柏、桐梓，不独桐城也。省桐城而曰
'桐'，后世谁知为桐城者？此之不讲，何以言文！"望溪默然者久
之，然卒不肯改。其护前如此。金坛王若霖尝言："灵皋以古文
为时文，以时文为古文。"论者以为深中望溪之病。偶读望溪文，
因记所闻于前辈者。①

我们可以对钱文逐一分析，以辨其真伪。第一，钱氏云"望溪以古文自命，意不可一世，惟临川李巨来轻之"。考之方苞和李绂的诗文集，此句前半为真，后半为伪。方苞心慕韩欧，一生以古文为祈向，在《古文约选序例》《书〈祭裴太常文〉后》《答申谦居书》等系列文章中多次明确表达此意，但从未"不可一世"，相反颇为谦虚，他曾经评价自己的文章境界："心知而力弗能践焉。"②李巨来，即李绂（1675—1750），字巨来，号穆堂，江西临川人，清代著名理学家，被钱穆誉为"有清一代陆王学者第一重镇"③。李氏与方苞为当朝同事，又是好友，二人虽然时有论争，但"未尝不交相许也"，与二人交情颇厚的全祖望称他们是"生平心知之契"④。李绂常称方苞为"先生""君子"等，其文集中与方苞论学文章达10篇之多。在《与方灵皋〈周官析义〉书》一文中，他反驳方苞论点数条，方氏不仅不怒，反而甚为敬佩，并认为所驳"至当不易"，李绂评曰："方君虚怀如此，真古之学者也。"⑤

第二，钱氏云"望溪尝携所作曾祖墓铭示李，才阅一行，即还之"，并称其不值得一看。方苞与李绂到底是当面交流，还是致书探讨，是仅阅一行，还是通读全篇，前人有所辨析。清代文献学家萧穆经过考证，认为："望溪曾以曾祖墓铭寄示穆堂，穆堂细阅，不过将篇首三句论其未稳书于本文之后如是，盖

---

① 钱大昕：《嘉定钱大昕全集》（9），陈文和点校，第536～537页。
② 方苞：《李穆堂文集序》，见《方苞集》，第107页。
③ 钱穆：《中国近三百年学术史》，见《钱宾四先生全集》（16），台北：联经出版社，1998年，第333页。
④ 全祖望：《方侍郎桐城方公（苞）神道碑铭》，《鲒埼亭文集选注》，济南：齐鲁书社，1982年，第160页。
⑤ 李绂：《穆堂初稿》卷四十三，见《清代诗文集汇编》（第232册），2010年，第555页。

以书往还,非面示也。乃阅其全篇细评还之,非才阅一行即还之也。"①细读李绂《书方灵皋曾祖墓铭后》原文,其曰:"篇首三句家于桐,及副宪公迁金陵,似俱未稳。……桐城止言桐,则嘉兴有桐乡,严州有桐庐,南阳有桐柏,四川有桐梓,后之读是文者,乌知其非桐乡、桐庐、桐柏、桐梓耶?此减字法必不可用也。副使道易以副宪,则世俗于副都御史亦有此称,后之读是文者,乌知其非副都御史耶?此换字法必不可用也。……大作与此二者未检点者甚多,故详论之宜将全集逐一查改。"又曰:"金陵,古无此地,秦始置县,旋改秣陵。自秦至今千六百年,惟唐初曾复此名,亦二年即改,不可用也。"②不难发现,萧穆先生所言属实,钱氏所言为伪,李绂乃阅读方苞全篇之后,予以评论,并非当面只阅读一行即还之。

第三,钱氏云"望溪默然者久之,然卒不肯改。其护前如此"。此句引发争议最大,后世多以钱氏之说为准,而桐城派后学姚永朴称:"望溪然之,故集中多改为'桐城',间有称'皖桐'者。嘉定钱竹汀(大昕)记此事,谓望溪护前不肯改,殊失考。"③郭绍虞认为:"(方苞)卒不肯从其说改其文,而后来文人反为望溪辩护。"④郭氏所言辩护者,首推李慈铭,他说:"望溪之为桐城人,天下知之,后此当亦无不知之,为其曾祖墓铭而称桐,自不能移之桐乡、桐庐等处。……况此一字出入,或偶尔失检,岂遂可没其全体耶?"⑤李慈铭虽为方苞辩护,但还是相信钱大昕所言属实。此句到底是真是伪,校之方苞原文便知。

经查校现存的《望溪集》,其中方苞所作曾祖墓志铭《大父马溪府君墓志铭》一文,已经按照李绂的建议进行修改,原文开头是:"苞先世家桐城,明季,曾大父副使公以避寇乱,之秣陵,遂定居焉。"⑥不只如此,《望溪集》中所有涉

---

① 萧穆:《书钱辛楣跋望溪文后》,见《敬孚类稿·补遗》(卷一),第469页。
② 李绂:《穆堂别稿》卷三十九,见《清代诗文集汇编》(第233册),第386页。
③ 姚永朴:《李穆堂侍郎》,见《旧闻随笔》,合肥:黄山书社,2011年,第53页。
④ 郭绍虞:《中国文学批评史》,天津:百花文艺出版社,2008年,第544页。
⑤ 李慈铭:《越缦堂日记》,扬州:广陵书社,2004年,第2773页。
⑥ 方苞:《望溪集》,刘季高校点,第490页。

及"桐"之类的称名问题,基本都已更改,个别没有更改的,根据文意也可以理解。所以,方苞是个知错必改的人,钱氏之言纯属诬蔑。有的学者认为钱氏仅"偶读望溪文",未必看见修改后的方文。① 这其实讲不通,钱氏为学,素来讲究考证,言不虚发,如果未见修改后的方文,怎么可以说"卒不肯改"呢! 否则,钱氏真如方浚师所言落笔"轻率"了。② 那么,钱大昕到底有没有看过修改后的方文呢?《大父马溪府君墓志铭》一文,写于雍正甲辰二年,即 1724 年。方苞最早的文集,由他的大兴门人王兆符在雍正元年(1723)刊刻,所以不载该文。至乾隆十一年(1746)冬十一月,方苞歙县门人程崟在王兆符基础上重刊方氏文集,即通行的乾隆本。学界通常认为,方苞文集时有增减,选文多寡不一,《四库全书总目》称方苞为文:"生平不自收拾,稿多散失。告归后门人弟子始为裒集成编,大抵随得随刊。"③后来的桐城派研究者,萧穆、戴钧衡等亦持此说。考之事实,确乎如此,即使同在乾隆年间,方苞文集就存在多种版本,乾隆十一年程崟、王兆符的《望溪先生文偶抄》就选录了该文,且与今天通行本一致,原文开头亦是:"苞先世家桐城,明季,曾大父副使公以避寇乱,之秣陵,遂定居焉。"④而同年方苞家刻的抗希堂本《望溪集》也收录该文。这两个是当年比较流行的版本,稍晚的《文渊阁四库全书》本(乾隆四十五年,1780 年)《望溪集》没有收录该文。钱大昕的《跋望溪文》没有明确标示写作时间,年谱也无记载,但综合来看,他是有条件看到修改后的方苞所作曾祖墓志铭的。

第四,钱氏主张王若霖评价方苞"以古文为时文,以时文为古文"是"深中望溪之病"。王若霖是清代著名书法家,方苞的好友,方氏文集中《送王箬林南归序》《王处士墓表》《学案序》三篇文章皆是方苞为其所写,可见两人关系不错。王氏对方苞的评价,钱大昕在另一篇文《与友人书》中再次引用:"王若

---

① 潘务正:《清代翰林院与文学研究》,北京:人民出版社,2014 年,第 289~290 页。
② 方浚师:《蕉轩续录》卷一,北京:中华书局,1995 年,第 516 页。
③ 永瑢等:《四库全书总目》,第 1528 页。
④ 方苞:《大父马溪府君墓志铭》,《望溪先生文偶抄》,乾隆十一年(1746),安徽省图书馆藏。

霖言:'灵皋以古文为时文,却以时文为古文。'方终身病之,若霖可谓洞中垣一方症结者矣。"①后来的学人往往直接引用钱氏之言,仿佛钱氏所言即为事实。其实,钱大昕所引王氏言,首先没有出处,其次没有他人引过,因此是否属实无法证明。此其一。其二,即使王氏之言为真,其意是赞扬还是贬低方苞亦未可知。从前引方苞所作的三篇文章看,王氏很推崇方苞,其父墓表请方苞写,其祖父编辑的学案也请方苞作序,因此王氏赞扬方氏之意更大。所谓"深中望溪之病",仅为钱大昕个人意见而已。

此外,方苞说过"以古文为时文",未见有"以时文为古文"之说。而且,"以古文为时文",也不是方苞的首创,而是明清时期比较普遍的观念。王世贞曾曰:"故夫善为时义者,未有不译经而驱古者也。"②茅坤亦曰:"祖六艺古文为举子业。"③最早明确提出"以古文为时文"口号的是艾南英,他说:"制举业之道,与古文常相表里,故学者之患,患不能以古文为时文。"④方苞挚友戴名世也是"以古文为时文"观点的极力倡导者。只不过方苞在《钦定四书文凡例》中明确"以古文为时文"的观点,可能影响更大。

纵观钱大昕《跋望溪文》,行文仿佛小说家语气,言辞生动,方苞形象跃然纸上,不像纯粹探讨学术之文章,这也可能是该文广为流传的原因之一。从内容来看,钱文主要涉及两个方面:一是古文与时文的关系,二是文章"称名"问题。古文与时文的关系,从宋代开始到明清,是学人经常讨论的话题。讨论各方的观点可以归为两类,一是从二者对立的角度,强调二者的相悖;二是从二者统一的角度,强调二者的相通。钱大昕的观点基本上属于前者;桐城派的观点基本上属于后者,既明确古文与时文的不同,又主张"在保留时文'代圣贤立言'、宣扬程朱理学的传统和遵循时文程式的同时,在时文中融进

---

① 钱大昕:《与友人书》,《嘉定钱大昕全集》(9),陈文和点校,第576页。
② 王世贞:《云间二生文义小叙》,见《弇州山人四部续稿》卷四十一,清《文渊阁四库全书》本。
③ 茅坤:《茅鹿门先生传》,见《茅坤茅鹿门文集》卷三十五,明万历刻本。
④ 艾南英:《金正希稿序》,见黄宗羲:《明文海》,北京:中华书局,1987年,第3217页。

古文的气格神调"①,以时文之法点化古文,以古文之义提升时文。这是二者产生纷争的学术背景之一。

在方苞所作曾祖墓志铭中,是"桐"还是"桐城",是"副使道"还是"副宪",是"金陵"还是"秣陵",属于文章"称名"问题。清代文章义例之学兴盛,尤重"称名",章学诚的《文史通义》、李绂的《古文辞禁》、徐枋的《居易堂集》、袁枚的《古文凡例》、恽敬的《大云山房文稿》等颇多探讨。恽敬云:"集中序文地名据今时书之,官名亦然。其或书古官者,自唐以后人皆称古官至今,沿之,存当时语也。碑志文述人言书古官者,亦存当时语也。"②章学诚主张"官名地名,必遵当代制度,不可滥用古号,以混今称","临文不讳""制度则必从时"等是史传文"称名"的基本原则,如违背原则必然导致"名不知其所名何等,言不知其所言何谓"的混乱③,也难以达到真实记录历史的目标。李绂曰:"叙事之文,全是史法。一切地名、官名,当遵本朝所定,不得借用古地名、官名,使后世读其文者,茫然莫识其为何地、何官。"④钱大昕在官名称谓上亦提倡遵循时制,他批评使用古称者为"好古之病"⑤。综上观之,基本都赞成时制,反对古称。但在是否能够用省字法、减字法方面,看法产生分歧,古文家多倾向于可以省略,不只方苞,袁枚亦赞同此法,他在《古文凡例》云"碑传标题,应书本朝官爵,昔人论之详矣。""官名地名行文处随俗用省字法,考古大家俱有此例"⑥。郭绍虞认为:"经学家与文人见解之不同,正可与此见之。"⑦此亦言汉宋之争也。

钱大昕作为乾嘉汉学的代表人物,学问渊博,贯通经史,"实事求是"为其

---

① 张成权:《桐城派古文与时文关系续说》,见《桐城派研究论文集》,北京:中国文联出版社,2006年,第65页。
② 恽敬:《大云山房文稿·通例》,光绪十年(1884)刊本。
③ 章学诚:《章学诚遗书》,北京:文物出版社,1985年,第72、90页。
④ 李绂:《穆堂别稿》卷四十四,见《清代诗文集汇编》(第233册),第427页。
⑤ 钱大昕:《与友人书》,见《嘉定钱大昕全集》(9),第578页。
⑥ 袁枚:《小仓山房诗文集》,周本淳标校,上海:上海古籍出版社,1988年,第1149~1150页。
⑦ 郭绍虞:《中国文学批评史》,第544页。

治学思想的核心,他明确提出"通儒之学,必自实事求是始"①。概而言之,钱氏之学确实言必有据,无征不信。但他为何会在方苞一篇小文上,违背一贯秉持的原则,不顾事实,妄下断语,以小说笔法,辱没方苞形象,个中原因耐人寻味。或以为是双方嗜好不同②,或以为是彼此观点各异③,当然都有一定道理,但又非根本原因。钱大昕这样做,显然不是因为学术观点不同,也不是因为学问水平有差,毕竟满足这两个条件的人很多。姚鼐也符合上述条件,而钱大昕却称他为一代宗师。④

就学人之间的是非而言,除了学的问题,还有人的问题。从现存文献来看,方苞与钱大昕没有大的冲突,亦无小的过节。一般而言,方苞当然品行端正,但不乏道学家的固执和迂阔,常让人不满。顾琮为方苞文集作序曰:"朋友有过,则尽言不讳。虽久故相知者,或不乐闻其言。"⑤雷鋐称其师方苞:"性刚,好面折人过,交游宦既遂,必以吏疵民瘼政教得失相责难。由是,诸公颇厌。苦难旧识亦患其迂远于事情。"⑥与方苞关系较好的全祖望说得更全面,于朝凡是方苞奏疏"九列皆合口梗之";皇帝欲用方苞为祭酒,"旁无应者";方苞荐入书局修书的吴绂,也公然与其对抗,"尽窜改公之所述,力加排诋";"故不特同列恶公,即馆阁年少以及场屋之徒,多不得志于公,百口谤之";方苞长兄之子道永罢官,"颇造罗织,亦以公故"⑦。不只如此,方苞还讥评持不同意见者,在《与李刚主书》一文中,他说:"故自阳明以来,凡极诋朱子者,多绝世不安祀。仆所见闻,具可指数,若习斋、西河,又吾兄所目击

---

① 钱大昕:《嘉定钱大昕全集》(9),第403页。
② 程晋芳:《致袁枚书》,见《袁枚全集》(6),王英志点校,南京:江苏古籍出版社,1993年,第301页。
③ 胡贤林:《汉学视野中的桐城义法》,载《安徽农业大学学报》(社科版),2011年第1期,第110~112页。
④ 钱大昕:《与姚姬传书》,见《嘉定钱大昕全集》(9),第602页。
⑤ 方苞:《望溪集》,第908页。
⑥ 雷鋐:《方望溪先生行状》,见《经笥堂文集》,《清代诗文集汇编》(第285册),第61页。
⑦ 全祖望:《方侍郎桐城方公(苞)神道碑铭》,见《鲒埼亭文集选注》,第158~160页。

也。"①在《再与刘拙修书》中,他又说:"夫学之废久矣,而自明之衰,则尤甚焉。某不足言也,浙以东,则黄君藜洲坏之;燕、赵间,则颜君习斋坏之。……如二君者,幸而其身枯槁以死,使其学果用,则为害于斯世斯民,岂浅小哉!"②这里既有道学家强烈的卫道之心,也显示方苞对待持不同观点者的态度。

钱大昕对于方苞的不满,具体表现在两个方面:一是批评其学。方苞影响最大的理论是义法说,钱大昕认为方苞根本不懂义法,于史传亦颇多误解,比如误认为《史记》中的"太史公曰"为褚少孙所加,误把史家存疑之说当作后人附缀,误以《顺宗实录》附载的《陆贽阳城传》为韩愈所创,"盖方所谓古文义法者,特世俗选本之古文,未尝博观而求其法也。法且不知,而义于何有……若方氏乃真不读书之甚者。……予以为方所得者,古文之糟粕,非古文之神理也"③。二是贬抑其人,《跋望溪文》中对方苞形象栩栩如生的刻画可为代表。

综上所述,钱大昕《跋望溪文》所批评方苞之事多不属实。钱氏之所以如此贬抑方苞,既有汉宋之争的因素,也有对方苞人格的不满,以至于不惜违背事实,破坏方苞形象。钱大昕曾曰:"学问乃千秋事,订讹规过,非以訾毁前人,实以嘉惠后学。议论须平允,词气须谦和,一事之失,无妨全体之善……郑康成以祭公为叶公,不害其为大儒;司马子长以子产为郑公子,不害其为良史。"④钱氏说得很好,郑康成与司马子长不以小错失其大功,方苞亦不以小过而失其为一代文宗,他本人一代学术宗师的地位也不会因遭贬损而受到影响,但议论平允、实事求是却为学术研究恒久不变之真精神。

当然,批评本身是学术发展的必要条件,同时也彰显方苞的学术影响力。正如徐雁平先生所言:"桐城派进入文人的掌故,表面上似乎是'沦落'与'不

---

① 方苞:《与李刚主书》,见《方苞集》,第140页。
② 方苞:《再与刘拙修书》,见《方苞集》,第175页。
③ 钱大昕:《与友人书》,见《嘉定钱大昕全集》(9),第576页。
④ 钱大昕:《答王西庄书》,见《嘉定钱大昕全集》(9),第603页。

幸',而从传播的层面或者参与知识、学术的结构层面来说,未尝不是有积极意义的现象。桐城派成为'话题'、谈资或掌故,或是其影响广泛的表征。"①

---

① 徐雁平:《贬抑桐城派的众声及其文学史意义——以"局外人"日记为考察范围》,载《南京大学学报》,2019年第3期,第83页。

第七章　文以载道与清代古文革新

韩愈倡导古文以来,一时颇有声势。但直到北宋,经过欧阳修诸人的努力,古文才取得胜利,成为主要流行的文体①。南宋经义时文的影响日趋扩大,明代达到鼎盛,进入清代,非但时文影响不减,骈文也有铺展之势,同时小说崛起,古文面临前所未有的挑战,古文革新愈益迫切,古文家们对文体进行了明确的界定,文体规范愈益自觉,用钱锺书的话讲,古文开始有了"特殊而狭隘的含义"②。这是明清古文革新的突出成就,其中方苞堪称承上启下的枢纽人物。

面对韩欧之后古文的凋落,方苞感叹"古文之衰也六七百年"③,并立志复兴古文事业,界定古文文体,使得古文日趋雅正。正如当时文坛名辈韩菼所言:"散体文至灵皋,四书文至其兄百川,亦确然可信。"④张维屏梳理清代

---

① 王运熙:《关于唐代骈文、古文的几个问题》,载《南阳师范学院学报》,2004年第1期,第66页。
② 钱锺书:《林纾的翻译》,北京:商务印书馆,1981年,第36页。
③ 方拱枢评点方苞《子畏于匡全章》(其二),见方苞:《重订方望溪全稿》,光绪辛卯(1891)春重刊本,该本藏于上海图书馆。
④ 韩菼评点方苞《原人下》,见方苞:《望溪先生文偶抄》,乾隆十一年(1746)初刊本,该本藏于南京图书馆。

前中期古文时亦曰:"文气之奇推魏叔子(禧),文体之正推方望溪(苞)。"①《四库全书总目》也称其古文"源流极正"②。方苞对清代古文革新功不可没,主要体现在三个方面:建立古文道统和文统谱系;确定古文语体和文体边界;开创古文义法理论体系。

第一节 重建古文道统、文统谱系

陈寅恪称中国学术最重道统,以彰显其传授之渊源③,古文之学尤甚。道统说滥觞于孟子,古文家重道统自韩愈始,其《原道》曰:"斯吾所谓道也,非向所谓老与佛之道也。尧以是传之舜,舜以是传之禹,禹以是传之汤,汤以是传之文、武、周公,文、武、周公传之孔子,孔子传之孟轲,轲之死,不得其传焉。"④韩愈的道统直接孔孟,与儒学复兴同步,他的文统与道统相通,"学古道则欲兼通其辞。通其辞者,本志乎古道者也"⑤。欧阳修接续韩愈的道统、文统,其《帝王世次图序》曰:"尧、舜、禹、汤、文、武,此六君子者可谓显人矣。而后世犹失其传者,岂非以其远也哉?"⑥《记旧本韩文后》亦曰:"韩氏之文没而不见者二百年,而后大施于今,此又非特好恶之所上下,盖其久而愈明,不可磨灭。"⑦在文道关系上,欧阳修一方面接续韩愈的道统,另一方面强调文之重要,"君子之所学也,言以载事,而文以饰言,事信言文,乃能表见于后世。《诗》《书》《易》《春秋》,皆善载事而尤文者,故其传尤远"⑧。

---

① 李桓:《国朝耆献征初编》,台北:明文书局,1985年,325页。
② 永瑢等:《四库全书总目》,第1528页。
③ 陈寅恪:《韩愈论》,见《金明馆丛稿初编》,北京:生活·读书·新知三联书店,2001年,第319页。
④ 韩愈:《原道》,见《韩昌黎文集校注》卷一,1986年,第18页。
⑤ 韩愈:《题欧阳生哀辞后》,见《韩昌黎文集校注》卷五,1986年,第305页。
⑥ 欧阳修:《帝王世次图序》,见《欧阳修诗文集校笺》,上海:上海古籍出版社,2009年,第1110页。
⑦ 欧阳修:《记旧本韩文后》,见《欧阳修诗文集校笺》外集卷二十三,第1928页。
⑧ 欧阳修:《代人上王枢密求先集序书》,见《欧阳修诗文集校笺》外集卷十七,第1777页。

与古文家不同,宋代理学家构建了自己的"道统"。程颐曰:"周公没,圣人之道不行;孟轲死,圣人之学不传。……先生(程颢)生于千四百年之后,得不传之学于遗经,志将以斯道觉斯民。"①朱熹亦曰:"若成汤、文、武之为君,皋陶、伊、傅、周、召之为臣,既皆以此而接夫道统之传。……程夫子兄弟者出,得有所考,以续夫千载不传之绪。"②理学家的道统也是接续孔孟,但没有上承韩愈,而以二程代之。在文道关系上,他们与古文家也不同,推崇道的作用。正如程颐所言:"学本是修德,有德然后有言,退之却倒学了。"他们甚至有"作文害道"之说:"问作文害道否?曰害也。……古之学者,惟务养情性,其他则不学。今为文者,专务章句,悦人耳目;既务悦人,非俳优而何?"③朱熹亦云:"文皆是从道中流出,岂有文反能贯道之理!……若以文贯道,却是把本为末。"④在程朱理学家眼里,道为文之本,文乃道之末。

理学家重道与古文家重文,各有其合理性,却也造成了文统与道统的分裂,弥合二者之裂成了后世学人的理想。宋末吴子良曰:"近时水心一家,欲合周程、欧苏之裂。"⑤清初古文家汪琬亦曰:"嗣后凌迟益甚,文统、道统于是歧而为二。韩、柳、欧阳、曾以文;周、张、二程以道,未有汇其源流而'一'之者也。"⑥方苞深切意识到韩欧与程朱文统、道统之裂,并尝试弥合这种分裂。他与姜宸英、王源论学时提出了"学行继程朱之后,文章介韩欧之间"的著名论断⑦,以程朱接续道统,以韩欧接续文统,最后文与道合一,汇合于古文之中,如此一来,既弥补了程朱之"不文",又充实了韩欧之"不学"。融韩欧、程

---

① 程颐:《明道先生墓表》,见《二程集》,王孝鱼校点,北京:中华书局,1981年,第640页。
② 朱熹:《中庸章句序》《四书章句集注》,见朱杰人、严佐之、刘永翔主编:《朱子全书》(第6册),上海:上海古籍出版社,2005年,第29~30页。
③ 程颢、程颐:《二程集·河南程氏遗书》卷十八,第232、239页。
④ 黎靖德:《朱子语类》卷八,王兴贤点校,北京:中华书局,1985年,第3305页。
⑤ 刘埙:《隐居通议》,北京:中华书局,1985年,第17页。
⑥ 汪琬:《王敬哉先生集序》,见《汪琬全集校笺》,李圣华校笺,北京:人民文学出版社,2010年,第1430页。
⑦ 王兆符:《望溪文集序》,见《方苞集》附录三,第906页。

朱于一体,是方苞的行身祈向,也是其道统、文统观的新创见。

具体到方苞的道统谱系,程朱居于核心位置:"孔孟以后,心与天地相似,而足称斯言者,舍程朱而谁? 若毁其道,是谓戕天地之心,其为天所不祐决矣。"①尤其对朱熹,更是推崇备至,"每自恨生不与朱子同时"②。与此相应,对宋代理学家也赞誉有加:"生乎五子之前者,其穷理之学未有如五子者也;生乎五子之后者,推其绪而广之,乃稍有得焉。其背而驰者,皆妄凿墙垣而殖蓬蒿,乃学之蠹也。"③而对于破坏程朱理学的黄宗羲、颜习斋之辈,则大加批评:"浙以东,则黄君黎洲坏之;燕、赵间,则颜君习斋坏之……二君以高名耆旧为之倡。立程、朱为鹄的,同心于破之,浮夸之士皆醉心焉。"④由此不难看出方苞坚定的卫道之心,难怪唐鉴的《国朝学案小识》把他列入"守道学案"。

方苞虽然推崇朱熹,但并不"佞朱"。在《四书疑问序》中,方苞指出,朱熹虽然是孔孟之后间世真儒,其德业亦集群圣之大成,但是"毕生纂述岂无前后异词、彼此异见者乎? 又岂无因人异说、考覆失是者乎? 至于《语类》所编、《文集》所载,错杂抵牾,颇若飞蓬乱茧"。他的回答当然是肯定的。非儒家学者"适乐借此以售其党邪陷正、阴释阳儒之计",而儒家内部"宝全书者,方且曲意弥缝,左右调和,资以经说作为制举义,是重朱适以轻朱也"。因此,方苞说:"于朱子知所抉择,岂非志于明道、孟子所称豪杰之士哉?"⑤

方苞的道统谱系,以程朱为中心,向上追溯到孔孟甚至更早。其《岩镇曹氏女妇贞烈传序》一文曰:"孔孟、程朱立言之功,所以与天地参,而直承乎尧、舜、汤、文之统与?"⑥在《汉高帝论》中,方苞明确提出"二帝三王之道":"后世开创之君,大抵奋迹扰攘之中,任威权,骋谋诈,以得其志,虽有圣贤者出,骤

---

① 方苞:《与李刚主书》,见《方苞集》卷六,第 140 页。
② 门生陈仁评方苞《读〈邶〉〈鄘〉至〈桧〉十一国风》,见《望溪先生文偶抄》评点本,乾隆十一年(1746)初刊本。
③ 方苞:《再与刘拙修书》,见《方苞集》卷六,第 175 页。
④ 方苞:《再与刘拙修书》,见《方苞集》卷六,第 175 页。
⑤ 方苞:《方苞全集》(第八册),上海:复旦大学出版社,2018 年,第 265~267 页。
⑥ 方苞:《岩镇曹氏女妇贞烈传序》,见《方苞集》卷四,第 106 页。

而语之以二帝、三王之道,亦安能一旦尽弃其所知所能,而由其所不习哉?"①其所谓"二帝"即唐尧、虞舜,"三王"即夏禹、商汤、周文(武)王,下接周公、孔子。不难发现,方苞道统谱系上溯的部分,亦受韩愈影响②。

对于宋儒之后的王阳明,方苞也多有肯定,他认为阳明之说"直指人心,重有感发,而欲学者共明之"③。对于阳明与程朱之别,他提出:"阳明氏所自别于程、朱者,特从入之径涂耳;至忠孝之大原,与自持其身心而不敢苟者,则岂有二哉?"而清初的儒学,也多从阳明之学而起,"自明之季以至于今,燕南、河北、关西之学者能自竖立,而以志节事功振拔于一时,大抵闻阳明氏之风而兴起者也"④。方苞推崇的清代程朱学人汤斌,就是"虽宗朱子,而亦兼取陆、王"⑤。因此阳明之学,可以说是由孔孟到程朱再到明清儒学统续之组成部分。方苞为汤斌年谱审定、作序以及奏请其从祀孔庙,皆有接续道统之意。

方苞的文统与道统紧密相连,在《古文约选序例》一文中,他明确提出自己的古文文统:

> 盖古文所从来远矣,六经、《语》《孟》,其根源也。得其支流而义法最精者,莫如《左传》《史记》,然各自成书,具有首尾,不可以分剟。其次《公羊》《穀梁传》《国语》《国策》,虽有篇法可求,而皆通纪数百年之言与事,学者必览其全,而后可取精焉。惟两汉书疏,及唐宋八家之文,篇各一事,可择其尤。⑥

显而易见,方苞构筑了从六经、《语》《孟》到《左传》《史记》,再到两汉书疏及唐宋八大家之文的完整古文传承谱系,体现出鲜明的宗经色彩和儒家正统

---

① 方苞:《汉高帝论》,见《方苞集》卷三,第67页。
② 韩愈《送浮屠文畅师序》曰:"如吾徒者,宜当告之以二帝三王之道,日月星辰之行,天地之所以著,鬼神之所以幽,人物之所以蕃,江河之所以流而语之,不当又为浮屠之说而渎告之也。"《韩昌黎文集校注》卷四,1986年,第252页。
③ 方苞:《重修阳明祠堂记》,见《方苞集》,第412页。
④ 方苞:《鹿忠节公祠堂记》,见《方苞集》,第413页。
⑤ 方苞:《请以汤斌从祀文庙及熊赐履郭琇入贤良祠札子》,见《方苞集》,第573页。
⑥ 方苞:《古文约选序例》,见《方苞集》集外文卷四,第613页。

观念。后世桐城派基本遵循方苞所开创的文统,姚鼐在唐宋八大家之后,又录明归有光,清方苞、刘大櫆,再经桐城派后学补充,最终形成了"《左》《史》—唐宋八大家—归有光—方刘姚"的桐城派古文谱系,该谱系表明"不单华夏千古文章的正宗在桐城,千古圣道之传也在桐城"①。

方苞合道统、文统为一,其结合点在学养。方苞一生重学,《清史稿》称他"为学宗程、朱,尤究心《春秋》、三礼"②。《四库全书总目》经部著录方苞的《周官集注》《仪礼析疑》《礼记析疑》《春秋通论》等经学著作多部,并就集部著录的《望溪集》评曰"苞于经学研究较深"③。方苞的古文也经常被称为"经史古文""经术古文""经学古文"。其《答申谦居书》曰:"若古文则本经术而依于事物之理,非中有所得不可以为伪。故自刘歆承父之学,议礼稽经之外,未闻奸佥污邪之人而古文为世所传述者。"④可见经史之学是其古文之根底。

方苞不仅以学养作为古文创作之本,还把学养作为古文批评的准绳。他评归有光古文:"所谓有序者,该庶几矣;而有物者,则寡焉。"⑤他还以学养之浅深广狭来衡量唐宋八大家古文之高低醇驳:"柳子厚自谓取原于经,而掇拾于文字间者,尚或不详。欧阳永叔粗见诸经之大意,而未通其奥赜。苏氏父子则概乎其未有闻焉。此核其文而平生所学不能自掩者也。"⑥并由此得出"苟志乎古文,必先定其祈向,然后所学有以为基"的论断。比较而言,先秦诸子虽学有醇驳,但他们的古文"言皆有物"⑦,其他如左丘明、司马迁、班固、贾谊等人的古文无不"言有物"⑧。由此来看,方苞对古文学养的强调,既是其文道合一论的具体体现,也是他长期浸淫经史之学的结果,还与他对古文文

---

① 王达敏:《姚鼐与乾嘉学派》,第 103 页。
② 赵尔巽等:《清史稿》,第 10272 页。
③ 永瑢等:《四库全书总目》,第 1528 页。
④ 方苞:《答申谦居书》,见《方苞集》卷六,第 164 页。
⑤ 方苞:《书归震川文集后》,见《方苞集》卷五,第 117 页。
⑥ 方苞:《答申谦居书》,见《方苞集》卷六,第 164~165 页。
⑦ 方苞:《书删定荀子后》,见《方苞集》卷二,第 37 页。
⑧ 方苞:《杨千木文稿序》,见《方苞集》集外文卷四,第 608 页。

体的定位密切相关。

通过重建古文道统和文统,文道合一,既以经史丰富古文内容,又借助于经史提升古文的地位,以应对世俗之文的挑战。这是方苞的重要贡献。

第二节 确定古文语体、文体边界

方苞对于古文文体的界定,主要从语体和文体两个方面展开。

语体是言语的体式和总体风格,是文体的外在言语呈现。关于古文语体,方苞有一段经典的表述:"古文中不可入语录中语、魏晋六朝人藻丽俳语、汉赋中板重字法、诗歌中隽语、南北史佻巧语。"[①]梅曾亮曾记载姚鼐对于古文语体的要求称:"不可有注疏、语录及尺牍气。"[②]吴德旋也说:"古文之体,忌小说,忌语录,忌诗话,忌时文,忌尺牍;此五者不去,非古文也。"[③]可见,对于古文语体的严格规范,是桐城派诸家的普遍要求。其实,不仅是桐城派,方苞的畏友李绂在《古文辞禁八条》中亦提及古文语体要禁用"儒先语录""佛老唾余""训诂讲章""时文评语""四六评语""颂扬套语""传奇小说"和"市井鄙言"等[④]。就连一向追求性灵的袁枚,也信奉这些禁条,指出古文语体最严:"一切绮语、骈语、理学语、二氏语、尺牍词赋语、注疏考据语,俱不可以相侵。"[⑤]可见对于古文语体的规范,并非方苞一孔之见,而是当时古文家的普遍共识。方苞及古文家们净化古文语体的目的很明确,就是要把古文从语

---

① 这段文字附录在沈廷芳《方望溪先生传》后,文中明确这是沈廷芳记录的方苞之言。这种现象在方苞弟子中比较普遍,像"学行程朱之后,文章介韩欧之间",则是方苞弟子王兆符记录的方苞之言。

② 梅曾亮:《姚姬传先生尺牍序》,见《柏枧山房诗文集》,彭国忠、胡晓明校点,上海:上海古籍出版社,2005年,第379页。

③ 吴德旋:《初月楼古文绪论》第二条,北京:人民文学出版社,1959年,第19页。

④ 李绂:《古文辞禁八条》,见《穆堂别稿》卷四十四,《续修四库全书》(第1422册),第617~618页。

⑤ 袁枚:《与孙俌之秀才书》,见《小仓山房文集》卷三十一,周本淳标校,上海:上海古籍出版社,1988年,第1895页。

录、俳语、隽语、佻巧语等语体中解放出来,树立其独立的语体风格。

就像古诗、词曲都有严格的语体限制,方苞对古文语体的限制是非常严格的。钱锺书说由于这些步步紧逼的限制,"古文家战战兢兢地循规守矩,以求保持语言的纯洁性"①。钱先生看到了方苞为保持古文语言纯洁性所做的努力,也看到了桐城派后学及古文家们在规矩面前缩手缩脚,致使规矩后来变成了桎梏,虽然这一切并非初始者的本意。关于方苞及当时的古文家一致要求古文语言纯化的原因,章太炎从文坛之弊谈起:"明末猥杂佻说之文雾塞一世,方氏起而廓清之。"可见方苞并非凭空立论,而是针对明末清初文坛的"猥杂佻说"之风而起并廓清之,"学者守此,不至堕入下流,故可取也。若谛言之,文足达意,远于鄙倍,可也。有物有则,雅驯近古,是亦足矣"②。章氏针对清末民初报章小说兴起,"明末之风复作"而发表上述言论。也正是基于此,他才更清醒地认识到方苞理论的历史价值不仅在于规范语体,更在于对整个时代文风的扭转和净化。

论语体必然涉及文体,从文体来看,古文不同于骈文,前人对此论述比较充分。而古文与八股时文的关系,则是明清广泛讨论的话题,方苞也态度鲜明。

方苞不仅是古文名家,也是时文名家,曾受命编选明清两朝的《钦定四书文》,该书是唯一入选《四库全书》的时文选本,对后世影响深远。但方苞本人并不喜欢时文,还时常奉劝友人放弃时文,研习经史、古文,如《与贺生律禾书》曰:"但以贤之锐敏,宜乘年力方盛而尽之于经书、古文,庶几济于实用而垂声于世,亦当十百于时文。"③不仅如此,他还尽力不为他人时文集作序,个中缘由可见《与吴东岩书》:"时文之为术浅,而蕴之可发者微,再三序之,其义意未有不雷同而相袭者矣。况局于情势,违其心,以枉是非之正而交相蒙,尤

---

① 钱锺书:《林纾的翻译》,北京:商务印书馆,1981年,第38页。
② 章太炎:《菿汉三言》,沈阳:辽宁教育出版社,2000年,第56页。
③ 方苞:《与贺生律禾书》,见《方苞集》集外文卷五,第669页。

立言者所禁也。"①概括而言,方苞不喜欢时文的原因有二:一是其助长追名逐利之心,"或以浮华炫耀一时,而行则污邪者,亦就其文可辨,而久之亦必销委焉"②。二是视时文为浅薄之学,在方苞心目中,"时文之于文,尤术之浅者也"③。他之所以没有完全放弃八股时文,参加科举应试,又教授生徒,实因生计所迫。

以古文为时文,是明清时期一个热门话题。王世贞曾曰:"故夫善为时义者,未有不译经而驱古者也。"④茅坤亦曰:"祖六艺古文为举子业。"⑤最早明确提出"以古文为时文"口号的是艾南英,他说:"制举业之道,与古文常相表里,故学者之患,患不能以古文为时文。"⑥方苞挚友戴名世也是"以古文为时文"观念的极力倡导者,其《汪武曹稿序》曰:"顾自时文兴而古文亦亡,顷者余与武曹执以古文为时文之说。"⑦方苞在《钦定四书文凡例》中明确提出"以古文为时文"的观点,并在该书评点中多有论及,其理由也很充分,"始能以古文为时文,融液经史,使题之义蕴,隐显曲畅,为明文之极盛"⑧。纵观该理论的提出,显然是以古文改造提升时文,这也是明清古文家比较普遍的想法。后来以钱大昕为代表的汉学家引此言批评方苞,实属个人偏私之见⑨。

方苞关于古文文体的界定,有两段话常被后人提起:

> 南宋元明以来,古文义法不讲久矣。吴越间遗老犹放恣,或杂

---

① 方苞:《与吴东岩书》,见《方苞集》集外文卷五,第657页。
② 方苞:《杨黄在时文序》,见《方苞集》卷四,第100页。
③ 方苞:《杨千木文稿序》,见《方苞集》集外文卷四,第608页。
④ 王世贞:《云间二生文义小叙》,见《弇州山人四部续稿》卷四十一,《景印文渊阁四库全书》(第1282册),第546页。
⑤ 茅坤:《茅鹿门先生传》,见《茅坤茅鹿门文集》卷三十五,《续修四库全书》(第1345册),第204页。
⑥ 艾南英:《金正希稿序》,见黄宗羲:《明文海》,北京:中华书局,1987年,第3217页。
⑦ 戴名世:《汪武曹稿序》,见《南山集》卷四,王树民编校,北京:中华书局,1986年,第100页。
⑧ 方苞:《进四书文选表》,见《方苞集》集外文卷二,第580页。
⑨ 任雪山:《钱大昕与方苞的一桩学术公案》,载《兰台世界》,2017年第8期,第103~106页。

小说,或沿翰林旧体,无一雅洁者。①

  盖古文之传,与诗赋异道。魏、晋以后,奸佥污邪之人而诗赋为众所称者有矣。以彼瞑眴于声色之中,而曲得其情状,亦所谓诚而形者也。故言之工而为流俗所不弃。若古文则本经术而依于事物之理,非中有所得不可以为伪。②

由这两段文字来看,方苞理想的古文文体,与小说、旧翰林体和诗赋等文体明显不同。

第一,古文不同于小说。中国古典小说与古文,一直保持着某种或隐或显的联系,它们都溯源于《左》《史》等叙事类典籍。韩愈古文与小说的关系,一直被讨论,当时就被张籍讥讽"多尚驳杂无实之说",陈寅恪由此推论:"固知愈于小说,先有深嗜。"后来韩愈作《毛颖传》更是彰显出"若捕龙蛇,搏虎豹"之气,让柳宗元惊诧"韩子之怪于文也"③,陈寅恪先生称其"盖以古文为小说之一种尝试"④。明清以降,小说发展迅速,有向古文渗透之势,清初甚至出现一些古文家"以小说为古文辞",王猷定《汤琵琶传》、侯方域《马伶传》、魏禧《大铁椎传》等都是一时名作。长此以往,古文开始慕奇好新,渲染藻饰,迎合市井趣味,渐失雅驯之致,"陷入到一种面目全非的境地"⑤。针对这种现象,汪琬感叹:"夫以小说为古文辞,其得谓之雅驯乎?既非雅驯,则其归也,流为俗学而已矣。"⑥彭士望亦指陈其弊:"即文字写生处,亦须出之正大自然,最忌纤佻甚或诡诬,流为稗官谐史。……其文纵工,未免携琬玉易羊

---

① 沈廷芳:《方望溪先生传后》,见《隐拙斋集》卷四十一,《清代诗文集汇编》(第298册),第539页。
② 方苞:《答申谦居书》,见《方苞集》卷六,第164页。
③ 柳宗元:《柳宗元集》,北京:中华书局,1979年,第569~570页。
④ 陈寅恪:《韩愈与唐代小说》,见《陈寅恪集·讲义及杂稿》,北京:生活·读书·新知三联书店,2002年,第441页。
⑤ 石雷:《方苞古文理论的破与立——桐城"义法说"形成的文学史背景分析》,载《文学评论》,2013年第5期,第78页。
⑥ 汪琬:《跋王于一遗集》,见《钝翁前后类稿》卷四十八,《清代诗文集汇编》(第94册),第353页。

皮,终必为明眼人所厌弃。"①方苞敏锐地意识到小说给古文带来的极大冲击,为了维护古文文体之醇正,必须去除"小说家言"。这不仅是方苞的远见卓识,也是当时古文家群体面对小说之风滋长蔓延的急切诉求。

第二,古文不同于翰林旧体。方苞所谓"旧翰林体",实为盛行于有明一代的"馆阁体",与"山林之文"相对,馆阁之文"铺典章、裨道化。其体盖典则正大,明而不晦,达而不滞,而惟适于用"②。因其主要为出入翰林院的庶吉士所撰,故称"翰林体"。明代中后期,"馆阁体"陈旧因袭,逐渐走向衰落,"尔时馆课文字皆沿袭格套,熟烂如举子程文,人目为翰林体。及王、李之学盛行,则词林又改步而从之,天下皆诮翰林无文"③。四库馆臣评价"馆阁体"之弊,"冗沓肤廓,万喙一音,形模徒具,兴象不存"④。虽然如此,翰林院词臣在撰文时,仍多沿用"馆阁体",大量使用排偶芜词,粉饰雕琢,失雅洁之正。有识之士希冀改变这种状况,查慎行曾调和江湖之调与馆阁清音,援江湖逸气入馆阁,创"烟波翰林体"⑤,然终未成功。作为查慎行好友的方苞,长期栖居翰林院,担任翰林院学士、庶吉士教习,对"翰林体"之弊深有体会,希望古文摆脱翰林旧体之风,养成充实的内容和鲜明的风格。

第三,古文不同于诗赋。诗文分疆,从唐代古文运动开始,后世一直讨论不断,至明清已日趋充分⑥。方苞从文体的角度提出,古文与诗赋异道,二者的差别表现在三个方面:其一,诗赋以抒情为本位,古文以叙事辩理为本位;其二,诗赋以描摹事物情状为盛,古文以阐述事物之理为要。其三,诗赋是韵文,重视声色辞彩,古文是散体文,强调经术学力。要而言之,诗赋属于抒情

---

① 彭士望:《与魏冰叔书》,见《耻躬堂文钞十卷诗钞》卷十六,《清代诗文集汇编》(第32册),第33页。
② 李东阳:《倪文僖公集序》,见《怀麓堂文前稿》卷九,《李东阳集》第2卷,长沙:岳麓书社,1984年,第128页。
③ 钱谦益:《列朝诗集小传》丁集下《黄少詹辉》,台北:明文书局,1991年,第661页。
④ 永瑢等:《四库全书总目》,第1730页。
⑤ 李圣华:《查慎行文学侍从生涯及其"烟波翰林体"考论》,载《求是学刊》,2014年第5期,第173~179页。
⑥ 何诗海:《清代"诗文相通"说》,载《浙江大学学报》,2021年第1期,第187页。

类文体,而古文偏于叙事类文体。

根据方苞"艺术莫难于古文"之论,关爱和教授认为"古文归属于艺术范畴,是与经学、文学所不同的学科类别"①,强调古文的艺术性与情感性。虽有其一定合理性,但与方苞对古文的定位并不吻合。关教授对"艺术"的理解,更多建立在现代艺术学科的角度,而在古代,艺术主要指的是六艺以及术数方技等各种技能,尤其是儒家的经术,"文本于经"是中国古代文学批评的基本观念②。欧明俊教授曾撰文探讨古文(古代散文)的概念,认为:"散文观念是'学术'本位,而非感性、抒情、审美、艺术、娱乐本位……散文只是'学术'总体之一面。"③何宗美教授在研究方苞所推崇的欧阳修时,也感叹其"文""是基于经、史、子、集知识体系和知识场域的必然产物"④。何诗海教授称明清文集"在揄扬文章之外表见学问的功能,进一步体现了以集论学和文集著述化的理论自觉"⑤,并从别集演化的角度揭示出明清古文学术化的倾向与特征。因此,方苞界定的古文,与现代抒情为主的散文明显不同,它是在经史子集一体化背景下以叙事说理为主的文体。正如方苞所言:"以先秦盛汉辨理论事,质而不芜者为古文。盖六经及孔子、孟子之书之支流余肆也。"⑥

以方苞晚年手定的《望溪先生文偶抄》(初刊本)为例,也可印证上述论断。全书收文260篇,具体包括进呈文10篇、读经24篇、读子史23篇、书文集后12篇、杂著26篇、书22篇、论6篇、序30篇、记15篇、传7篇、碑志墓表53篇、哀辞祭文16篇、家志铭状哀辞16篇。其中,经史子类文章47篇,杂著篇也有部分属于经史类,在全书中该类总量超过20%。有的篇章从经学著

---

① 关爱和:《守望艺术的壁垒——论桐城派对古文文体的价值定位》,载《文学评论》,2000年第4期,第74页。
② 吴承学:《中国古代文体学研究》,北京:人民出版社,2011年,第33页。
③ 欧明俊:《古代散文研究脱离传统"学术"体系之反思》,载《兰州大学学报》,2021年第1期,第83页。
④ 何宗美:《子部世界中的欧阳修——古代经典作家知识结构的一个案例分析》,载《武汉大学学报》,2021年第2期,第64页。
⑤ 何诗海:《明清别集的著述化》,载《华南师范大学学报》,2021年第2期,第88页。
⑥ 方苞:《古文约选序例》,见《方苞集》集外文卷四,第612页。

作中抽出而编入别集,比如《周官辨伪一》《周官辨伪二》两篇古文就是从方苞的《周官辨》一书中录出,而《读〈邶〉〈鄘〉》至《桧》十一国风》是从《朱子诗义补正》中抽出。同时,该书碑志、墓表、传、记等叙事性文体,所占比例近30%。不难发现,方苞别集是典型的古文与经史一体化的著述形式。

综上所述,我们可以说方苞的"古文",是一种融贯经史的以叙事说理为主的文体。方苞的理想,不仅是规范古文文体,还在于提升古文的地位。在中国古代,经史的地位一直高于文学,清代亦如此,方苞也有类似看法。但作为经术与文章兼通的一代宗师,方苞把经史引入辞章,提升了文学的地位和价值。这是方苞古文革新的重要贡献。

吴承学先生讨论中国文章学时,曾提及"古文"与其他各类文体都不同的一个显著特征:其他文体通常不具有价值评价,都可能产生优劣作品;而古文是"带有肯定性价值判断的概念,即是载古道之文或古雅之文"[①]。这是古文的独特之处,与其义法理论中的古雅追求有关。吕思勉先生讨论古文性质时,也提及古文最要之义,"在雅俗之别",如其不雅,则非古文也[②]。

第三节 开创古文义法理论体系

义法理念,古已有之[③],但直至方苞界定之后,才成为通用的专业理论概念,不仅被桐城派奉为圭臬,也被广泛用于经、史、文诸领域。方苞的贡献,不仅在于把原属于经、史的义法引入文学,开创古文义法,还在于建构了完整的义法理论谱系,即《春秋》《左》《史》—韩欧—归唐—桐城派;同时,他本人实现了经法、史法、文法三个层面义法的贯通,构筑了一个宏阔的贯穿经、史、文的义法理论体系,而古文义法是义法理论体系的核心部分。

---

① 吴承学:《中国文章学成立与古文之学的兴起》,载《中国社会科学》,2012年第12期,第150页。
② 吕思勉:《吕思勉诗文丛稿》,上海:上海古籍出版社,2011年,第448页。
③ "义法"作为名词术语,最早出现在《墨子·非命》中,后来《荀子》《吕氏春秋》《史记》《汉书》亦有使用。

在《又书〈货殖传〉后》一文中，方苞指出，义法源自《春秋》，并经司马迁阐发，后世精于文律者亦兼备。"义法"一词，可独立使用，可拆开表达。当拆开时，义即《易》之所谓"言有物"，法即《易》之所谓"言有序"，二者相合而成文，明确体现义法精神的是《左传》《史记》。方苞没有专文讨论义法，其理论散见于《左传》《史记》的评点，以及碑传志铭等文法讨论中。究竟什么是古文义法？概而言之，可以从五个方面理解。

第一，义法是剪裁的权度。剪裁事件表达意旨，是叙事文的基本任务，其传统可以追溯到《春秋》笔削的义例和"属辞比事"原则，但具体如何增删去取，则见仁见智。韩愈主张："辞事相称，善并美具。"①欧阳修认为："然所纪事，皆实录，有稽据，皆大节与人之所难者。"②方苞比韩欧说得更为明确："古之晰于文律者，所载之事，必与其人之规模相称。"③也就是事件详略、虚实的处理，要依据"其人之规模"。该原则的提出，是基于《孙奇逢传》的写作，细读《孙奇逢传》，其堪称践行义法的典范。该文对众人津津乐道的孙奇逢的"学问、义行及门墙广大"作简化处理，而重点叙述"知命不惑"之壮举，比如不顾个人安危救护被魏忠贤残害的东林杨涟、左光斗诸贤，被推荐担任朝廷要职却岿然不为所动，面对清廷征召屡辞不起，等等。方苞认为众人所见"皆征君之末迹也"，而"知命不惑"才是其一生成就之根本。文中还援引司马迁《陆贾列传》《萧相国世家》《曹相国世家》之史事，并证以《留侯世家》之范例，说明叙事详略与其人身份个性的关系，昭示缀文之士"以虚实详略之权度"。在给同年友人吕耀曾之父作墓志铭时，方苞未得到别人的理解，遂提出"能运精神于事迹之中"的观点④，与"所载之事，必与其人之规模相称"有异曲同工之妙，皆为剪裁之权度。

在《史记评语》中，大量评语涉及剪裁之"义法"。如《项羽本纪》，对于韩、

---

① 韩愈：《进撰平淮西表》，见《韩昌黎文集校注》第八卷，第607页。
② 欧阳修：《再与杜䜣论祁公墓志书》，见《欧阳修诗文集校笺》外集卷十九，第1844页。
③ 方苞：《与孙以宁书》，见《方苞集》卷六，第136页。
④ 方苞：《与吕宗华书》，见《方望溪遗集》，第31页。

魏、燕三国之书写,略于赵、齐的反秦,因为前者与"秦、楚、刘、项兴亡无关轻重"。方苞说:"先后详略,各有义法,所以能尽而不芜也。"①再如《孙子吴起列传》,吴王阖闾破楚入郢,北慑齐、晋两国,孙武有其功也;楚悼王南平百越,北并陈、蔡之地,退却三晋,西伐秦国,吴起有力焉。因此,孙武与吴起的战功,毋庸多言,仅以虚语综括,而所书唯他事。比较而言,孙膑在齐国为田忌门客,多次力助田忌,不管是"围魏救赵"大败魏军,还是"减灶之计"诱杀庞涓,皆详述其谋略,个中缘由,方苞称之为"虚实之义法也"②。又如《廉颇蔺相如列传》,略写赵奢、李牧诸将,而详述赵括之败始末。如果反过来,详述李牧破秦、廉颇破齐燕诸国,"则语芜而气漫矣。变化无方,各有义法,此史之所以能洁也"③。由是观之,剪裁事件之法,实随义而变,所谓"法以义起,而不可易者"④,"夫法之变,盖其义有不得不然者"⑤。

第二,义法是结构的照应。不唯剪裁,结构中也有义法。方苞认为:叙事之文"一篇之中,脉相灌输而不可增损。然其前后相应,或隐或显,或偏或全,变化随宜,不主一道"⑥。所谓"脉相灌输",即文章结构的起承转合,前后衔接,虚实照应,顺逆开合,素为古文家所称论,亦古文义法之所重。程崟为《左传义法举要》作序,提及尊师方苞对《韩之战》《邲之战》《城濮之战》《鄢陵之战》的评点:"明于四战之脉络,则凡首尾开合、虚实、详略、顺逆、断续之义法,更无越此者矣。"⑦如《韩之战》,所述为春秋时期发生在秦晋之间著名的韩原之战,该文重点并未聚焦于战事,而是叙述晋惠公因背德、失信、违卜等以致晋国战败,揭示"得道多助,失道寡助"之理。方苞盛赞该文叙事之义法:"此篇晋惠公以失德致败,篇首具矣,而中间愎谏、违卜,临事而失谋,则非平昔败

---

① 方苞:《史记评语》,见《方苞集》,第850页。
② 方苞:《史记评语》,见《方苞集》,第854页。
③ 方苞:《史记评语》,见《方苞集》,第856页。
④ 方苞:《史记评语》,见《方苞集》,第850页。
⑤ 方苞:《书〈五代史·安重诲传〉后》,见《方苞集》卷二,第64页。
⑥ 方苞:《书〈五代史·安重诲传〉后》,见《方苞集》,第64页。
⑦ 方苞:《左传义法举要》,见《方苞全集》(第七册),第5页。

德所能该也。故因韩简之论占,忽引《诗》以要遄前后,而篇中所载惠公之事与言,细大毕举矣。……叙事之文,义法精深至此,所谓出奇无穷。"①

《史记评语》中,亦不乏篇章结构义法的阐释。如《吴王濞列传》,所述为汉景帝时吴王刘濞以"清君侧"为名发动"七国之乱",最终叛乱三个月内平定,刘濞本人也落得众叛亲离、身死国削的下场。该篇叙事,历来为史家、文家所称道,方苞认为其义法堪与《左传》相媲美,"盖以吴及六国之败亡必牵连以书,设篇终更举周邱之师及汉制诏,则为附赘悬疣。故因叙吴兵之起,而及周邱之别出,因周邱之胜,而侧入吴王之败走,因吴王之败走,而及天子之制诏。然后追叙吴楚之攻梁及亚夫之守战,吴王之走死,六国之灭亡,而弓高侯出诏书以示胶西王,亦自然而合节矣。凡此皆义法所当然,非有意侧入逆叙以为奇也"②。张高评教授称方苞的"逆叙",为叙事学的追叙之法,与正常的"顺叙"相对,即将事件的主体先行陈述,再回头叙述事件之原委本末③。

第三,义法是文体的规制。不同文体,义法各异。方苞为乔崇修之父乔莱作表志时,崇修建议在开海口事件之外,可附记奏对车逻河事及四不可之议。方苞以为不妥,并举《国语》《左传》所录齐姜语重耳之事为例,提出"诸体之文,各有义法"。具体到表志之体,方苞认为:"尺幅甚狭,而详载本议,则臃肿而不中绳墨;若约略剪截,俾情事不详,则后之人无所取鉴,而当日忘身家以排廷议之义,亦不可得而见矣。"④后来方苞另作一篇《记开海口始末》,详述乔莱奏对车逻河事及四不可之议之原委,既满足了崇修之愿,也坚持了文体义法的理念。因此,义法不仅有材料剪裁,而且有文体规制。

在不同语境下,方苞对文体义法颇多探讨。如《古文约选序例》论及志铭之法:"盖志铭宜实征事迹,或事迹无可征,乃叙述久故交亲,而出之以感慨,马志是也,或别生议论,可兴可观,柳志是也。"⑤评点董仲舒《汉武帝策贤良

---

① 方苞:《左传义法举要》,见《方苞全集》(第七册),第14页。
② 方苞:《史记评语》,见《方苞集》,第857~858页。
③ 张高评:《左传文章义法探微》,台北:文史哲出版社,1999年,第82页。
④ 方苞:《答乔介夫书》,见《方苞集》,第137页。
⑤ 方苞:《古文约选序例》,见《方苞集》,第615页。

制一》时,讨论"对策"之法:"古文之法,首尾一线,惟对策最难,以所问本叉牙而难合也。惟董子能依问条对,事虽不一,而义理自相融贯,且大气包举,使人莫窥其熔铸之迹。良由其学深造自得,故能左右逢源也。"① 评点匡衡《法祖治性正家疏》时,论及"书疏"之法:"书疏之体主于指事达情,有分陈数事而各不相蒙者,匡衡《进、戒二疏》及韩退之《再于柳中丞书》是也。至北宋人乃总叙于前,条举于后,盖惟恐澶漫无检局,而体制则近于论策矣。"② 评点曾巩《移沧州过阙上殿札子》时,讨论"颂美"之法:"自唐以前,颂美之文皆雕琢字句,文采丰蔚,以本无义理故也。最上者如《封禅书》,亦不过气格较古而已。是篇所称引,皆应于义理而又缘饰以经术,遂觉特出于众。"③ 诸如此类,可见古文义法的灵活性与实践性,它总是由具体作品生发,有扎实的文本基础支撑。方苞对此也非常自信:"凡此类,唐宋杂家多不讲,有明诸公亦习而不察,足下审思而详论之,则知非仆之臆说也。"④

第四,义法是常事不书的原则。常事不书,源于《春秋》之义,与《史记》"非天下所以存亡故不著"的思想一致,都是对"义"的重视,也就是"言有物"。这一原则为后世良史所取法,韩愈撰《顺宗实录》时,削去常事,而独著其有关治乱者,亦此法之应用。方苞认为,班固《汉书》之义法,虽不及《春秋》,但也能识其体要,比如《霍光传》就是典范。霍光事汉武帝时,独言"每出入下殿门,止进有常处,郎仆射窃识视之,不失尺寸",而其资性风采,端正如此;其相昭帝时,独著其"增符玺郎二等秩、抑丁外人官"二事,而光所以肩负天下之重者,可以想见。因此,方苞曰:"古之良史,于千百事不书,而所书一二事,则必具其首尾,并所为旁见侧出者而悉著之,故千百世后,其事之表里可按而如见其人。"⑤ 可见常事不书,不仅关乎详略问题,更关乎轻重主次问题。

在《左传义法举要》中,"常事不书"原则体现得淋漓尽致。比如《邲之战》

---

① 方苞:《古文约选》,见《方苞全集》(第十二册),第 70 页。
② 方苞:《古文约选》,见《方苞全集》(第十二册),第 125 页。
③ 方苞:《古文约选》,见《方苞全集》(第十二册),第 618 页。
④ 方苞在:《答乔介夫书》,见《方苞集》卷六,第 138 页。
⑤ 方苞:《书〈汉书·霍光传〉后》,见《方苞集》卷二,第 62 页。

有一段精彩描写："十二年春，楚子围郑。旬有七日，郑人卜行成，不吉。卜临于大宫，且巷出车，吉。国人大临，守陴者皆哭。楚子退师，郑人修城，进复围之，三月克之。"方苞评点曰："论叙事常法，出车大临乃被围，常事本不必书，而特书者与能信用其民义相发也。《春秋》之法，书入则不复书围。退师、修城乃复围以前之事，亦不宜书，而特书者见楚子行师进退有礼，与篇末论武有七德义相发也。"这是从反面论证"常事不书"的原理，一旦书写，则必有其不寻常，这是《春秋》义例之体现，也是"义法"精神之所在①。

"常事不书"把经学的原则改造为文史之法，删去不足以表现人物性格的细节和事件，使人物形象生动起来，主题也更为明确，正是在这个意义上，王先霈先生称赞这是"中国古代叙事理论的一个进步"。此外，他还把"常事不书"与叙事学理论结合起来，尤其与文学叙事理论中的"典型化"结合起来，认为"要把实际生活中的常事，转化为艺术中的不寻常之事，这才是关键之所在"②，这和方苞义法所论有所不同。方苞本义是去除寻常之事，只书写不寻常之事，通过对事件本身的选择剪裁，强调"义"的重要。王先生探讨的是如何把常事经过艺术处理转化为不寻常之事，是对"法"的强化。

第五，义法是古文呈现的雅洁之美。作为义法理论的有机组成部分，雅洁不仅是一种语体特征，还是一种艺术风格和美学追求。方苞的"雅"常与"古"相连，既包括语词的不俚不俗，也指文风的雅驯熨帖，凡是辞繁句芜，皆非雅驯。古雅是对儒家温柔敦厚之诗学传统的接续。方苞曾探讨礼乐的"助流政教"作用："声之邪正，其感各以类应，故雅、颂之声以导之，治定功成，礼乐兴矣。……则夫躬明堂，陈雅乐，而万民咸荡涤邪秽，以饰厥性者异矣。"③声有邪正，乐分雅俗，强调艺术的精神净化作用与政治教化功能。具体到古文，语言的纯净与义理的古雅相得益彰，正如方苞所言，古文为"六经及孔子、

---

① 王镇远：《论方苞的"义法说"》，载《江淮论坛》，1984年第1期，第66页。
② 王先霈：《方苞"义法说"的叙事学价值》，载《深圳大学学报》，2021年第2期，第119页。
③ 方苞：《书乐书序后》，见《方苞集》卷二，第42~43页。

孟子之书之支流余肆也",因此"必高挹群言,炼气取神,而后能古雅"①。虽然方苞没有对古雅作深入细致的学理分析,但王国维在《古雅之在美学上之位置》(1907年)一文中引用康德美学理论进行阐述,认为古雅来自人格、学问的修养的主张②,与方苞的理论是一致的。

方苞的"洁"则与简相连。他从《史记·十二诸侯年表序》的"约其辞文,去其烦重"中抽绎出尚简的原则,认为只有删繁就简,才能光洁生辉,"夫未有繁而能工者,如煎金锡,尘矿去,然后黑浊之气竭而光润生"③。与此相对,"故事愈详而义愈狭,今详者略,实者虚,而征君所蕴蓄,转私可得之言外"④。因此,洁"非谓辞无芜累也。盖明于体要,而所载之事不杂,其气体为最洁耳"⑤。所谓气体之"洁",既包括气脉的专注,又指文体的不杂,是义法尚简的风格追求和必然结果。古文气体所贵者:"澄清无滓。澄清之极,自然而发其光精,则《左传》《史记》之瑰丽浓郁是也。"⑥关爱和教授称"澄清无滓"正是"对'洁'所代表的古文审美规范与审美风格的阐释与描述"⑦;澄清无滓而又瑰丽浓郁,被马茂元称为"艺术上的一种最高境界",与韩愈《答李翊书》所说的"其皆醇也,然后肆焉"有异曲同工之妙⑧,是一种醇美的古文艺术追求。

讨论义法时,不得不面对持异议者,即便在桐城派内部,也有认为义法规

---

① 方苞:《礼闱示贡士》,见《方苞集》集外文卷八,第776页。
② 王国维:"苟其人格诚高,学问诚博,则虽无艺术上之天才者,其制作亦不失为古雅。"王国维:《古雅之在美学上之位置》,见《静庵文集》,沈阳:辽宁教育出版社,1997年,第165页。
③ 方苞:《与程若韩书》,见《方苞集》卷六,第181页。
④ 方苞:《与孙以宁书》,见《方苞集》卷六,第137页。
⑤ 方苞:《书〈萧相国世家〉后》,见《方苞集》卷二,第56页。
⑥ 方苞:《古文约选序例》,见《方苞集》,第614页。
⑦ 关爱和:《义法说:桐城派古文艺术论的起点和基石》,载《文学评论》,2004年第6期,第72页。
⑧ 马茂元:《桐城派方、刘、姚三家文论评述》,见《古代文学理论研究》(第一辑),1979年,第301~302页。

矩过严,限制古文妙远之境者①。桐城派之外,以钱大昕为代表的汉学家对此更是不乏批评②。其实,在某种程度上,持异议者促进与扩大了义法理论的传播与影响,同时也让我们反思义法理论的本质究竟是什么。在《古文约选序例》中,方苞认为古文之法,有可以讲清楚的部分,有"汪洋自恣,不可绳以篇法"的部分;对于讲不清楚的部分,保持沉默。义法,是古文可以讲清楚的部分,是古文的基本法,是一切古文创作者和批评者的路标,这也可能是义法受到如此关注和推重的原因。正如郭绍虞所言,清代文论以古文家为中坚,而古文家文论又以桐城派为中坚,其中古文义法理论"集古今文论之大成"③。

综上可知,方苞通过努力,重建了古文的道统和文统传承谱系,确立了古文的边界以及义法理论体系,使得古文文体面目和文体特征愈益清晰可辨,同时借助于经史抬高古文地位。此外,方苞还积极编纂古文范本《古文约选》、培植古文弟子,极大地扩展了古文的社会影响,树立了古文的社会知名度和美誉度,同时奠定了自己一代古文宗师的地位,"其在京师,后进之士挟温卷以求见者,户外之履,昕夕恒满"④。乾隆七年(1742)方苞致仕归金陵,仕宦与学人来访者不绝,正如全祖望所言:"大江以南,近日老成日谢,经术文章之望,公与临川实尸之,虽高卧江乡,犹为天下之望。"⑤袁枚《随园诗话》也说:"本朝古文之有方望溪,犹诗之有阮亭:俱为一代正宗。"⑥经过方苞及其他古文作家的共同努力,古文文体日趋雅正,古文家在清代也成为一种新崛

---

① 姚鼐评方苞义法曰:"望溪所得,在本朝诸贤为最深,而较之古人则浅。其阅《太史公书》,似精神不能包括其大处、远处、疏淡处及华丽非常处。止以义法论文,则得其一端而已。"姚鼐:《与陈硕士》,见《惜抱轩尺牍》,卢坡点校,合肥:安徽大学出版社,2014年,第75页。
② 钱大昕批方苞古文义法曰:"盖方所谓古文义法者,特世俗选本之古文,未尝博观而求其法也。法且不知,而义于何有。"钱大昕:《嘉定钱大昕全集》(9),陈文和点校,第576页。
③ 郭绍虞:《中国文学批评史》,天津:百花文艺出版社,2008年,第488页。
④ 全祖望:《全祖望集汇校集注》,朱铸禹校注,第310页。
⑤ 全祖望:《全祖望集汇校集注》,第310页。
⑥ 袁枚:《随园诗话》,顾学颉校点,北京:人民文学出版社,1982年,第48页。

起的社会身份①。姚永朴后来把古文家与义理家、考据家、政治家、小说家等相并称②,表明古文在清代社会被广泛认可与接受,这是清代古文运动的鲜明特征与突出成就。

当然,古文文体的发展并非一蹴而就,而是一个渐进的历史过程,并与社会经济文化的发展相伴随。方苞在世时,就曾与何焯、李绂等古文家展开论争,明辨古文之体。方苞之后,桐城派、阳湖派、湘乡派、侯官派等古文流派,尤其是桐城派几代人前赴后继,倾心古文事业,他们针对方苞提出的理论,持续进行完善,以适应不断发展的社会需求,直至清末民国。虽然古文在新文化运动中受到激烈的批判,但其历史意义仍然不容抹杀,不管是古文文体的因时而变③,还是严复、林纾以古文翻译西方学术典籍与文学著作,都取得举世瞩目的成就和广泛的社会影响,使得古文在中国传统文化向现代转型中,发挥了重要作用。胡适曾说:"平心而论,古文学之中,自然要算'古文'(自韩愈至曾国藩以下的古文)是最正当最有用的文体。……但桐城派的影响,使古文做通顺了,为后来二三十年的应用的预备。"④周作人认为桐城派古文不仅通顺,而且"参加新文化运动的胡适、陈独秀、梁启超诸人,都受过他们的影响很大,所以我们可以说,今次文学运动的开端,实际还是被桐城派中的人物引起来的"⑤。陈平原说:"如果不是1905年后废除了实行千年的科举考试制度,我们今天还得学桐城文章。"⑥相信传承千载、光耀史册并经方苞界定的古文,在建设有中国风格和中国气派的当代文化进程中可以继续提供精神资源和文化濡养。

---

① 从爱如生"中国基本古籍库"数据来看,"古文家"一词在清代涌现,其他时代则罕见。
② 姚永朴:《文学研究法·范围》,许结讲评,南京:凤凰出版社,2009年,第21~26页。
③ 曹虹:《晚清人的域外游记》,载《江西师范大学学报》(哲学社会科学版),2020年第4期,第33~40页。
④ 胡适:《五十年里中国之文学》,见《胡适文集》(3),北京:北京大学出版社,1998年,第205页。
⑤ 周作人:《中国新文学的源流》,见《周作人自编文集》,止庵校订,石家庄:河北教育出版社,2002年,第44页。
⑥ 陈平原:《从文人之文到学者之文》,北京:生活·读书·新知三联书店,2004年,第227页。

第八章 一代宗师的生成及其形象流变

在清代学术史上,桐城派一直是个无法忽视的存在,许多问题都由此生发、变易、流转,从而形成清代学术史的独特风貌。与此同时,清代又是一个学术宗师辈出的时代。作为桐城派宗师,方苞及其学术受到学界的普遍关注。但前人的方苞研究,主要在文章学领域展开,较少关注方苞的经史成就与文化贡献,尤其对其宗师地位的形成和流变缺乏研究。有鉴于此,本章以京城交游为切入点,结合方苞的学术成就,考察其宗师地位的动态生成与历史流变,同时兼顾清代学术的某些特质。

第一节 志业确立:与徐乾学士人群体之交游

康熙二十六年(1687),方苞初入京城①,参加的第一个士人群体是以徐乾学为中心的士人群体。"方是时,昆山徐尚书乾学方以收召后进为己任,而为祭酒、司业者,多出其门。海内之士有为尚书所可者,其名辄重于太学。有

---

① 方苞初入京城的时间,不同时期有不同表述,常见的有康熙二十六年、三十年(1691)两种。笔者结合方苞诗文全集,采用康熙二十六年之说,主要文献证据来自方苞的《汪武曹墓表》《梅征君墓表》《乔紫渊诗序》等。

为太学所推者,则举京兆,进于礼部,犹历阶而升,鲜有不至者。"①徐乾学(1631—1694),康熙九年(1670)探花,二十一年(1682)被任命为《明史》总裁,二十二年(1683)为翰林院侍讲,二十四年(1685)擢内阁学士兼礼部侍郎,二十五年(1686)充《大清一统志》《清会典》总裁,二十六年(1687)为刑部尚书。其尊崇的学宦地位、明朗的性情及对后辈的提携,使他迅速成为士人京城汇聚的中心。他的弟子韩菼对此亦有精彩描述:"公故负海内望,而勤于造进,笃于人物,一时庶几之流,奔走辐辏如不及;山林隐逸之老,亦不惜几两,展远千里乐从公……后生之才俊者,延誉荐引无虚日,即片言细行之善,亦叹赏不去口。"②难怪尚小明称徐乾学幕府为"清初第一个重要的学人幕府"③。

方苞入京后,先拜访老友王源。王源,字昆绳,直隶宛平人,年轻时随父流落江南,在澄江使院认识方苞,京城再会,遂为挚友,朋辈之间时有唱和雅集,"昆绳所与交善者,多与余游"④。其交善者包括韩菼、万斯同、阎若璩、刘献庭、查慎行、姜宸英、汤右曾、朱彝尊、何焯、李塨、汪武曹、张云章、钱亮工等人,他们多围绕徐乾学与《明史》馆,畅谈前朝史事,感叹历史风云与世事变迁,结下了深厚的友谊。恰如方苞自言:"余初至京师,所见司寇(徐乾学)之客十八九。"⑤这些交游,不仅开阔了眼界,还让方苞进入京城主流学术圈。

康熙二十九年(1690)后,徐乾学因故返苏州,《明史》馆逐渐形成以万斯同为中心的士人群体。万斯同以布衣事史局,因纂修《明史》享誉京城士林。方苞入京后,通过王源结识万斯同,此后十余年间,二人往来不断,忘年相交。万氏的屈尊相交与循循善诱,给方苞人生带来重要变化,具体表现在两个方面:

其一,树立一生学术祈向。入京之前,方苞用功的方向主要是古文,接触万斯同之后,开始转向学术研究。康熙三十五年(1696)秋,方苞将南归,应邀

---

① 方苞:《四君子传》,见《方苞集》,第218页。
② 韩菼:《有怀堂文稿》卷十八,见《清代诗文集汇编》(第147册),第241页。
③ 尚小明:《学人游幕与清代学术》,北京:东方出版社,2018年,第129页。
④ 方苞:《宁晋公诗序》,见《方苞集》,第617页。
⑤ 方苞:《张朴村墓志铭》,见《方苞集》,第291页。

至万斯同寓所,万斯同语重心长地告诫他:"子于古文信有得矣,然愿子勿溺也。唐宋号为文家者八人,其于道粗有明者,韩愈氏而止耳;其余则资学者以爱玩而已,于世非果有益也。"前辈的期许与教诲,让方苞深受感动,转而投身经义之学,"余辍古文之学而求经义自此始"①。方苞当然没有完全放弃辞章,但经史研究成了他人生的重心。其二,开创古文义法。古文义法是桐城派古文理论的精髓,通常认为是方苞所创。其理论源头,最早可以追溯到《春秋》义法,直接来源则是万斯同。万氏接触方苞之后,对其寄予厚望,传之以义法:"子诚欲以古文为事,则愿一意于斯就吾所述,约以义法,而经纬其文,他日书成,记其后曰:'此四明万氏所草创也。'则吾死不恨矣。"②仔细考察《方苞集》中所论义法各篇,基本作于康熙三十五年之后,而此前并没有提及,因此可以说,方苞标举的"义法"直接源自万氏。万氏或许忙于经史,无暇顾及辞章之学,遂将大任托付于方苞,方苞也不负所望,经史辞章兼顾,创立依托经史的古文义法。

与万斯同相比,徐乾学对方苞的影响主要在《通志堂经解》。清人重视儒家经籍的整理,其中影响比较大的经解有两部:一为徐乾学所辑《通志堂经解》,收录唐、宋、元、明时期的经解140种,又称《宋元经解》;二为阮元所编的《皇清经解》,收清代经解183种。比较而言,前者"欲集宋学之大成"③,后者集汉学之大成。《通志堂经解》始刻于康熙十二年(1673),十九年(1680)主体完成,"在康熙二十九年至三十一年之间,《经解》全部校刻完毕,并有整套的《经解》印出"④,而该段时间,正是方苞入京、确立学术志业的关键时期,这套儒家典籍对方苞影响极大,成了他一生学术着力的重点。此后三十余年,方

---

① 方苞:《万季野墓表》,见《方苞集》,第332页。
② 方苞:《万季野墓表》,见《方苞集》,第333页。
③ 孟森:《清史讲义》,北京:中华书局,2010年,第153页。
④ 王爱亭:《〈通志堂经解〉刊刻过程考》,载《图书馆杂志》,2011年第1期,第86页。

苞陆续完成删节《通志堂经解》①,达九十余万言②。至于删节《通志堂经解》的原因,方苞归纳为四点:"是书卷帙既多,非数十金不可购。远方寒士有终其身不得一寓目者矣;有或致之,观之不能遍也;有或遍之,茫洋而未知所择也。"③张廷玉为方苞《宋元经解删要》作序时也有类似看法:"喜其所收之博,特苦循览难遍,又惧群言参差,学者无所取衷。"④

删节《通志堂经解》几乎耗费方苞一生精力,他希望能够"存一稿本于宇宙间"⑤,并积极发动各方力量予以刊刻,多次与友朋或弟子翁止园、梁裕厚、德济斋、石永宁、吕宗华、雷铉、钟励暇、陈大受等商量刊刻事宜。他曾坦言:"余生之事,惟兹为急,是以敢切布之。"⑥方苞很少麻烦友朋,这套书却是个例外。后世学人对方苞删节《通志堂经解》多有高评,全祖望认为方苞"于通志堂徐氏所雕九经,凡三度芟剃之,取其粹言而会通之"⑦。卢文弨曰:"此书之能全读者罕矣!唯桐城方望溪先生曾遍为点勘,其专治一二经从而嚅哜者尚多有。"⑧刘声木称方苞于此书"删其繁芜,去叁之贰,理明词达,学者易于观览"⑨。针对某些批评意见,钱泰吉为之解释说:"著书当以正叔之用心为法,而经学之精深未及望溪菫浦者,勿妄生高论,蔑视古人也。"⑩

入京之前,方苞尚为文学青年,其经常往来者,也多是雅好辞章之士,"仆

---

① 方苞在《与吕宗华书》中言及花费二十余年时间,而与雷铉之信札言耗费三十余年时间删节《通志堂经解》(《敬孚类稿》卷七),其实本没有矛盾,与雷铉之信札为晚年总结之言,因此完整时间是三十年。
② 方苞:《与陈占咸大受十首》,见《方苞集》,第800页。
③ 方苞:《与吕宗华书》,见《方苞集》,第159页。
④ 张廷玉:《澄怀园文存》卷七,光绪十七年(1891)刻本。
⑤ 萧穆:《跋望溪与雷副宪手札云》,见《敬孚类稿》卷七,合肥:黄山书社,1992年,第195页。
⑥ 方苞:《与吕宗华书》,见《方苞集》,第161页。
⑦ 全祖望:《全祖望集汇校集注》,朱铸禹校注,第309页。
⑧ 卢文弨:《题三立书院所藏〈通志堂经解〉卷首》,见《抱经堂文集》卷七,乾隆六十年(1795)刻本。
⑨ 刘声木:《苌楚斋随笔续笔三笔四笔五笔》,北京:中华书局,1998年,第794页。
⑩ 钱泰吉:《望溪菫浦论治经》,见《甘泉乡人稿》卷八,同治十一年(1872)刻本,光绪十一年(1885)增修本。

少所交,多楚、越遗民,重文藻,喜事功,视宋儒为腐烂,用此年二十,且未尝涉宋儒书"①。入京之后,方苞接触徐乾学、万斯同等人,受到启发,才逐渐由辞章转向经义。在人生的转折阶段,方苞选择徐乾学、万斯同为中心的士人群体,而没有选择其他纯粹官僚集团或文人群体,是他青年时期所作的重要人生决定。从此,他由文章而学术,开启一生的学术志业。

第二节 贵人相助:与李光地士人群体之交往

徐乾学与万斯同为主的士人群体让方苞由文而学,李光地为主的学人仕宦群体则助其由学而仕。

李光地(1642—1718)与徐乾学(1631—1694)一样,都是康熙九年(1670)的进士,但徐乾学的政治生涯从康熙二十九年(1690)离京后就基本结束了,而李光地的政治生涯持续到康熙五十七年(1718)。在学术上,李光地作为清初庙堂理学的代表人物,著述丰赡,涉及领域广大,以他为中心逐渐形成了清初第二个重要的学人仕宦群体,成员包括魏廷珍、杨名时、王兰生、蔡世远、徐用锡、梅文鼎、李绂、梅瑴成、朱轼、何焯、徐元梦、庄亨阳、官献瑶等。方苞曾说:"余与安溪李文贞公久故,其门下士相从问学者十识八九。"②此外,李光地的家族成员,与方苞也多有往来,《方苞集》涉及李光地家族的文章最多,达八篇③,正如方苞所说:"自获交文贞,习于李氏族姻,及泉、漳间士大夫。"④足见方苞与李光地关系之深厚。李光地对方苞的影响,是无可替代的,具体表现在四个方面:

---

① 方苞:《再与刘拙修书》,见《方苞集》,第174页。
② 方苞:《庄复斋墓志铭》,见《方苞集》,第287页。
③ 八篇文章具体如下:《与安溪李相国书》《安溪李相国逸事》为李光地所作,《李世得墓表》为李光地长子李钟伦所作,《李抑亭墓志铭》为李光地之弟李鼎征之子李钟侨所作,《李世贡墓志铭》为李鼎征之子李钟旺所作,《赠李立侯序》为李光地之孙李清植所作,《与李根侯书》为李光地之孙李清馥所作,《李皋侯墓志铭》为李抑亭三子李清江所作。
④ 方苞:《李抑亭墓志铭》,见《方苞集》,第270页。

其一,青年时期的嘉许。方苞初游京师,正逢诸公招纳贤才,天下士人咸集,投谒无虚日,能得名公嘉勉提携,乃青年才俊之望。李光地初见方苞文章,极为赞叹,称之为"韩欧复出,北宋后无此作也",此言虽是溢美之词,但也并非空穴来风①。在他处,李光地亦称方文"醇实近曾南丰,而深古则过之"。当时诸公对方苞及其文章可谓一致好评,万斯同称方文"实可肩随退之";韩菼赞方文"庐陵无此深厚,南丰无此雄直,岂非昌黎后一人";查嗣瑮感叹方文"妙远不测,而清深简洁,更出六一之上";徐元梦则谓方文"自开门户,几可与昌黎分垒"②。能够得到这么多前辈名家的称赞,即便出于鼓励勖勉之意,也足见方苞才华横溢,绝非浪得虚名。而对于初出茅庐的年轻人来说,前辈的期许与深望,无疑是一种强大的精神力量。

其二,殿试之际的挽留。读书取仕,是传统知识分子的基本信仰。方苞于康熙三十八年(1699)夺江南乡试第一,随后开始了漫长的会试,直到康熙四十五年(1706)才在礼部会试中脱颖而出,名列第四。殿试前,朝论翕然,推为第一,但方苞以母疾放弃殿试归里。作为文渊阁大学士和当年殿试阅卷官的李光地,惋惜人才,"驰使留之不得"③。按照常例,通过殿试者即为进士,之后或点翰林,或分发各部主事,或赴外地任职,可谓前途光明。李光地希望方苞能够参加殿试,求取功名。方苞最终却选择放弃,至于原因究竟是"母疾"还是遗民家世④,抑或其他,皆未可知。但是方苞因此声名远播,归来后受到各方礼遇与延请,"过扬州,有盐商吴某求定明岁教其子,以百金为贽;及抵江南,总督、藩、臬公延先生讲义学"⑤。正如全祖望在《前侍郎桐城方公神道碑铭》中称方苞"以奉母未释褐,已有盛名"⑥,可见此事在当时的影响

---

① 此事见于沈廷芳《方望溪先生传》和雷铉《方望溪先生苞行状》,二人皆为方苞高第,乾隆朝名臣,此事应为其师所传,后苏惇元《望溪先生年谱》亦收录。
② 方苞:《望溪先生文偶抄》,官献瑶刻,乾隆十四年(1749)刊本,中国国家图书馆藏。
③ 苏惇元:《清方望溪先生苞年谱》,台北:台湾商务印书馆,1981年,第53页。
④ 任雪山:《〈望溪集〉版本及其学术价值》,载《古籍整理研究学刊》,2018年第6期,第67页。
⑤ 苏惇元:《清方望溪先生苞年谱》,第53页。
⑥ 全祖望:《全祖望集汇校集注》,第306页。

广泛。

其三,《南山集》案中的举荐。康熙五十年(1711)发生的《南山集》案,是清代最著名的文字狱案之一,由左都御史赵申乔检举戴名世的《南山集》而引发。方苞与汪灏因给《南山集》作序,"俱应立斩"①。康熙五十二年(1713)狱决,戴名世被斩。而此前的康熙五十一年(1712)冬十月,词臣汪霦卒,康熙皇帝感叹:"汪霦死,无复能为古文者矣。"李光地对曰:"若汪霦者,才固不乏,即若某案中之方苞,其古文词尚当胜之。"②人生的转机,往往在瞬息之间。李光地关键时刻的一句话,让方苞不仅免死,且入朝为官。康熙硃书曰:"戴名世案内方苞,学问天下莫不闻。"遂下武英殿总管和素,方苞以白衣诏入南书房,同年八月移至蒙养斋,编校御制乐、律、历、算诸书③。康熙不杀方苞,当然有多重考虑,但李光地的及时褒扬与举荐,起到了至关重要的作用,从此方苞仕宦生涯正式开启。

其四,仕途至交的引介。京城在天子脚下,朝堂内外,往来游从者,难免沾染政治色彩,更何况李光地本身是当朝学人名宦,身边往来者既有名宗宿儒,亦不乏公卿显贵。官员交往本身功利色彩较为鲜明,彼此能成为知心朋友不易。方苞在李光地身边结识的几位官员同僚,后来几乎都成为一生好友,"生平心知之契,自徐文靖公后,曰江阴杨文定公,曰漳浦蔡文勤公,曰西林鄂文端公,曰河间魏公,曰今相国海宁陈公,曰前直督临川李公,曰今总宪宣城梅公,曰今河督顾公"④,除徐文靖公元梦、鄂文端公尔泰、河督顾公琮几位满族官员而外,其余皆为汉官,他们都是位列九卿的当朝重臣。其为官与方苞互为呼应,为学则尊崇方苞,助推方苞之学在朝堂内外影响的扩大及其学术话语权的提升。

李光地把方苞领入仕途,方苞自然感激不尽,但他最敬服李光地的仍是

---

① 《清实录》(第六册),北京:中华书局,1985年,第465页。
② 李清植:《文贞公年谱》,见《北京图书馆藏珍本年谱丛刊》(第85册),北京:北京图书馆出版社,1999年,第350页。
③ 方苞:《两朝圣恩恭记》,见《方苞集》,第515页。
④ 全祖望:《全祖望集汇校集注》,第306页。

其学术。他对李氏之学评价尤高,"惟本朝安溪李文贞公《周易通论》《尚书洪范传》所见有进于前儒者,而近复见公此书及《仪礼节略》。盖二公于诸经,皆沉潜反复,务究其所以云之意,而二书尤平生精力所专注,宜其可以逾远而存也"①。不仅如此,方苞一生推尊程朱的为学祈向,也与李光地不无关系。李光地作为清初程朱理学的领军人物,对方苞、杨名时、魏廷珍等影响深远。梁启超在其清代学术史论述中把方苞与李光地、熊赐履、张伯行等并列②,后来《清史稿》总结清初庙堂理学时,也把方苞列入李光地学人仕宦群:"圣祖以朱子之学倡天下,命大学士李光地参订《性理》诸书,承学之士,闻而兴起。苞与光地谊在师友间,名时、兰生、廷珍、世远皆出光地门。煦亦佐光地修书,得受裁成于圣祖。叔琳,苞友,铉又出世远门,渊源有自。独近思未与光地等游,而学术亦无异,雍正初,与世远、苞先后蒙特擢。寿考作人,成一时之盛,圣祖之泽远矣。"③学术是方苞与李光地联系在一起的内在线索,这使得他们的关系比普通的官场同僚更为亲密,因为他们都是官场的学人,都是清初理学官僚集团的代表。

由上观之,李光地无疑是方苞人生的贵人,不仅有政治上的提携,还是学术上的师友,在人生的关键时刻,给予其无私的勉励与支持。良好的政治关系为学术提供一个积极的发展空间,融洽的学术关系又使得政治关系更为密切,二人堪称学术与政治良性互动的范例。

第三节 权力加持:与帝王及满族仕宦高层的往来

徐乾学与李光地都是掌握学术权力的上层官僚,方苞与他们交游之初,也许并无功利之心,甚至会有所趋避,但其仕途与学术地位因此受到沾溉浸濡,确实毋庸置疑。康熙五十二年(1713)《南山集》案后,方苞主要担任文学

---

① 方苞:《重订礼记纂言序》,见《方苞集》,第 515 页。
② 梁启超:《中国近三百年学术史》,上海:上海三联书店,2005 年,第 97 页。
③ 赵尔巽等:《清史稿》卷二百九十,第 34 册,北京:中华书局,1977 年,第 10282 页。

侍从,自称"以白衣领事,未敢自比诸臣"①。即便康熙六十一年(1722)任武英殿修书处总裁,仍属于"闲职"。从雍正九年(1731)到十一年(1733),方苞仕途开始亨通,短短两三年时间,由正六品的詹事府左中允,擢升为从二品的内阁学士兼礼部侍郎。方苞朝廷地位的攀升,虽然因素众多,但离不开康雍乾三代帝王的欣赏以及满人仕宦高层的推尊与倚重。

其一,帝王的欣赏。康雍乾三帝,对于词臣方苞之才颇为欣赏。《南山集》案后,方苞刚出狱,即被召入南书房,康熙帝命撰《湖南洞苗归化碑》文,越日命著《黄锺为万事根本论》,又越日命作《时和年丰庆祝赋》,并告诸翰林:"此赋,即翰林中老辈兼旬就之,不能过也。"此后,每以御制诗文、御书宣示南书房诸臣,将命者入复,辄叩曰:"苞见否?"间与大臣侍从论本朝文学及内阁九卿所荐士,必曰:"视苞何如?"此后方苞长期扈跸热河,并在蒙养斋编修乐律历算诸书,后任武英殿修书处总裁。雍正帝即位之后,不仅赦方苞及族人,允其归还原籍、准其请假归葬,并继续在武英殿修书,同时参与校勘《圣祖仁皇帝御制文集》,还奉命为国子监八旗子弟编选教材《古文约选》。在吕留良案爆发期间,把驳斥吕氏理论的工作交给朱轼与方苞等庙堂理学家办理,体现了雍正帝对其高度信赖。在随后几年时间里,方苞也由一介词臣跃升为当朝二品的礼部侍郎,并教习翰林院庶吉士。乾隆帝登极后,复召方苞入南书房,参与机要。同时教习翰林院庶吉士,并组织编纂《钦定三礼义疏》和《钦定四书文》,前者是清代三礼学的集成之作,后者作为科举考试的朝廷指导用书。在三代帝王的嘉勉之下,方苞地位迅速攀升。

其二,翰林院掌院的推重。翰林院作为朝廷重要的文职机构,负责经筵日讲、朝考科试、扈从文书、编修教习诸事,因为在皇帝身边,升迁机会较多,且交游众广。方苞从入南书房就与翰林院结下不解之缘,后擢升翰林院侍讲、内阁学士等,并两次担任翰林院庶吉士教习,可谓翰林院老臣。在翰林院期间,翰林院掌院学士徐元梦、留保、福敏、鄂尔泰等,对方苞都极为推重,尤

---

① 方苞:《方苞集》,第518页。

其是徐元梦。方苞初与徐元梦，在蒙养斋修书时相识。身为两朝帝师，徐元梦位高名显，为人谦和，中年精研经学，老而弥笃，常咨方苞以经义，"日就先生讲问《春秋》疑异，每举一事，先生必凡数全经比类以析其义"①，又"时叩《周官》疑义，方子详为辨析"②。朋辈或责方苞失礼："徐公中朝耆德，且为诸王师，子抗颜如师，诲之如弟子，可乎？"方苞曰："吾以忠心答公之实心耳。"③徐元梦非但不气，还广为称许方苞之学："自程朱而后，未见此等经训，他日必列于学官。"④并一度欲举荐其出任要职，方苞以罪臣婉言谢绝。《方苞集》收录与徐元梦信札三封，涉及禁酒、赈灾、漕运诸事，方苞常言"某事当行，某事害于民当去"，徐氏虽未能尽从，但其说多见施行。⑤《清稗类钞》称徐元梦"事望溪如师"⑥。此外，其他几位掌院学士，在经术辞章诸问题，也多推重方苞。有了徐元梦等翰林院掌院名宦的吹拂和揄扬，方苞在京城官场与学术圈声名大噪。

其三，朝廷修书馆的倚重。方苞在朝为官三十年，做得最多的工作就是修书，他长期担任武英殿修书处总裁，并曾任《一统志》馆总裁、《皇清文颖》馆副总裁、三礼馆副总裁、经史馆总裁等。在各大朝廷修书馆，汇聚着当时满汉士人，方苞作为专业学人，颇受倚重。任《一统志》馆总裁期间，方苞规范体例，整饬团队，广征史料，推行"行查事项"十四条和三校制，极大加快了修志进度。方苞修志时期，是康熙《一统志》纂修最有成效的时期，为最后完成奠定了基础⑦。《大清一统志》不仅展示了清代社会文化的发展，而且对地方志的编纂起到了示范作用。乾隆元年(1736)朝廷开始诏修《三礼义疏》，方苞充三礼馆副总裁，他在《三礼义疏》纂修中的作用主要有三：一是拟定《三礼义

---

① 顾琮：《春秋通论序》，见方苞：《春秋通论》，乾隆九年(1744)刻本。
② 顾琮：《周官辨序》，见方苞：《周官辨》，乾隆七年(1742)刻本。
③ 方苞：《方苞集》，第696页。
④ 顾琮：《春秋通论序》，见方苞：《春秋通论》，乾隆九年(1744)刻本。
⑤ 全祖望：《全祖望集汇校集注》，第306页。
⑥ 徐珂：《清稗类钞》，北京：中华书局，1986年，第3791页。
⑦ 牛润珍、张慧：《〈大清一统志〉纂修考述》，载《清史研究》2008年第1期，第140页。

疏》纂修条例;二是领纂《周官义疏》48卷,并率先完成;三是主持日常管理工作,包括纂修人员的选择安排,以及文献的征稽等。在经史馆工作期间,方苞负责修纂《十三经》《廿一史》,为此制定了严格的校勘程序,提出了一些开创性的作法,力超前人,泽被后世。该版完成后,成为清代士人研习的主要版本,"殿本"之名亦因之而大盛。后来《四库全书》和《四库全书荟要》收录的《十三经注疏》《二十四史》皆以此为底本,进一步扩大了殿本的影响。民国张元济校刊百衲本《二十四史》,亦多参校殿本。各大修书馆的工作,不仅促进了满汉的交流融合,还提升了方苞的学术地位与话语权,助推其一代宗师地位的形成。

其四,满族重臣的崇敬。在与满族仕宦高层交往的过程中,方苞以自己的才情赢得对方的崇敬,尤其以顾琮、德沛、鄂尔泰等人为代表。作为满洲镶黄旗人,顾琮是清初著名的河臣,长期担任总河、漕运总督、河道总督等,治河之余,热衷学术,《八旗诗话》称其:"治河有绩,而究心闽洛,学诗亦以拙直胜。"① 顾琮与方苞也是在蒙养斋相识,为方苞编校出版著述是顾氏的突出贡献:雍正四年(1726)校订《丧礼或问》,乾隆元年(1736)参校《删定〈管子〉〈荀子〉》,乾隆五年(1740)刊刻《望溪先生文偶抄》并作序,乾隆七年(1742)校订《周官辨》并作序,乾隆八年(1743)为《周官析疑》作序,乾隆九年(1744)校订《春秋通论》《春秋比事目录》并作序。可以说,在满汉诸友中,顾琮是参校、刊刻方苞著述最有力之人,以致今人看到的方苞著述,多与顾琮的名字联系在一起。顾琮不仅是方苞的推崇者,更是一位忠实记录者,他在系列序跋中揭示了方苞当时的学术形象与地位。通过顾氏记载,真实还原了方苞在京城仕宦学术圈的生存样态,展现了方苞一代宗师的成长历程。

清宗室的德沛深受汉文化影响,精研《易》理,著有《易图解》《周易补注》《周易解》《鳌峰书院讲学录》等,被誉为清朝亲藩治经第一人②。方苞与他在乾隆年间往来密切。乾隆二年(1737)德沛巡抚甘肃,方苞作《送德济斋巡抚

---

① 法式善:《八旗诗话》,稿本,中国国家图书馆藏。
② 耆龄:《易图解·题跋》,见德沛:《易图解》,乾隆元年(1736)刻本。

甘肃序》，文中"吾友德济斋"点明彼此关系，已非普通同事，称呼满族亲王为好友于方苞仅此一人。除了日常往来，学术交往是方苞与德沛之间的重要联系纽带。方苞成童即治《易》，二十年不辍①，颇有心得，对德沛《易》学评价颇高，尤其推重《易图解》，称其："笃志圣贤之学，闭户穷经三十年，其学尤专《易》，所为图解，能引申先儒之绪，而自发其心得。"②作为八旗学派理学第一人③，德沛穷究《易》学三十年，多有发覆，李绂赞誉是书："与紫阳以下天台董氏、玉斋胡氏诸说互相发明，而其发前人未发者十尝八九。"④方苞称赞《易图解》，可能还与程朱有关。方苞毕生为学，以程朱为旨归，所谓"学行程朱之后"，而德沛为学亦宗尚程朱，其《易》学研究可以说是对程朱思想的赓续与发展⑤，相信他们对于程朱有更多的共同语言。

保和殿大学士鄂尔泰(1677—1745)，作为清初重臣，与方苞往来频繁，尤其是在朝廷各大修书馆共事。《方苞集》收录了大量与鄂尔泰相关文章⑥，多为商议政事，很少学术切磋。鄂尔泰的《文蔚堂诗集》有《赠方望溪》长诗一首，其中高度评价方苞之学："学崇中正防奇邪。说经铿铿究终始，尤于《三礼》咀其华。"⑦与方苞往来较多的还有礼部侍郎留保家族，留保(1689—1762)之父鄂素早亡，由伯父赫世亨、和素抚养长大。赫世亨与和素长期任职武英殿总管，方苞也长期任武英殿修书处总裁，相互接触不少，《方苞集》有相关文章记载。其他像兵部尚书法海、武英殿大学士来保等与方苞亦有交情。不难发现，方苞经常往来者多为满人仕宦高层，他们对方苞仕途与朝廷学术地位产生了直接影响。

---

① 方苞：《易通札代序》，见程廷祚：《易通》卷十四，乾隆十二年(1747)刊刻。
② 方苞：《方苞集》，第818页。
③ 徐珂：《清稗类钞》，第3790页。
④ 李绂：《易图解·序》，见《易图解》，乾隆元年(1736)刻本。
⑤ 张文博：《德沛生平著述研究》，北京师范大学硕士论文，2015年，第32~34页。
⑥ 比如《与鄂少保论修三礼书》《与鄂少保论丧服注疏之误书》《与鄂张两相国论制驭西边书》《与鄂少保论治河书》《与鄂相国论荐贤书》等。
⑦ 鄂尔泰：《赠方望溪》，见沈德潜：《清诗别裁集》卷十八，乾隆二十六年(1761)刻本。

与前代相比,清朝统治的显著特征是满人主政。满人上层学术官僚的称许,是获得朝廷支持和学术话语权的基础。方苞一步步由文学侍从而至学林卿相,无疑与满人学术官僚上层的交游密不可分。正如法国当代思想家布尔迪厄场域理论所言,文学(学术)场"只有参照权力场才能得到解释,在权力场的内部文学场(等等)自身占据了被统治地位"①。也就是说,权力场对学术场具有决定性的影响,方苞的京城交游就是最好的例证。

第四节　勤勉励行:一代宗师地位之确立

方苞与友人论行身祈向,所谓"学行继程朱之后,文章介韩欧之间",而其文亦以学为根底。纵观方苞一生学术成就,主要体现在四个方面:

其一,精研《春秋》、三礼之学。方苞于经史子集四部皆有涉猎,而经学尤深②。在经学研究中,又以《春秋》学、三礼学为盛③,康熙五十一年(1712)完成《礼记析疑》《丧礼或问》,五十二年(1713)《周官辨》成,五十五年(1716)《春秋通论》成,五十六年(1717)《春秋直解》成,五十九年(1720)《周官集注》成,六十年(1721)《周官析疑》成,雍正六年(1728)《左传义法举要》成,乾隆七年(1742)分纂的《周礼义疏》成,乾隆九年(1744)《春秋比事目录》成,乾隆十四年(1749)《仪礼析疑》成,其中多部著作被《四库全书总目》收录。《四库全书总目提要》评《周官集注》曰:"训诂简明,持论醇正,于初学颇为有裨。"论《仪礼析疑》曰:"用功既深,发明处亦复不少。"④称《春秋通论》曰:"息心静气,以经求经,多有协于情理之平,则实非俗儒所可及。"⑤后世黄以周《礼书通故》征引方苞所论 40 余处,孙诒让《周礼正义》引方苞所论 60 余处,把方苞与郑

---

① 布尔迪厄:《艺术的法则:文学场的生成与结构》,刘晖译,北京:中央编译出版社,2001 年,第 263 页。
② 永瑢等:《四库全书总目》,第 1528 页。
③ 赵尔巽等:《清史稿》,第 10272 页。
④ 永瑢等:《四库全书总目》,第 156、164 页。
⑤ 永瑢等:《四库全书总目》,第 239 页。

玄、贾公彦、敖继公等礼学前辈并列。全祖望也把方苞与西汉礼学家戴圣相提并论,评价其《丧礼或问》"议论之精醇,文笔之雅健,直驾西汉石渠诸公之上,此经学中所仅有也"①。周中孚称赞方苞《仪礼析疑》:"用功既深,往往发明前人所未发。"②钱穆认为康有为"刘歆伪造古文经之说"的立论实受方苞启发③。杨向奎也认为方苞"歆莽窜汉说"开今文学派攻击古文经先河,为刘逢禄、康有为之先导④。如果再加上方苞在史法、文法、诸子学诸领域的贡献,可以说,方苞的学术成就,是清代学术不可或缺的重要组成部分。

其二,完善了义法理论体系。义法理论古已有之,最早在《墨子·非命》中提出,《荀子》《吕氏春秋》《史记》《汉书》亦有使用。其基本内涵,即《左传》提出的《春秋》义例:"君子曰:'《春秋》之称,微而显,志而晦,婉而成章,尽而不污,惩恶而劝善。非圣人,谁能修之?'"⑤后来这一原则在经史领域被接受,经司马迁阐释而广泛运用,其在《史记·十二诸侯年表序》中云:"孔子明王道,干七十余君莫能用,故西观周室,论史记旧闻,兴于鲁而次《春秋》,上记隐,下至哀之获麟,约其辞文,去其烦重,以制义法。"⑥方苞的贡献在于,把运用于经史的义法原则引入辞章领域,加以规范,生成文法。他在评点《史记·十二诸侯年表》时说:"《春秋》之制法,自太史公发之,而后深于文者亦具焉。义即《易》之所谓'言有物'也,法即《易》之所谓'言有序'也。义以为经而法纬之,然后为成体之文。"⑦义法理论引入辞章以后,被延续二百余年的桐城派奉为圭臬,刘熙载《艺概·文概》亦称义法为文法之大要⑧,郭绍虞认为

---

① 全祖望:《全祖望集汇校集注》,第1592页。
② 周中孚:《郑堂读书记》卷四,清同治八年(1869)嘉业堂刻本。
③ 钱穆:《刘向歆父子年谱》,见《两汉经学今古文平议》,台北:东大图书公司,1983年,第122页。
④ 杨向奎:《新编清儒学案》(第3册),济南:齐鲁书社,1994年,第33~36页。
⑤ 杨伯峻:《春秋左传注》(修订本),北京:中华书局,1990年,第870页。
⑥ 司马迁:《史记》,北京:中华书局,1982年,第509页。
⑦ 方苞:《史记评语》,见《方苞集》,第851页。
⑧ 刘熙载:《艺概笺注》,王气中笺注,贵阳:贵州人民出版社,1996年,第120~121页。

义法理论不仅是桐城派立派之基础,且"能集古今文论之大成"①。进而言之,方苞除了把义法引入文法而外,更大的贡献在于,其在《春秋》、三礼、《左传》《诗经》《管子》《荀子》《史记》《楚辞》等系列研究以及辞章之法中贯穿义法理论,完善了义法理论体系,实现义法理论在经史子集四部的贯通。

其三,培养一批理学名臣。方苞弟子众多,陈大受、尹会一、雷铉、官献瑶、沈廷芳、叶酉堪称代表。陈大受,雍正十一年(1733)进士,历任内阁学士、兵部侍郎、吏部尚书、协办大学士、军机大臣、太子太傅等,外放安徽、江苏、福建巡抚,闽浙、直隶、两广总督,祀贤良祠,为清初一代理学名臣,事功至伟。尹会一,雍正二年(1724)进士,历任扬州知府、两淮盐运使、河南巡抚、工部侍郎、吏部侍郎、江苏学政等,续编《洛学编》《北学编》,为孙奇逢所开创的"北学"的重要成员。雷铉,雍正十一年进士,晋翰林院编修,入侍皇子讲读。两入上书房,擢左副都御史,外任浙江、江苏学政,所著《读书偶记》收入《四库全书》。官献瑶,乾隆四年(1739)进士,授翰林院编修,后任浙江乡试副考官,转广西、陕甘学政,著《读易偶记》《周官偶记》等。沈廷芳,乾隆元年(1736)举博学鸿词,选庶吉士,授编修,曾任监察御史、山东按察使。晚年掌粤秀、敬敷书院,著有《十三经注疏正字》《理学渊源》《五礼经传目》等,其《隐拙斋集》收入《四库全书》。叶酉,乾隆四年(1739)进士,入翰林,后为河南乡试副考官、贵州学政、湖南学政,十六年(1751)授国子监司业,所著《春秋究遗》《诗经拾遗》收入《四库全书》。总体而言,方苞弟子学术新创不多,理学名臣不少,其中尹会一、雷铉因重视践履,被视为清中期理学官僚的代表②,这与方苞注重躬行的理学观念一脉相承,章太炎亦称方苞"虽未识程朱深旨,但孝友严整躬行足矣"③。

其四,主持国家大型图书编纂出版。自康熙六十一年(1722)领武英殿修

---

① 郭绍虞:《中国文学批评史》,天津:百花文艺出版社,2008年,第315～316页。
② 具体参见李帆:《清代理学史》(中卷),龚书铎主编,广州:广东教育出版社,2007年,第69～89页;马子木:《十八世纪理学官僚的论学与事功》,载《历史研究》,2019年第3期,第41～61页。
③ 章太炎:《訄书》,见《章太炎全集》(三),第157页。

书处总裁以来,方苞在朝一直没有中断的工作就是修书,从蒙养斋到朝廷各大修书馆,参与修纂《御定子史精华》《御制历象考成》《御定音韵阐微》《御定骈字类编》等,并主持修纂《古文约选》《钦定四书文》《钦定三礼义疏》《十三经》《廿一史》《日讲春秋解义》《日讲礼记解义》《大清一统志》等。《古文约选》是替国子监八旗子弟编选的官修教材,为清代最重要的皇家古文选本。《钦定四书文》乃诏修"举业指南"①,出版后成为科举士人和官方衡文的必备参考书,也是唯一入选《四库全书》的时文选本。方苞修纂《大清一统志》时期,为该书纂修最有成效的时期,为最终完成打下坚实的基础②。在刊刻《十三经》《廿一史》时,方苞开创了官刻经史从《永乐大典》辑佚、附校勘记及加句读的先例,形成了初具雏形的古籍校勘"四校法"③。主持《钦定三礼义疏》修纂时,除了主修《周官义疏》,方苞还制定修纂条例、征集史料、培植新人、提携后进。可以说,方苞是《四库全书》编纂之前清初最重要的官书官刻编辑出版家之一。

综上,通过与徐乾学、李光地及满族学人仕宦高层的交游,方苞由文而学,由学而仕,由文学侍从而至学林卿相,经过自身几十年勤勉励行,一代宗师地位稳固确立。一方面,方苞朝廷地位逐日上升,从雍正九年(1731)授中允以来,十年(1732)迁侍讲学士,十一年(1733)擢内阁学士兼礼部侍郎,教习庶吉士,十三年(1735)充《皇清文颖》馆副总裁;乾隆元年(1736)再入南书房,参加当年殿试阅卷④,任三礼馆副总裁;二年(1737)擢礼部右侍郎,教习庶吉士;四年(1739)主持武英殿重刊《十三经》《廿一史》。另一方面,方苞学术地位不断提高,受到业界推重。理学家张伯行赞方苞经学之功:"方子五经所述,余皆见之,至是出《周官》《仪礼》说,尤觉邃密。……立言之功可并于立德矣。"颜李学派代表人物李塨称方苞《周官》之学:"实见周公道法治体,故义精以深,声闳而远。"清代陆王学派第一重镇李绂称方文:"警心动魄,可兴可观,

---

① 《清实录》(第九册),北京:中华书局,1985年,第502页。
② 牛润珍、张慧:《〈大清一统志〉纂修考述》,载《清史研究》,2008年第1期,第140页。
③ 任雪山:《方苞与清代的图书编辑出版》,载《图书馆》,2017年第11期,第108～109页。
④ 《高宗实录》(一),见《清实录》(第九册),第406页。

不愧立言者矣。"李光地从孙李清芳提及家人因见方苞之学而调整治学方向："吾家自从祖耜卿先生专治三礼,先君子将继事焉,及见先生《周官》《戴记》说,废然而反专治《毛诗》,研玩四子之书。"①至于入京的普通士子,拜访方苞者更是络绎不绝："其在京师,后进之士挟温卷以求见者,户外之履,昕夕恒满。"②即便乾隆七年(1742)方苞致仕还归金陵,仕宦学人来访者亦不断,正如全祖望所言："大江以南,近日老成日谢,经术文章之望,公与临川实尸之,虽高卧江乡,犹为天下之望。"③其中"临川"为李绂,"公"即方苞。

第五节　身不由己:方苞宗师形象的历史嬗变

变动不居是事物存在的基本特征,方苞宗师地位确立之后,其宗师形象在后世传衍中发生流变,大致有三种路径:

第一,方苞文学宗师形象的强化。方苞当世,其文已得到士林的普遍赞誉,韩菼称方苞为"昌黎后一人"。李光地赞方文："醇实近曾南丰而深古则过之。"畏友李绂评方文："有柳之哀,有韩之挚,志骨肉之情者,此为极则。"何焯虽与方苞诸多观点相抵牾,但对其文颇嘉许："观其读子史及叙事之文,心思笔力则非并世诸文家所能及。"④此后,桐城派文人又持续强化方苞文学宗师的形象。姚鼐《望溪先生集外文序》云："望溪先生之古文,为我朝百余年文章之冠,天下论文者无异说也。"⑤姚门高第方东树评方苞："自明归太仆后,惟先生为得唐宋大家之传。……先生之文洁而知所熔裁,以合化于古人也,而公遂翛然于二百年文家之上而莫敢与抗矣。"⑥方宗诚在《桐城文录序》中系统梳理桐城古文源流谱系后说："盖自方望溪侍郎、刘海峰学博、姚惜抱郎中

---

① 方苞:《望溪先生文偶抄》,官献瑶刻,乾隆十四年(1749)刻本,中国国家图书馆藏。
② 全祖望:《全祖望集汇校集注》,第310页。
③ 全祖望:《全祖望集汇校集注》,第310页。
④ 方苞:《望溪先生文偶抄》,乾隆十一年(1746)刻本,南京图书馆藏。
⑤ 姚鼐:《惜抱轩诗文集》,刘季高点校,第267页。
⑥ 方东树:《考槃集文录》卷五,见《续修四库全书》(第1497册),第324页。

三先生相继挺出,论者以为侍郎以学胜,学博以才胜,郎中以识胜,如太华三峰矗立云表。"①曾国藩于《读书录》称方苞古文辞"为国朝二百余年之冠,学者久无异"②。至此,桐城派之名已传誉全国,而方苞作为一代文学宗师的形象也深入人心,即便汉学家对方苞的文学宗师地位亦认同,沈彤赞颂方苞乃"今天下之善论古文者"③,王鸣盛亦称"我朝之文者,前则汪钝翁,近则方望溪、李穆堂耳"④。

第二,方苞学术宗师形象的弱化。汉宋之争是清学发展的重要脉络,以汉学为中心的叙述是清代学术史的惯例。对于崇尚宋学的方苞,汉学家评价普遍较低。批评方苞最力的是钱大昕,他在《与友人书》中认为方苞不会读书,也不懂义法:"盖方所谓古文义法者,特世俗选本之古文,未尝博观而求其法也。法且不知,而义于何有……若方氏乃真不读书之甚者。……予以为方所得者,古文之糟粕,非古文之神理也。"⑤在《跋望溪文》中他又以小说笔法刻画方苞傲慢无礼的形象:"望溪以古文自命,意不可一世,惟临川李巨来轻之。望溪尝携所作曾祖墓铭示李,才阅一行,即还之。望溪恚曰:'某文竟不足一寓目乎!'曰:'然。'望溪益恚,请其说。"⑥该文所论并不属实,多为臆测之言,违背钱氏一贯倡导的实事求是的为学准则⑦。汉宋之争的主将江藩对方苞的批判,也是不遗余力,他不仅在《国朝汉学师承记》《国朝宋学渊源记》中不载录方苞,而且在《江永传》中肆意捏造方苞自负褊狭的形象:"(江永)一游京师,同郡程编修恂延之也。是时三礼馆总裁方侍郎苞素负其学,见永,即

---

① 方宗诚:《桐城派名家文集》第9卷《方宗诚集》,合肥:安徽教育出版社,2014年,第114页。
② 曾国藩:《曾国藩全集·读书录》,长沙:岳麓书社,1994年,第368页。
③ 沈彤:《果堂集》,见《清代诗文集汇编》(第264册),第382页。
④ 王鸣盛:《西庄始存稿》,见《续修四库全书》(第1434册),第327页。
⑤ 钱大昕:《嘉定钱大昕全集》(9),第576页。
⑥ 钱大昕:《嘉定钱大昕全集》(9),第536页。
⑦ 具体参见任雪山:《钱大昕与方苞的一桩学术公案》,载《兰台世界》2017年第8期,第103~106页。

以所疑《士冠礼》《士昏礼》数事为问,从容答之。苞负气不服,永哂之而已。"①江藩所言活灵活现,仿佛亲身所历,实为杜撰之言②。晚清章太炎、刘师培等对方苞之学亦有所批评,尤以梁启超为著,他在《中国近三百年学术史》里对方苞极力讽刺:"他是一位'大理学家',又是一位'大文豪'。他曾替戴南山做了一篇文集的序,南山着了文字狱,他硬赖说那篇序是南山冒他名的。他和李恕谷号生死之交,恕谷死了,也作一篇墓志铭说恕谷因他的忠告背叛颜习斋了。他口口声声说安贫乐道,晚年却专以殖财为事,和乡人争乌龙潭鱼利打官司。"③梁氏之言,虽有所本,但仅仅截取夺人眼目之事,以批判为主要目标,而回避了事件背后真相与隐情的揭示④。

第三,方苞宗师形象的学人反思。对于方苞形象的理解,不少人经历了一个从轻信偏听到自我认知的反思过程,且以袁枚、李慈铭、顾颉刚为例。袁枚(1716—1798)与方苞是同居于金陵的晚辈,与方氏曾有一面之缘⑤,在年轻时受到钱大昕影响,颇轻视方苞,也曾有"一代正宗才力薄,望溪文集阮亭诗"⑥的名句,但中年以后开始悔悟,不敢再生鄙薄之心:"尝谓方望溪才力虽薄,颇得古文意义。乃竹汀少詹深鄙之,与仆少时见解相同,中年以后则不敢复为此论。"⑦其实,只要深析袁枚文本和文章学理论,就不难发现他对方苞的援引与推重⑧。晚清文学史家李慈铭(1830—1894)以博览群书、学识渊雅著称,其《越缦堂日记》名扬海内。李氏从年轻时阅览方苞之文,几十年不辍,

---

① 江藩著,钟哲整理:《国朝汉学师承记》,北京:中华书局,1983年,第77页。
② 具体参见任雪山:《江永、方苞京师之会的书写与汉宋之争》,载《北京社会科学》,2020年第7期,第32~33页。
③ 梁启超:《梁启超全集》,北京:北京出版社,1999年,第4988页。
④ 任雪山:《文界革命:梁启超与桐城派》,载《学术界》,2015年第1期,第211~214页。
⑤ 郑幸:《袁枚年谱新编》,上海:上海古籍出版社,2011年,第200页。
⑥ 袁枚:《随园诗话》,顾学颉校点,北京:人民文学出版社,1982年,第48页。
⑦ 郑幸:《袁枚年谱新编》,第487页。
⑧ 前人已有相关研究,如周本淳:《袁枚与"桐城派"》,见《第一届全国桐城派学术讨论会论文集》,1985年,第147~155页;周新道:《袁枚文论初探——兼论与桐城派的关系》,载《江淮论坛》,2001年第6期,第90~94页。

同治六年(1867)评方苞之文"终有本领,而义法未纯,由读书未多,情至处弥为佳尔"①。光绪三年(1877)省思阅方文之心得体会:"余二十年前读之,多为浮气所中,又过信钱竹汀、汪容甫诸公之言,颇轻视之,故自后从不寓目。此以知读书贵晚年也。"②当年十二月又曰:"望溪能知《周礼》经体之精,《仪礼》品节之妙,及《荀子》之醇处,其识自在并世诸家之上。"③现当代著名学者顾颉刚(1893—1980)考察了方苞人生及其系列著述之后,对方苞有一个更为全面的评价与学术史分析:"他无疑是一位《礼》学专家。只因他晚年,汉学家起来把宋学家压低,后来汉学益盛而宋学益衰,所以他的著作,阮元、王先谦两刻《清经解》都没有采入;人们谈起方苞,只看他是一位桐城派文章的宗匠而模糊了他的学术工作。他屈抑了二百年了。"④

综上所述,通过对方苞宗师地位之确立与形象之流变的共时性考察和历时性分析,可以发现方苞形象呈现出由经术文章并举到文学宗师的嬗变趋向。方苞本身的独特性与典型性,也相应折射出清代宗师的某种生成机制与演进特征。从生成来看,具有学术、权力与学人三位一体的组织架构,其中学术是根本,学人是外缘,权力是支撑,三者相互结合,共同助推宗师的形成。从演进来看,彰显出过程的变异性与复杂性,宗师形象既非某种力量或某人所能左右,也不会完全按照宗师本人预设的方向延展,这是历史的吊诡之处,也是历史的迷人之处。面对不断被改写的宗师形象及学术史书写,后世研究者所能做的,就是不断深入文献,揭开历史的遮蔽物与掩盖物,尽可能还原真相,重建叙述模式与话语。

---

① 李慈铭:《越缦堂日记》,扬州:广陵书社,2004年,第3919页。
② 李慈铭:《越缦堂日记》,第7292页。
③ 李慈铭:《越缦堂日记》,第7722页。
④ 顾颉刚:《方苞考辨〈周官〉的评价》,见《文史》(第37辑),北京:中华书局,1993年,第1页。

附 录

一、方苞佚文 30 余篇校释

方苞生前并无全集出版,去世后家人及弟子从康熙到嘉庆年间为其刊行全集,即《抗希堂十六种》。咸丰元年(1851),桐城人戴钧衡刊刻的《望溪先生全集》,实际是方苞诗文全集,1983 年上海古籍出版社出版、刘季高校点的《方苞集》即以此为底本。1990 年黄山书社出版了徐天祥、陈蕾点校的《方望溪遗集》。2018 年复旦大学出版社出版了彭林、严佐之新编的《方苞全集》。笔者在上述整理本的基础上又发现了一些佚文。

有鉴于此,本书收录《方苞集》和《方望溪遗集》等之外的方苞佚文,以笔者发现的为主,同时汇集学界的发现,共 30 余篇,重新予以点校、考释。

一、《方以智小传》

先叔祖文忠公,讳以智,字密之,号曼公,前明崇祯庚辰进士。弱冠负盛名,与云间陈子龙投分最久,复社诸公皆以声气名节相推尚。释褐时,贞述公抚楚,忤时相,被逮下狱,具疏请代。上称其孝,冤明白。甲申南奔,仇憝柄国,遂流离岭表,出世外。尝被絷,环以白刃,终不屈。晚乃遁迹匡庐、青原间,从游士称"无可大师",更号"药地"。叠逢患难,谈笑自如。辛于万安,归葬浮渡。所著有《通雅》《炮庄》《物理小识》《鼎薪》《浮山诗文集》数十种行世。谥文忠。江子长先生尝称为"四真子"云,盖谓真孝子、真忠臣、真才子、真佛祖也。此幅乃为摄山中峰张白云先生作也,笔墨高古绝伦,藏之名山,得垂不朽,亦幸矣哉。康熙壬午秋日,族孙苞谨识。

  按,此文为方苞给方以智(1611—1671)《无可和尚截断红尘圆轴》的画外题跋,作于康熙四十一年壬午(1702)。方苞时年三十四,此属其早年作品。方苞与方以智,同属于桐城桂林方氏,而且崇祯七年(1634)桐城民变之后,方以智与方苞曾祖方象乾(包括方拱乾)等迁往金陵,两家常有往来。

  又按,《无可和尚截断红尘圆轴》,收录在《至乐楼所藏明遗民书画》。至乐楼为香港实业家何耀光(1907—2006)私人书斋,何氏热心书画收藏,"其中以明遗民部分最为突出"(屈志仁),曾在香港、纽约等处展出。其中,1962年在香港大会堂展览后,出版《至乐楼所藏明遗民书画》。1975年在香港中文大学展览后,又出版《至乐楼藏明遗民书画》(图录),屈志仁为其作《前言》,饶宗颐高度称赞"其藏品之精,世所共悉",并为该画册作长篇学术性《简介》。《无可和尚截断红尘圆轴》,为浅绛纸本立轴,59cm×33.5cm,方以智款识曰:截断红尘十万寻,冲开碧落松千尺。特地为中峰拈出,拈个什么?可惜!可惜!无可道人。

  方以智,字密之,号愚者、无可、药地等,生于安庆府桐城县,乃"明季四公子"之一,著有《通雅》《东西均》《物理小识》《药地炮庄》《易余》《浮山文集》《浮山后集》等,今已汇编成《方以智全书》。他不仅是明末杰出的思想家、哲学家、科学家、文学家,也是桐城派先驱,侯外庐誉其为十七世纪"中国的百科全书派大哲学家"[①]。文中"陈子龙"(1608—1647),字人中,更字卧子,晚年自号大樽,青浦人。崇祯丁丑(1637)进士,官兵科给事中。殉节死。曾主编《皇明经世文编》,著有《江蓠槛》《湘真阁存稿》《安雅堂稿》等。

[①] 侯外庐:《方以智——中国的百科全书派大哲学家(上篇)》,载《历史研究》,1957年第6期,第1页。

此文表面看是题跋，实则为一篇方以智小传，叙述了方以智传奇的一生，表达了方苞对方以智声名气节的推崇，有着极重要的学术价值。余英时在《方以智晚节考》中曾提及方苞此文，以方苞与方以智家族的亲近关系，来辅助论证"方以智病死说"之不可信①。任道斌在《方以智年谱》中也提及此篇，认为方苞"年轻时颇具反清思想"②。饶宗颐在论遗民绘画时，考证此段跋语："白云即张怡，字瑶星，张大风即其仲也。怡与程端伯书尝言及《白云岩图》事迹。望溪集卷八有《白云先生传》。"③三位先生在论及题跋时，皆关涉明遗民问题，由此观之，此文不仅揭示了方苞对方以智的评价，也彰显了方苞对明遗民的态度。

二、《霜崖公传》

公讳硕，字孔曼，号霜崖，孟庵公冢孙，古山公之长子也。两岁失恃，与姊氏姚太安人依祖母方太君。时秦寇猖獗，公举家避兵江南，旅食不给，艰苦备尝。盖公之生平郁郁不得志，自幼而已然也。

公秉性聪慧，读书目数行下，辄已成诵。孟庵公怜公无母，钟爱尤甚，殷勤提诲。于六经、诸子百家，靡不殚心研究，贯洽熔铸。其所为制艺、诗、古文辞，亦靡所不工。及寇靖返里，而公已头角崭然矣。

先是流寓时，古山公已专城豫章，公祖父母故不获随任。晨昏定省，问安视膳，不啻古山公之养志焉。迨古山公解组（组）归田，未尝不深念公之孤力辛勤，而又能读书自立，以慰母氏吴太孺人于泉下。

甫弱冠，补博士弟子，屡试高等，食饩邑庠。生平朴诚自矢，不苟言笑，惟耽诗饮酒，徜徉寄兴，客中尤嗜作诗，编年凡二十四集。

馆潜江十九年，风雨凄清，寒毡坐破。每语田有兄弟曰："儿辈异日不为教书先生，便即洞天仙佛矣。"田有兄弟善读父书，能文章。公每馆归，阅二子

---

① 余英时：《方以智晚节考》（增订本），第103页。
② 任道斌：《方以智年谱》，合肥：安徽教育出版社，1983年，第288页。
③ 饶宗颐：《至乐楼藏明遗民书画·简介》，香港：香港中文大学中国文化研究所，1975年。

之文,点窜后缀以赏语,辄私之书簏中,不以示二子,恐其自足也。公之虚衷进取,与教其子之笃志,大类如此。

公元配方太孺人,温恭贤淑,年十八归戴氏,敬事舅姑,敬礼夫子,和睦家人,内外无间言,姻娅族鄣群奉为女宗。是时,霜崖公笔耕以给八口,而太孺人之奉菽水、教子女、持中馈、睦姻戚、摒挡筹画,毫无掣肘之迹。而太孺之心,又已苦矣。公与太孺人,教子极严,虽成人如童子时,侍立端庄,有出必问。田有尝为余述两人之遗训,犹凛凛也。

田有才名冠海内,岁丁卯以特恩贡太学,授县令。复以乙酉登贤书,行且魁天下,跻显仕宾。田有又蜚声黉序,拭目联翩,而公与太孺人已无一存。虽曰天之报施善人,不于其身,必于其子。然公之侘傺失志为可悲,而田有兄弟回念先人之教,为绝可痛已。

公卒年四十有八,绝笔赋吊古诗三首,一项羽,一虞姬,一韩信,意其中固亦有激昂不平者耶。太孺人卒年六十有六。子二,长名世,次平世。女二,一适明经徐迁锦,一适明经吴荃。

田有与苞为骨肉交,其门内之事,知之甚悉。苞生也晚,未获觐公之颜色,而凡里人述公之生平,至公皆为泣下,则公之厚德,亦可以意想矣。至太孺人,则苞之从姑母,苞素事之如母,其遗范犹在目也,故略为书其梗概如此。

时康熙丁亥岁阳月之吉,丙戌进士眷侄方苞拜撰。

此文刊于《中国典籍与文化》(2003年第2期,第38～39页),原题为《桐城〈戴氏宗谱〉中戴名世、方苞佚文两则》,作者为南京财经大学的钟扬和顾海。整理者称,此文见于《戴氏宗谱》卷十一"传赞"。由方苞文末署名可知,写作时间为方苞中进士(康熙四十五年)之后第二年,即康熙四十六年(1707)农历十月。文中"田有"即戴名世,字田有。霜崖公为戴名世之父戴硕。戴名世之母方太孺人,为方苞从姑母。

关于此文需注意两点。其一是方苞与戴名世的关系,二人为姑表兄弟的骨肉亲,方苞事戴母如母,对其家中之事知之甚详,可知两家素有来往。这为目前学界流行的方苞在康熙三十年(1694)进京之后才结识戴名世的论断,提供了不同的说法。其二是方苞的进士身份。方苞康熙四十五年(1709)参加会试中试,没有参加殿试,身份只是贡士,但官修书籍中也有"原进士"之说。方苞本人未见使用过"进士"称呼,此处"进士"之名,或为戴氏家人所署,非方苞本人所加。

三、《琅屿姜公传》

公讳宗吕,太原保德人,赠特进荣录(禄)大夫、右都督讳名武之子也。都督以武功显于边疆,而使公治文术。颖悟绝人,受书一见,辄了大意。沉毅有干略,自都督及旅属、乡人、宾客,见者皆谓于世将有大造也。方是时,贼势益张,内外以文法相遁,而武臣拥劲兵者,多放鸷持两端。都督平居慨慷,誓致死礼以报国。公常泣谏,以谓一人致死不足以支国势之倾坏,而诸季方稚弱,世乱将何依?都督曰:"吾自计已审,且汝在,吾何忧。"崇祯十五年春,保定总督杨公文岳,部诸将会援开封。朝命尚书侯恂驻河上,以致左良玉诸镇兵皆壁朱仙镇。良玉夜半放兵大噪,诸营皆溃。都督血战力尽以死。时公年二十有二,闻变,独身前求父尸。既至,无息耗,遂诣阙上书请恤。或自贼中来言,都督被执,骂贼不屈,至柳树坡脔磔以死,公闻复往。先是贼决河水灌开封,城尽没,白骨被野,聚落无鸡鸣,而公往返数四无所怖。公干躯伟杰,膂力过人,善骑射,督帅杨公奇焉,欲疏请以公续父职,公以母老弟弱力辞不就。于杨公所得都督故衣,招魂以还。而前上书所得恤典,不应法,复诣阙上书以讼,未得命,闻贼警,遽归视母弟,甫至家,而太原等郡邑已陷矣。逾月国变。公家居,诵书史,课群季。戊子举于乡,而其冬姜瓖反大同,州守备牛化麟杀守,据城以应之,与官兵相持逾年。而公在危城中,贼以公为州人之望,屡为卑礼甘辞以致公,公不为动。久之贼怒,一日坐泽宫,陈剑铍阶除下,迫公与孝廉陈大谟、诸生王宗本、张射斗。至盛怒,将加害。公前诘之,气扬扬如平常。贼忽阻(沮)丧,手足动摇,口嗫嚅不能出声,久之曰:"无他事,军无粮,欲与诸君共计之耳。"公遽率众以退。越日,贼独召张,杀之。贼校有妖言以媚贼者曰:"吾梦神人告我,城中有三直臣,得之大事可济。"贼曰:"必某也。"因就公强受职。公曰："神有命，宜卜于神。"使贼遍书邑中士人名数十，告于神，而筮取之，所得乃庸妄。贼遂止。及兵渡河，城破论罪，凡受伪职及乡兵从吏令者，皆坐诛。而公与陈、王诸族，独得免。陈、王每语人曰："方陷贼中，吾曹实不知所为？恃姜君多智略，与为向背，今得全宗党，皆姜君力也。"或问："何恃不恐？"公曰："吾料避就皆死，义不可昧，而贼无定情，悦以赂遗，御以术数，或可于死中得生，故也。"由是，征西大帅无不啧啧奇公才，州人与守丞皆重焉。每编审及州郡有大事，必咨于公。公开陈，悉得其条理。以己亥成进士，丙午当选期，丁母忧。己酉授潍县令，未之官竟卒。公爱诸弟，同居食，食口数十人。辛卯岁大祲，戚属贫无依者，皆待公举火。先业荡尽，是后常客游，或贷于州人以治饔。及公之殁，遗负数千金，而家居与诸弟未尝有一食之离也。公未举进士时，就教石楼，邑子弟经公指画，文章皆有法度。诸弟及子未尝有师，承公之学，皆以文艺知名于时。公为文淳古朴厚，得汉人气体。其请都督恤典前后二疏，皆卓然可传久远。有《痒痒斋文集》十卷藏于家。

赞曰：百年之木，必于牺尊。天能生材而不能用之使不枉，岂非理之不可诘者欤！观公之蒙难艰贞，履虎尾而不咥，以当天下国家之变，其功谋可胜道哉。然竟不得效于一官以死，惜也。古人有言，颜子终日不违如愚人，未尝施于事，多见于言辞，而自古以为不可及。然则公之逾远而存者，何必以功名显哉！

按，此文收录在康熙四十九年（1710）王克昌修、殷梦高纂的《保德州志》卷十《艺文上》中。"琅屿姜公"即姜宗吕（1620—1669），字琅玙，山西保德人，顺治十六年（1659）进士，康熙八年（1669）授潍县知县，未赴任卒于家。其父姜名武，字我扬，天启二年（1622）科举武举人，授大同威远守备，累迁通州副总兵。崇祯十五年（1642），随杨文岳援开封，与李自成军激战，不屈而死，赠特进荣禄大夫、右都督。姜名武有四子：宗吕、祚吕、师吕、述吕。姜宗吕有三子：枛、橚、榛。姜橚（1647—1704），字仲端，号昆麓，康熙二十四年（1685）进士，康熙三十八年（1699）为江南乡试副考官，官至吏部左侍郎，为方苞乡试座师，此传应受姜橚所请而作。

此文创作时间,并未言明。据《吏部侍郎姜公墓表》记载,"余始见公于督学宛平高公使院"①,而高裔于康熙二十七年(1688)督学江南,可知方苞与姜楙结识时间在康熙二十七年之后。康熙三十八年(1699)姜楙为江南乡试副考官,方苞中举为解元,康熙四十三年(1704)姜楙去世。因此,此文最有可能作于康熙三十八年与四十三年之间。又按,姜楙当年亦请万斯同(1638—1702)、王源(1648—1710)为其祖姜名武作传,万斯同、王源皆方苞好友,或许他们在大致相近的时间接受姜楙之请。因此推断,方苞此文写作时间当在康熙三十九年(1700)前后。此文既表达了方苞与姜楙的师徒之情,也透露出方苞对明末战争及明亡的看法。

四、《熊氏双节传》

熊子又昌来金陵,余出所著《节孝传》示之,熊子慨然曰:"嗟夫! 节孝之传与不传,亦有幸有不幸耳。如王氏三烈女、魏孝妇、张烈妇荆氏辈,虽其行之足传乎,而非先生为之传,夫又孰从而知之? 吾乡中若此类者,不一而足,而独惜无能得先生之笔以彰之也。

询其名氏,一曰傅氏,适邑庠熊试位,生二女。夫寝疾,割股者再。夫卒,水浆不入口,愿相从地下。叔姑刘劝其立继嗣、抚二女为孝之大,徒一死不足塞乃责也。然后少饮白水,必俟诸伯叔立之继,而后啜粥。嗣是女工不辍,历尽艰辛,婚嫁毕,遂即世云。

一曰余氏,适熊及宣,傅氏从侄媳也。生二女。夫卒殓棺后,引决者数四。翁、姑防之甚密,及傅氏转以养亲立继、抚女之义相勉劝,于是慨然立继,曲尽孝养以事翁姑。继子天,复立继,诸艰备,今则年将八十,诸孙绕膝矣。

之两节妇者,松柏为质,冰雪为操,而独惜无能得先生之笔以彰之也。方苞曰:"嗟乎! 忠孝廉节之心,人所同具,即人所同嗜也。彼为人臣子,而背先君之盟者毋论。设悻悻然,徒恃一死而不顾祖宗之血食、家国之存亡,吾恐不

---

① 方苞:《方苞集》,第 341 页。

能不对傅、余两女子而自生其惭耳。子归,仆即以今日之言为之传。"

此文为苏州科技大学袁鳞较早发现,载于同治十年《安义县志》卷末《艺文补遗》。文中"熊子又昌"即熊及衍(又昌),江西安义人。其父熊应璜(偕吕),康熙五十七年(1718)进士,雍正元年(1723)寿阳知县,雍正二年(1724)卒于任。父子二人皆因又昌子耳源赠文林郎。

方苞与熊又昌结识在乾隆八年(1743),并为其父遗文作序,《熊偕吕遗文序》记其事曰:"八年秋,又因吾友魏方伯慎斋而得熊秀才又昌,叩之则寿阳君之子也。……又昌倜傥有父风,为余涉三江彭蠡之险,往反四千余里,连岁再至而后有成事。将归,出君制义请序。"在《余东木时文序》一文,方苞对此事亦有记录:"乾隆八年冬十月……好古积学之自然而流露者也。西江士友并称安义熊偕吕之文,其子及衍亦以序请而未以其文来会。"

此后,方苞与熊又昌多有往来,如《答程葭应书》曰:"熊又昌回白门,接书札。时既冠之孙疾亟,不幸于八月下旬脆促。长子道章忧劳,故疾复作,于十月中旬长逝。"据《方苞年谱》"乾隆十三年,十月十六日,长子道章卒",故方、熊二人于乾隆十三年(1748)相见。

又按,文中所言《节孝传》为方苞晚年作品。综上所述,推测此文作于乾隆十三年前后,表现了方苞的节孝观。

五、《李节妇传》

节妇姓钱氏,河南淮宁李生之苾之妻也,有子曰宁,宁之言曰:"吾父为郡学生弟子,吾母世为浙西名族,年十九来归。吾父念大祖起家贫困,常冀得一命之荣以显其亲,功苦诵读。吾母操女红、烹饪以佐之,虽炎暑之朝、风雪之夜,无有间息。丁酉之秋,吾父棘闱试罢,得疾,未逾月而卒。吾年甫及周,吾母于是时又适生女弟一人,哀毁绝粒,欲死者数矣。然念吾大父大母之在堂,吾等方在襁褓,于是勉以承欢于舅姑之前,不敢以哀痛其夫之心形于颜色。吾大母以吾父之亡,忧郁成疾,手足不能动履者数年。惟吾母常侍汤药,鸡鸣而起,至夜分乃就寝息。吾父有弟二人,及诸姑皆稚龄,吾母常亲抚教之。时其为饥而与之食,时其为渴而与之饮,衣垢则为之烦捆,衣敝则为之改作。迨至二叔亲迎,诸姑出嫁,而吾母之辛勤始谢焉。吾大父常号于众曰:'吾儿虽死,顾有若妇在,乃天所遗以存吾李氏之血食也。'众载其言,盖自吾父之亡及今几二十年,吾母年方四十,大母之疾忽愈,而吾亦生子成人矣。"信如斯言,则古阴礼所谓妇德节妇,其可谓无愧也哉。

妇人以从一而终为义,不幸丧其所天,从死难矣。然以上事二人,下畜幼子,欲死不死,而隐忍艰辛以待,其死之为尤难。贤哉母欤,至于成内治宜家人,固所称余事也欤。方子曰:李生宁,从吾乡齐君镜芙游,齐君于刘生耕南中表兄弟也。耕南在京师,数数致齐君之意,请余为节妇立传。余方有□命修三礼之役,匆遽未遑。耕南既下第归里,复时时以书来趣余一言。余观节妇之行,有非寻常里巷所及者,于是书以寄于耕南,以为《李氏节妇传》。

按,此文收录在民国二十三年(1934)《淮阳县志》、道光六年(1826)《淮宁县志》和乾隆十二年(1747)崔应阶修、姚之琅纂的《陈州府志》卷二十七《艺文》中。三者内容一致,作者署名皆为方苞。兹以较早的乾隆《陈州府志》为准。

此文表现了方苞女教女德观念,值得注意的是,其与《刘大櫆集》第六卷《李节妇传》一文内容基本相同,究竟此文作者是方苞还是刘大櫆?经仔细校对发现,两篇文章第一段基本内容一致,第二段《刘大櫆集》未收。第二段既有对节妇的评价,也交代了写作背景。由背景可知,此文是李节妇后人辗转通过刘大櫆(字耕南)请方苞所作。另外,《陈州府志》修纂时间为乾隆十二年(1747),其时方苞(1668—1749)本人仍然在世,且该志的总裁河南学政兼翰林院侍讲蔡新(1707—1799)为方苞好友。其从叔父蔡世远亦为方苞好友。因此推断,府志的信息来源确凿可靠,此文作者为方苞。

六、《介山记序》

向尝职掌翰林院,时文之暇,未尝不课及于诸君子之诗词曲调,而无如其气骨之不古朴,词义之不新惊也。至欲求其以风华之笔,发潜德之光,而且出入于骚人韵士之心坎间者,益空谷足音矣。盖近日非无院本,而其中无一段精光不可磨灭之气,是犹取隔宿之尘羹,以充新饥者之空腹,鲜有不出哇者。偶值三晋松崖世兄以其夙构之诗词,请质于余,余亦嫌其陈腐。而世兄遂道及三晋有《介山记》之一书者,乃西河竹溪氏宋子所作也,大义阐介推之廉静,而绘以新声:"此从未经人道者也,先生岂犹以陈腐目之耶?"余闻其名、想其义,不禁改容曰:"此书之号果新惊矣。但恨未窥半豹。子归,为余购访之。"乃世兄还定羌,不数月而已登鬼录。呜呼!《薤露》《蒿里》倏忽百变,故人长逝可胜浩叹!因想前言,不禁出涕。然言虽在耳,料其付之东流矣。不意余解组后,卧泣西风,而忽来世兄之遗札,并所称《介山记》全稿以惠余,余始知世兄之不寡信轻诺,而种意骚坛也。睹物怀人,苍凉何似!第余病沉疴,不能仰视,因命书奴为余朗诵,则见其修词立格,亦不出元明诸家之藩篱。而其词义新惊,则实是有一段精光不可磨灭之气。余因口跋数语,命童子录之,并回札附去,一以答泉下人依恋之意,一以鼓后进者激昂之才。虽余墓木将拱,不及见此书之流传海内也,而亦何伤焉。古吴方苞望溪氏题于集贤斋之东轩。

按,此文著录在《介山记》之首,署名方苞望溪序。据文中"向尝职掌翰林院""不意余解组后"等数语,可推知此文作于方苞致仕之后。查苏惇元《方苞年谱》,方苞于乾隆七年(1742)四月辞官归金陵,因之,此文应作于乾隆七年(1742)或稍后。

《介山记》为清代的一部优秀的传奇剧作,作者宋廷魁,生于康熙四十九年(1710),山西介休人,少有隽才,未获功名,著有《竹溪诗文集》等,《介山记》为其代表剧作,时人称赞"卓乎其关(汉卿)汤(显祖)之再生,而不朽之慧业也"(卷首李文炳序)。该剧以春秋名士介子推为原型,叙述了介子推随晋文公重耳出亡十九年,后协助其灭奸复国,最终隐居绵山的故事,着重歌颂了介子推忠孝廉义、不慕名利的高贵节操。

从现有文献看,方苞与宋廷魁并无直接往来,从文中信息可知,二人是通过"三晋松崖世兄"相识。"三晋松崖世兄"究竟为何许人?在《介山记》卷首,有署名"定羌姜基松崖氏"的题诗一首,由此可知,"三晋松崖世兄"即山西定羌(保德)人姜基。关于姜基,有人称其为姜棥的族人①。按,古代一般称主考官为座师、同考官为房师,而座师、房师之子为世兄,姜棥为方苞乡试座师,松崖世兄姜基或为其子,但查《方苞集》与《介休县志》《保德州志》《山西通志》等文献,未发现直接证据。方苞的《吏部侍郎姜公墓表》和仇兆鳌的《姜昆麓先生墓志铭》都提及姜棥有一子姜宏焯,与姜基是否为同一人,或姜棥另有其他子嗣,皆未详。

赵景瑜评价《介山记》时,称方苞"不完全重视小说、戏曲的作用,因而评价未能批郤导窾,抓住要害"②。此言不确!方苞序文明确称其"未尝不课及于诸君子之诗词曲调",只因方苞文名太盛,戏曲方面成就反被忽略。此文除了体现方苞的人生交游而外,还它是方苞现存唯一的戏剧评论,体现了方苞的戏剧评价标准:一是"修词立格";二是"精光不可磨灭之气"。前者属于言语层面,后者属于意蕴层面,特别是以气论文,尤为重要,是对前人理论的继承和发展。袁宏道《徐文长传》评徐渭:"其胸中又有勃然不可磨灭之气。"③唐顺之《答茅鹿门知县二》提出,本色之文"莫不皆有一段千古不可磨灭之见"④。方苞融合前人之论来评价戏曲,并将其作为文艺作品的最高标准。可以说,以"神气"论文,是对方苞"义法"理论的补充,并在桐城派内部得以传承发展,后来刘大櫆、姚鼐等皆有相近主张。

七、《兰樵归田稿序》

余以己卯获见磁州公于澄江使院,时幕下多公门生故旧有名位者,余以学鄙后进厕其间,而公意独向余。治事少暇即就余,三复古人诗歌,而商论其所以云之意。因以所著《雪樵诗集》示余,且曰:"吾于此,心知之而力未克以至也,倘竣事得归田里,从容吟咏以终余年,吾愿足矣!"余时谓公此语为诚,

---

① 杨挺:《清宋廷魁〈介山记〉传奇研究》,山西大学硕士论文,2012年,第45页。
② 赵景瑜:《宋廷魁及其〈介山记〉》,载《山西大学学报》(社科版),1979年第4期,第27页。
③ 袁宏道:《袁宏道集笺校》,钱伯城笺校,上海:上海古籍出版社,1981年,第716页。
④ 唐顺之:《唐荆川文集》卷七,见《四部丛刊》,上海涵芬楼藏明万历刊本。

然而习于公者，尚未能深信也。是岁秋，余举于乡，始执弟子之礼，谒公于淮阴，时与公共事于河上者，多戚戚嗟嗟，而公莫然有宽容。逾年，役毕召还朝，公遂告归。又逾年，使人以归田诗来属序于余。

余观今之为诗者，其可贱之道非一，而最陋而同病者，则情与境之多伪也。古者高人达士，和平淡泊，激昂凄厉之音，其传于后宜矣。而丛细之事、鄙秽之情，亦并传而不废者。盖探其胸中所固有，故历物之意而能真也。今之所号为诗者，词意则阴袭于古人，而体制复苟同于今人。按其诗所云之情与境，以求其人，无毫末之近似焉。故古人之诗，有失其时代名氏，而数世以后，可断为何人之作者。今则此人之诗移之彼人，以至于十百千万而无不可。高平范公有言，华车有寒苦之述，而白社为骄奢之语。盖前世固以为病，而今尤甚耳。公诗无定体，随时而异，登临宴集，则儒者雅歌之风也；春秋射猎，则贵游豪士之气也；守官禁密，出入侍诰，则亲臣颂扬之体也。归田以后，息心道家之言，而发于诗者，亦任质自然而蹈于大方。盖公生平所历之境不一，而情之发因之，诗皆道其实而能工也。夫少壮宦达，将老而归，休乎林泉，此生人之至乐。昔之人，抱此愿而终得遂者，盖寡矣。诗人之情，每缘境而生。公之齿未也，天子方向公，而遽得遂其归田之志。虽公之勇退，抑亦天假之缘，使得极夫情与境之乐，而因以为诗之助与！是为序。桐城门人方苞。

此文收录在张榕端《贺兰雪樵诗集》之《兰樵归田稿》之首，乃方苞为其序。张榕端(1639—1714)，直隶磁州人，字子大，号朴园，别号兰樵。康熙十五年(1676)进士，官至内阁学士兼礼部侍郎。视学江南时，衡鉴精审，凡所识拔，皆能文之士，著有《宝崙堂诗稿》《河上草》《兰樵归田稿》《海岱日记》等。方苞乡试中举时，张榕端恰为江南学政，因此方苞亦其门下士。《方苞集》集外文有《内阁学士张公夫人成氏墓表》《诰封内阁中书张君墓志铭》《刑部郎中张君墓志铭》多篇文章。在《刑部郎中张君墓志铭》一文中，方苞提及曾与魏方甸一起客江阴张榕端学使院，即本文开篇所言"余以己卯获见磁州公于澄江使院"，再结合文中所言"是岁秋，余举于乡……逾年……又逾年"，可知本文写作时间应为康熙四十年(1701)。

除了表现二人的交谊而外,本文的重要价值还在于它是方苞难得的一篇诗论,综括方苞的观点,可称之为"情境论",所谓"诗人之情,每缘境而生"。中国古代诗学持"情景论"者多,明确提"情境论"者极少,这可以说是方苞的一个创举。方苞"情境论"的"情"是主观的,"境"是客观的,主客合一才是诗歌的最高境界,所谓"胸中所固有,故历物之意而能真"。因此,最好的诗歌都是创新的,是独一无二的,既非"阴袭于古人",亦非"苟同于今人"。所以,诗无定体,随时而异,随人而异,随事而异。这种明确的反复古倾向,与方苞的古文理论有所不同,构成方苞诗论鲜明的特色。

八、《向若编精选序》

曩苞供事武英殿,得与周力堂先生俱寒暑无间者数年,雅相好也。会圣祖仁皇帝制《易》《书》《诗》,以次告成,独《春秋》尚未竣。世宗宪皇帝召臣苞等,指授大意,命加校雠。苞以衰朽惴惴焉,惧无以仰测高深,退而与力堂往复商榷,只义单辞,必详必慎,书奏称□。盖力堂邃于经学,贯穿诸家,力穷真际,故能折衷典要,以适惬于前圣后圣之心,此鄙人所愧叹弗及也。每当校雠之暇,上下其议论,旁及古歌诗杂文,娓娓津津。苞虽颓唐听之,辄为神王,而其论制义也尤确。尝谓文以明道,道与文合而文盛,文与道叛而文衰。士不通经学古见诸言者,皆肤末耳。苞心韪其言,顾谓力堂:"主持风雅,非君而谁?予老矣,无能为役也。"今上即位,稔知力堂经术,时力堂方主试蜀中,未入报,遽有督学闽中之命,闻者莫不以手加额。力堂至,即首刊论文十六则,颁之各学,多士欣然鼓舞,皆知以通经学古为宗。每按一郡,所甄拔多一时宿学,比行科试事,而闽之秀且一空也,乃拔其尤者,细加评跋,愿曰"向若编",闽人宝贵之,以为自来未有,特惧试事既竣,先生将携板以归也,乃协某重梓。介其乡先达之在京者,请苞为序,以垂后来。苞启视其文,不名一体,各自成家。要皆言有根底,卓然能自树立不因循者。盖于宪皇帝所谓清真雅正,及我皇上以布帛菽粟之言,抒布帛菽粟之理,之闽人也欤。予重闽人之请而序之,而并寓书江浙旧游,广为流播,若大瀛海之环乎九州,匪一方独也。力堂项奉纂修三礼还有日矣。行将复如数年前之出入必偕,以是语力堂。力堂其以予言为然否？乾隆三年岁次戊午十月既望桐城方苞书。

此文收录在《向若编精选》序文中,该书由江阴蔡芳三、金华王小眉编次,方苞、王步青、储六雅评选,绿荫堂梓行。写作时间为乾隆三年(1738)。王步青、储六雅、蔡芳三等皆为方苞好友。

文中"力堂"即周学健(1693—1748),字勿逸,号力堂,江西新建人,雍正元年(1723)进士,累官户部侍郎、福建巡抚、闽浙总督、江南河道总督等。乾隆十三年(1748),坐孝贤皇后丧中剃发,被罢官。又被劾营私受贿等,赐自尽。作为方苞的同僚兼好友,周学健与方苞交集颇多,包括在朝廷三礼馆共同修书,但其名并未出现在今日通行的《方苞集》中,而方苞文集初刊本和时文集有其大量评点,可见二人关系之好。但因为是"问题人物",因此其名没有出现在《方苞集》中,就像方苞的名字几乎没有出现在李光地的《榕村全书》中一样。而本文的发现,证明了二人日常之交往,以及方苞对周学健的推重。

九、《双旌诗钞序》

古人之学与今人异,非其学异之,性情异之也。性谊肫笃莫如孝,而学之,醇驳因之,遘会通塞弗与焉。世人嗰啾一经,皓首积岁,游心禄养,希售所业,殚厥孝鳃鳃显扬之旨,默符契意若咫尺究霄壤也。稽古论孝曰:"立身行道,扬名于后世。"又曰:"始于事亲,迄于事君立身。"事守同轨,兢忠孝合辙,缅所期待,綦深且钜,非区区豆钟之谓也。禄之离距,惟所适学,不膺禄将遂不得为孝乎哉。予龆龄向学,不乐枊比章句,竟其事。遭时抑塞,偕予昆扫败叶佐炊,日月未逾,色养研味,日侍大人几衽侧,依依不忍瞬息离,弧矢悠悠,关河在目,行将安之？今且浮沉青紫,筋力就衰,发种种其耄矣,何尝须臾忘高堂哉！回念风味萧索,筋具盎然,曾不得如曩时,洗腆致养,融融泄泄之为乐也,可胜悼乎？今绎刘君又茍先生《双旌钞》,孝由性生,义以时举,顺德懿范,翕然钟毓于一庭,明德之后有达人,其何以得此于天哉！躬逢圣天子仁恩洽浃,广孝治区宇至意,褒扬覃锡,首笃纯孝,而义烈节概亦复搜罗网缺。刘君生竭其养,没餍其荣,孝之笃者无所歉,可以式靡振坠矣。乃者,妙墨盈帙,佳颂穆如,属词比事,上媲黄华。宁第镂刻雕缋,争胜六朝淑丽乎?抑执卷扬摧,为吾友陈寿田、可斋两先生桑梓也。湖以南,山川清旷,气象雄阔,汨罗沅澧间,怨而不怒,贞而不激,风骚之遗,忠孝之薮也。尔乃诗筒邮使,络绎清湘,龙章凤篆,璀璨霄衢,讵非以真性情为真孝义哉。予院直旁午,抚卷色跃之余,不禁凄然增风木之感焉。聊以是答两陈先生,为刘君广其传而序之如此。

此文刊于《成都大学学报》(2019年第4期,第55～56页),原题为《稀见明清诗文辑考六则》,作者为武汉大学文学院的朱春洁。

此文在《攸县志》《乾隆长沙府志》《光绪湖南通志》中皆有记载,比较而言,《攸县志》应当为底本,后二者为前者的转录或删节。朱文来自《乾隆长沙府志》,本文来自同治十年(1871)赵勷等修纂的《攸县志》卷四十九《艺文序》。

《攸县志》卷三十九《人物·孝友》介绍:"刘其淑,字又荀,岁贡。父遘目疾几盲,淑每夜泣祷北斗一夕,方拜祝,忽流光坠垣,昚然照耀父目顿明。淑尝患肺疾,在母侧辄忍呻吟。患齿痛,视母膳必强饭如常。亲殁庐墓,有鸟集梓荣之异。乾隆二年旌表建坊崇祀乡贤。"方苞为其诗集作序,除了陈寿田、可斋(陈大受)两位朋友的推荐,或许与其纯孝有关。陈大受(1702－1751),字占咸,号可斋,湖南人,官至协办大学士、军机大臣,为方苞弟子。

十、《四书疑问序》

道之难明也,异端乱之,俗儒、伪儒乱之;坚守真儒之说不择是非者更从而乱之,甚矣!微言未析,大义终觉有乖,一说二三,学者之大患也。盖自孔孟既殁,异说蜂起蚊集,阴阳、名法、坚白、纵横、杨墨、老释之徒,角立竞胜,以与吾学相敌。为俗儒者,弗获窥寻千圣堕绪,不过苟且附会,以卫斯道之粗迹。而斯道之精且微,伪儒又以闪倏溷漾之言巧相汩没。由是,陷生民于禽兽,坑六籍于焚余。善乎!荆川唐氏有言曰:"古之乱吾道者,常在六经、孔氏之外;后之乱吾道者,常在六经、孔氏之中。六家九流与佛之与吾六经、孔氏并也,是门外之戈;六家九流与佛之说窜入于六经、孔氏中,莫之辨也,是门中之戈。"斯言也,岂不以伪儒之害胜于俗儒,更胜于异端耶?

然吾谓当今之害,不在异端、俗儒,并不在伪儒。伪儒之害,害其从事斯道者也。当今之害,患在群奉真儒,不知别白,贸贸焉是其所非,非其所是,反授外道以入室操戈之柄,而害且遍天下。即若孔子大圣,吐辞成经,其经只在《鲁编》《易系》二书,散见者不过《大学》《中庸》,其他杂述于《家语》《戴记》、诸子百家中者,抑且荒唐纠缪,不可守为典训。二程遗书,朱子亦尝采摘精粹,订其讹误,不概辑也。然则朱子之学,孔孟以后所称间世真儒也,其德其业虽集群圣之大成,而毕生纂述岂无前后异词、彼此异见者乎?又岂无因人异说、考覆失是者乎?至于《语类》所编、《文集》所载,错杂抵牾,颇若飞蓬乱茧。外吾教者,适乐借此以售其党邪陷正、阴释阳儒之计。而宝全书者,方且曲意弥缝,左右调和,资以经说作为制举义,是重朱适以轻朱也?

间尝反覆汉唐宋以来四子疏解,恍若朱子羽圣之功,实冠群儒。思取全书,阴折其衷,归于一是。岁月蹉跎,有志未逮。不意海内笃学之士,有南丰李生者,先得我心,早发其覆,噫可谓勤矣。夫书所以明道也,道之不明哆言何益?道之克明,虽删经如河汾不为狂,拟《易》如子云不为僭。今李生,西江人也。西江之学,多佐象山陆氏,而李生独尊朱子,且于朱子知所抉择,岂非志于明道、孟子所称豪杰之士哉?

癸丑夏,来游京师,曾挟《六经解》介曹子谔廷、蔡子芳三,谒余。余惊叹,以为俗学梦梦,是真超越风尘之表者。丙辰,复以鸿词就试,更出所定《朱子疑问》商榷,余始喟然太息,谓李生是编,知者许为紫阳功臣,不知者必斥为狂且僭,然而善读朱子者,必有以察之矣。

时乾隆丙辰岁仲秋良日桐城友人方苞书。

《四书疑问》是乾隆年间的科举用书,作者李灏,字柱文,江西南丰人,贡生,乾隆元年(1736)举博学鸿词不遇,后任永宁训导,有《易范同宗录》《间莅堂集》等。《四书疑问序》,即方苞给《四书疑问》作序,写作时间为乾隆元年丙辰，即1736年。该文由《方苞全集》编者在哈佛大学燕京图书馆发现并收入全集，本文重新予以点校。

方苞一般少为书作序，特别是科举用书，李灏能够请到方苞作序，自然颇有交情，他通过友人曹一士和蔡寅斗拜访方苞。曹一士(1678—1736)，字谔廷，号济寰，又号沔浦生，松江府上海县人。雍正七年(1729)进士，改庶吉士，散馆授编修。十三年(1735)，考选云南道监察御史。乾隆元年(1736)，迁工科给事中，著有《四焉斋文集八卷诗集四卷》等。曹氏与方苞同出自韩城张廷枢门下，曹氏又是方苞好友陈鹏年弟子，刘声木的《桐城文学渊源考》称其"私淑方苞，受古文法"①。《四焉斋文集》卷六收录其给方苞的信札三封：《与方灵皋书》讨论国朝学术，《与方总裁》讨论《大清一统志》关于关隘的设置体例，《与方灵皋》叙述与方苞的相识与交谊，称方苞在何焯之后"继主其席，为古今文字总持，以鼓舞后学"②。蔡寅斗(1694—1762)，字芳三，一字建勺，号九宾，江苏江阴人。乾隆丁卯(1747)举人，官国子助教。岁丙辰，荐举博学鸿词，不就，与方苞友人储大文、郭起元等皆有往来，尤与刘大櫆往来频繁，对刘大櫆时文颇多评点，刘大櫆有诗《虎丘逢蔡芳三》。沈德潜《清诗别裁集》称其工古今文及骈俪韵语，著有《九贤堂稿》。

本文的重要意义在于对明清儒道之乱的剖析。方苞把儒者分为真儒、俗儒和伪儒三类，认为儒家虽然受到"阴阳、名法、坚白、纵横、杨墨、老释之徒"冲击，但其害不在此，甚至也不在俗儒，而在伪儒，并引用唐顺之之言，提出近世乱吾道者"常在六经、孔氏之中"，可谓"门中之戈"。具体到当世之害，不在异端、俗儒，也不在伪儒，而在"群奉真儒，不知别白"，这种不加分辨的盲目崇奉贻害无穷，"反授外道以入室操戈之柄，而害且遍天下"。因此，真正的儒者，应该"知所抉择"，如此儒道方明。此乃为学者不刊之论。

---

① 刘声木：《桐城文学渊源考》，合肥：黄山书社，1989年，第110页。
② 曹一士：《四焉斋文集》，见《清代诗文集汇编》（第241册），第112页。

十一、《尹太夫人年谱序》

自古非常之人,元德、显功、奇节见于本传,未尝别有谱。盖德与功惟要其成,节见于一时一事,欲编年而谱之,无以举其辞。下逮唐宋诗人文士之尤著者,后人好其文辞,就集中所云,按其身所经历,序次其年月,而于人心世教非有所关,则其于言也为赘矣。惟伊川程子、考亭朱子历年多而或出或处,一言一动皆可为学者法。故伊川则朱子谱之,朱子则蔡仲默谱之,义法盖取诸《孔子世家》而可以兴起乎百世者也。自古女妇,虽有圣德,列于风雅,播诸乐歌,用之闺门、乡党、邦国,以化天下,而未尝特为记传。盖以阴德女教,具载内则,虽善尽美备,而辞事皆同。故韩欧诸家,凡志妇人,第条次族姓、生卒,及夫与子仕隐、学行,而约略其风徽,以为之铭。若志稍详,则铭更略,此立言之体要也。博野尹副宪会一之母李太夫人,为女为妇为嫠笃孝苦节,既可为女妇师。而自会一贵盛,守官行政弥珍济艰,凡大事太夫人必为经画,授以节制,其禄赐非请命,子妇不得取锱铢而办。尽于官中以恤军振穷,建桥梁设津渡,为民长利,半以付族姻且义仓义学,以裕乡人,教邑之子弟。凡所为皆士大夫之事,而非女妇之事也。又其高识远见,更有士大夫所不能及者。故其生也,余既以入《闻见录》,卒铭其墓。而会一谱之,以质于余。以志与《录》皆举其大略,不能每事而详之也。事有古人未尝有而可以义起者,其此类也夫。故特为序论,兼著传、谱、志、铭之源流,俾士大夫据高位、持厚禄以终其身,而无一可称,其子孙徒志其官阶、锡命、恩赐以为荣,或构虚迹、饰浮言,以益人之诟病者,知所愧耻,岂唯女妇宜闻而兴起与?乾隆十年冬十有二月桐城方苞撰。

按,此文收录在《尹太夫人年谱》之首,署名方苞。该年谱与《方望溪先生年谱》一起收录在《北京图书馆藏珍本年谱丛刊》第 89 册,学界未见提及。

又按,尹太夫人为尹会一之母,此文作于乾隆十年(1745)方苞致仕以后。尹会一曾就家谱之事求教于方苞,方苞建议其母亲之事,不宜详载家谱,"而仆谓宜为年谱者"①。古代为女子作年谱,实属罕见,方苞此举有开创意义,后来尹会一采纳了方苞的意见,为其母作年谱,请方苞为之序也就顺理成章。此文后来节选收录在民国《嘉丛堂丛书》所收蔡显的《闲渔闲闲录》卷三。

在该年谱的方苞序之后,还著录了方苞一篇短文《论编年谱书》,其内容如下:

> 得手教,一切具悉。为母编年谱,古未之有;而太夫人志事与贤士大夫略同,乃妇女中特出之人,不惟今世希闻,即在古亦罕见。则孝子创例以为世法,播流海内,可兴可观;人不能訾也。如苦婆艰时,事皆琐细,不可条举。则总计家道息耗、人事凶吉,改移或数年或十数年,而括之曰:太夫人于是年几何矣。此《史记·孔子世家》义法也。略者略之,详者详之,唐宋名贤年谱多如此,不必以前事简略为嫌也。望溪方苞白。

此文在恩露所藏方苞佚文集中名为《答尹元孚》,后收录在戴钧衡编纂的《方苞集·集外文》中。综合这两篇文章,结合下一篇《致尹嘉铨书》,可以大致见出方苞的年谱理论:一是以义法为指导;二是注重人心世教;三是年谱与传铭、语类不同,传铭举其大,年谱叙其详,语类重其学;四是两性平等。只看事迹,不唯性别。当然,了解谱主的背景,也是基本条件。

十二、《致尹嘉铨书》

贤尊《年谱》,泛览一过。付儿兴,授以指意,使删截大体不失。乃命孙辈,别录一稿。老生再阅读一过,又截去字句冗设者,可以信今传后矣!大概此本所删,原本中更无应补,如论学语,当入语类,不宜多入谱也。贤尊孝德纯全,居官多善政而无过行。虽未尝特治一经,以精神日力为官事所夺耳。前年过我,告以功令不得与绅士见曰:"某计之熟矣!万一有弹奏,则某明奏愿罢官,从先生学礼。"此种心胸,非今人中所有。贤若能以老生所阅定《仪礼

---

① 方苞:《方望溪遗集》,徐天祥、陈蕾点校,第58页。

注疏》,并所学《析疑》抄本,编为一书,择贤尊所订《丧祭之礼》纂入,与安溪、高安、张尔岐、李耜卿之说并存,乃继志述事之大者。愚自入夏,气息奄奄,念惟贤性质笃厚,可读古圣贤书,老生未竟之业将有望焉。乾隆十四年四月十七日望溪笔。

按,此信收录在《尹健余先生年谱》之首,该谱为光绪五年(1879)谦德堂刻《畿辅丛书》本,后来的版本中这封信被移除了。尹嘉铨(1711—1782),直隶博野(今属河北)人,尹会一之子,与其父皆为方苞弟子。尹会一(1691—1748),字元孚,号健余,雍正二年(1724)进士,历任吏部主事、扬州知府、河南巡抚等职,乾隆十一年(1746)授工部侍郎督江苏学政,十二年(1747)造访方苞,执弟子礼。方苞与尹会一皆为清代著名的官僚理学家,二人晚年往来频繁,关系密切。尹会一早方苞一年去世,这封信为方苞去世前几个月而写,内容主要是讨论尹会一年谱的编修以及从学三礼等问题。方苞的意见尹家很重视,年谱出版时署方苞审定。信札表现了方苞与尹家两代人的深厚情谊,同时还揭示了方苞对清初礼学的看法。

十三、《致尹会一书》(一)

仆与安州兄弟交老,先生孝德,夙深敬仰。及旌麾莅江介,清风高致,传述于南上之口者,不约而齐声。每与云伻学士言,必图良觌,不谓枉存。至再,皆以公事拘缀。黄岗杜于皇先生云:"朋交有时节因缘。"信然。然古人异世相慕,亦不以接膝为亲也。办漕事,乃中州百万生灵数十年所苦病。大农海公语仆,改折与搭放兵粮,必不能行。必邻省近水处,代为采办,乃可久远不变。故定议抚军与总漕商酌,若山东不能全半,即江西、湖广米贱处,采买梭米解通乃妥。又郑州事,人言啧啧,尚宜访查,事关国政民生,遇贤者而不告,则非古人之意,故不敢以交浅为嫌。

此文刊于《古籍整理研究学刊》(2019年第1期,第105页),原文标题为《方苞佚札六通考释》,作者为苏州大学博士生袁鳞。后面五篇信札亦出于此。

此札见于《健余先生别集》卷二《河南尺牍》，袁鳞考证此札应作于乾隆二年(1737)。文中"安州兄弟"，即河北安州人陈鹤龄之子陈德荣、陈德华、陈德正三兄弟。陈德荣(1688－1747)，字廷彦，康熙五十一年(1712)进士，曾任安徽布政使。陈德华(1696－1779)，字云倬，雍正二年(1724)状元，曾任左都御史、户部尚书等。陈德正(1701－1774)，字醇叔，号葛城，雍正八年(1730)进士，官至陕西按察使。《方苞集》有《广文陈君墓志铭》《通议大夫江南布政使陈公墓志铭》，《方望溪遗集》有《陈月溪时文序》(代)。"杜于皇"即杜濬(1611－1687)，字于皇，号茶村，湖北黄冈人，为明遗民，与余怀、白梦鼎合称"余杜白"，以诗名世。杜濬与方苞祖父、父亲等往来密切，卒后方苞撰《杜茶村先生墓碣》，相关信息详见本书第一章。"大农海公"，即乌雅·海望，满洲正黄旗人，乌雅氏。雍正元年(1723)，由护军校授内务府主事，雍正九年(1731)为户部侍郎，十三年(1735)后为户部尚书。

陈德荣、尹会一都是朝廷高级官吏中方苞推崇的青年才俊。此文价值在于不仅揭示了方苞与他们良好的关系，同时还表明了方苞对国计民生的关注。

十四、《致尹会一书》(二)

侧闻绪论，深喜吾辈中又得一担当世道人。古之君子，必至诚恻怛，洞朗平虚，然后可为烝黎所依，国家所恃。高安、漳浦所编《名臣录》，当吾世而近之者，不过潜庵、稼书两先生。盖行而成之而要其终，古人所难。环极魏公不能与汤、陆并称，职此之故耳。往年论西事二书，望公讨论而议去其非。

按，该札收入《健余先生别集》卷三《里第尺牍》，袁鳞考证此札应作于乾隆五年(1740)与乾隆七年(1742)之间。

文中所言人物"高安"，即朱轼(1665－1736)，字若瞻，号可亭，谥文端，江西高安人，康熙三十三年(1694)进士，官至吏兵二部尚书、太子太傅、文华殿大学士。"漳浦"，即蔡世远(1682－1733)，字闻之，号梁村，福建漳浦人，曾任内阁学士、礼部侍郎等。二人编有《历代名臣传》《历代名儒传》《历代循吏传》

等。"潜庵"即汤斌(1627—1687),字孔伯,号荆岘,晚号潜庵,河南睢州人,顺治九年(1652)进士,官至工部尚书,卒谥文正。"稼书"即陆陇其(1630—1692),字稼书,浙江平湖人,学者称其为"当湖先生"。康熙九年(1670)进士,历官江南嘉定、直隶灵寿知县、四川道监察御史等。环极魏公,即魏象枢(1617—1687),字环极,号庸斋,河北蔚州人。顺治三年(1646)进士出身,官至左都御史、刑部尚书等。他们都是清初著名理学家。本文的价值在于表现了方苞对理学家群体的认同。

十五、《致尹会一书》(三)

与公相见恨晚,始得披豁而遽分手,清风朗月,时切怀思。仲春,以《周官余论》付公郎求讨论,此书从未以示人,以公与陈方伯皆深练民治,欲为究切行之而有伏害者。今仆得告归,定于四月初十内登程,望以原稿掷下。《闻见录》纪太夫人懿德一篇,箧中更无别稿,祈并检发。

据苏惇元《方望溪先生年谱》,乾隆七年(1742)方苞致仕归里,因此此文当作于这一年。

方苞是清代《周礼》学名家,著有《周官集注》《周官析疑》《周官辨》等,而《周官余论》罕见提及,知者甚少。方苞《叙交》一文曾提及"雍正元年,公为冢宰,礼先于余。……次年二月,余请假归葬,始以《周官余论》十之三示公"①,可知雍正二年(1724),《周官余论》已成书,并在好友间传播。据方苞《答尹元孚书》记载,尹会一有刻印该书之意:"来示欲刻《周官余论》,即欲广其传,俟仆身后可也。"②关于该书性质,《健余札记》卷四曰:"方望溪先生素习经济之学,著《周官余论》十篇以见志,虽不必尽可见之施行,但治不法三代。张子以为,苟道倘得其人,因时因地以制宜,堪为太平之策,固有断断不易者矣!"由此可见,该书并非文学著作,而是"政法"之书。

文中所言"《闻见录》纪太夫人懿德一篇","太夫人"即尹会一之母李氏,

---

① 方苞:《方苞集》,第688页。
② 方苞:《方苞集》,第688页。

该文确实收录在方苞《见闻录》中。另外，方苞还为尹太夫人撰写墓志铭和年谱序，可见方苞与尹会一关系之密切。

十六、《致单作哲札》（一）

到白门后，曾托东抚晏公招贤南来，共纂经书。后乃闻未还家，随难兄赴浙，所寄札次第皆到，此回得大字《国语》，心目为之一开。

所议八家文旧评未当者，尤见读书细心，甚喜！但出仕不远，目下惟宜讲问律例，读史书，切究前哲处事济变之方，而以余力治古文，亦可为获上治民之助。

愚《易说》钞寄，然自知未有得也。令兄诸文，笔意颇不俗，而字句多疵，谨略为删削古文。近一老学徒，欲刻其所存于箧笥者，俟其刻成，照原目补录，俟贤北上过金陵时面付。近文又七八篇，二篇寄览。余不赘。

单作哲（1710—1767），字侗夫，号紫溟，山东高密人，受业于方苞。乾隆丙辰（1736）进士，历任饶阳知县、枣阳知县、池州府同知，著有《五经补注》《有恒堂书抄》《古文法式》等，其《紫溟文集》为《高密单氏诗文汇存》收录，后收入《山东文献集成》第3辑。单作哲曾为方苞编次刊行《朱子诗义补正》，《紫溟文集》有《方望溪先生书》三封。《方苞集》卷五有《书高密单生〈追述考妣遗事〉后》，《方望溪遗集》有《答单生》。

按，"东抚晏公"，即晏斯盛（1689—1752），江西新喻人，康熙六十年（1721）进士，历官安徽布政使、山东巡抚、户部侍郎等。而其出任山东巡抚与方苞还归金陵，都是在乾隆七年（1742），亦即此札写作时间。

文中所言"八家文旧评"，当指方苞评点《唐宋八大家文》，从《古文辞类纂》评点亦可略窥其貌，在《半舫斋古文序》中方苞论及删定唐宋八大家古文，可见方苞对唐宋八大家古文之用心。

方苞平生勤于先儒经义，《诗》《书》《礼》《春秋》《易》皆有研究，治《易》几二十年①。关于前四经,方苞都有著作传世,唯独无《易》经方面的著作,此札所言《易说》当为方苞罕见的《易》学著作,有珍贵的文献价值。

十七、《致单作哲札》(二)

读古书一寸,不若施实德于民一事;使一邑之民安,胜于居高位而闭口无一言。惟作古文于居官不相碍。凡书谍示判关民事者,皆古文质干也。但吾辈精神独立不能久远,不若治经可分日月之余光,此则非有司所可兼耳。

愚去秋几死者再,天幸复生,四肢五脏无处不为患,而治《仪礼》不休,其中奥美无穷,盖以性命殉之不暇。看《明史》,寄来参一两,甚佳。此时州县官,安能以此饷师长。

愚以建先忠烈断事公祠及服参,积债千数百金,今夏竟摽弃三百年祖遗莲花池。冬春间,九治《仪礼》,稿定,誓不再服参以俟命矣。《经解提要》已有议刻者,仅钞过一部。儿孙辈无有志于此者,贤迫欲看,则以旧底本相赠可也。刻《文集偶钞》者,众议尽铲去原评,其板尚存半,身后刻全集,仍处之,望先为讨论已刻者。若有所疑,不妨改定也。

金钟长子长成,冬日以家婢配之,主人出十金为治男女衣物,望预支工食十两寄来,以完成此事。吕公札并书又确人入都,望致之。索回信,余不赘。

此文至为重要,首先阐发方苞的古文观。方苞的古文,并非今日抒情之散文,而是与经史为一体的叙事文。此文揭示了方苞古文与事功也是一体的,关系国计民生、造福万民是其要义。在方苞的价值系统里,立功是大于立言的,而古文是最好的反映事功的文体。

其次,此文揭示方苞晚年治《仪礼》的状况。全祖望《望溪侍郎挽诗》:"前年我过湄园中,先生留我间经筒。七治《仪礼》老未竟,上纠康成下继公。"②

文中"九治《仪礼》"的情况,程鉴、刘大櫆、雷铉、沈廷芳等门人亦有提及,可见方苞晚年治《仪礼》之勤。

---

① 方苞:《方苞集》,第 166 页。
② 全祖望:《全祖望集汇校集注》,第 2275 页。

再次,文中所言《经解提要》,当指删节后的《通志堂经解》。删节此书几乎耗费方苞一生精力,他希望能够"存一稿本于宇宙间"①,并积极发动各方力量予以刊刻,多次与友朋弟子翁止园、梁裕厚、德济斋、石永宁、吕宗华、雷铉、钟励暇、陈大受等商量刊刻事宜。他曾坦言:"余生之事,惟兹为急,是以敢切布之。"②后世学人对方苞删节《通志堂经解》多有高评,全祖望认为方苞"于通志堂徐氏所雕九经,凡三度芟剃之,取其粹言而会通之"③。卢文弨曰:"此书之能全读者罕矣!唯桐城方望溪先生曾遍为点勘,其专治一二经从而嚅哜者尚多有。"④此文揭示删节《通志堂经解》初期的史实,而且单作哲应该存有抄本。

最后,文中所言《文集偶钞》当为《望溪先生文偶抄》。该书为方苞晚年文集定本,初刊本有诸家评点⑤,后来程廷祚反对加评点,就予以删除。此文表明评点遭遇众人反对,一定程度上反映了时人对评点的看法。方苞还是希望保留,并赠送单作哲,听取他的意见。

综上可知,单氏与方苞往来密切,藏有方苞晚年多数著作。

十八、《致单作哲札》(三)

古文三篇俱佳,中一篇法未老,当少为增损。去年大病,虽幸复愈而神气消尽,首夏犹手足如铁。适寄参二两至,甚赖其助。但此物贵至此,又费贤拮据,心实不安耳。抄书十金并土物收到,古文尚未刻成。

贵宗妾臧氏殉节事,遍寻箧笥,竟失其稿。贤另作,即以入《见闻录》,不必老生作,如王昆绳、李厚庵、蔡闻之集中所载节烈事,即略删薙刻入,用本人名字。贤于此道规模已大可观,遇可传之人之事即籍之,八家古文皆居官时

---

① 萧穆:《跋望溪与雷副宪手札》,《敬孚类稿》卷七,合肥:黄山书社,1992年,第195页。
② 方苞:《与吕宗华书》,见《方苞集》,第161页。
③ 全祖望:《全祖望集汇校集注》,第309页。
④ 卢文弨:《题三立书院所藏〈通志堂经解〉卷首》,见《抱经堂文集》卷七,乾隆六十年(1795)刻本。
⑤ 方苞文集初刊本具体情形,参见本书第四章相关内容。

所作也。

一札又书一封,或遣役致吕公,或官封从驿递,中作一书,叙入吕书向愚称誉事。余事不宣。

此文写作时间,袁鳞考证在乾隆八年(1743)与乾隆十一年(1746)之间,理由是《望溪先生文偶抄》于乾隆十一年刊刻,以及"臧氏殉节"时间:"乾隆八年正月,承谟以腹疾卒。族人敛钱以葬,氏取承谟服御物悉纳棺,既敛,遂死之。"①

按,文中"王昆绳"即王源,字昆绳,一字或庵,直隶宛平人,方苞挚友。单作哲《刻王昆绳先生遗文引》云:"乾隆辛酉夏,寓望溪先生京邸,见有秀美而髯,体弱如不胜衣者,问之。先生曰:'此亡友昆绳先生之孙王匡也,以应试来京,并携其王父已、未刻古文乞余选定,子其为我先之。'"②"李厚庵"即李光地,字晋卿,号厚庵,别号榕村,福建泉州人,为方苞师长辈,方苞尊其为"先生"。"蔡闻之"即蔡世远,方苞好友。此文揭示了方苞晚年的生活状态。

十九、《致刘古塘札》

闻长郎之痛,一札奉唁,竟未得息耗。弟拘缀无顷刻之暇,故不能时寄书。吾兄端居无事,而于患难衰疾之友,经年不通闻问。此种疏懒,恐转亦近世俗人,而远于古人之道耶。弟作纲主长郎哀辞,已并及公郎之痛,其稿在道希处,吾兄曾见否?

自到京,事益烦,境益恶,详道章家信中,训之可知。弘思、履安相继即世,南中故人几尽矣。欲作字唁其子,而执笔哽咽,无可措辞,望兄为道此意,兼训其生平有潜德隐行,人所不能、众所不知者一二端。弟将为作墓表。弟近日哀辞墓铭,实近退之,而变化过于欧王,百世而下,必有知者,惟此可以谢故友于地下也。吾兄西行所得,未随手散去否?老年不可以依人为长策也。

---

① 单作哲:《紫沤文集》,见《山东文献集成》(第3辑),济南:山东大学出版社,2009年,第43册,第543页。
② 单作哲:《紫沤文集》,见《山东文献集成》(第3辑),第43册,第523页。

草草,不尽欲言。古堂二兄。行弟苞顿首。十月廿日字。

按,此文收录在凤凰出版社 2016 年出版的庞元济辑、梁颖整理的《庞虚斋藏清朝名贤手札》(第 5 册)中。文中"长郎"并非人名,而是指刘古塘长子。刘捷(1658—1726),字月三,一字古塘,江宁人,康熙五十年(1711)举人,是明朝安庆第一位状元刘若宰的后人。"道希"为方苞兄长方舟长子,"道章"为方苞长子;"履安"为朱文镳的字,方苞有《朱履安墓表》;"弘思"所指何人,暂不明;"纲主"应为"刚主",即李塨。李塨(1659—1733),字刚主,号恕谷,直隶蠡县人,颜李学派代表人物,方苞好友,其长子李习仁为方苞弟子,康熙六十年(1721)八月卒,方苞作《李伯子哀辞》,文中提及"闻吾友刘古塘长子将冠而殇"。

此文创作时间,当在康熙六十年(1721)之后,雍正四年(1726)刘古塘去世之前。此文的意义在于,揭示了方苞与诸人的友谊,尤其是与南中故人的往来,及其对自己作哀辞墓铭之评价。

二十、《孝廉康世轮墓志》

志墓非古也,古之碑系绋以下窆。自孔子题延陵之墓,后世因勒死者名氏、子孙爵里,既而饰以文章道德,行称勋伐,然其言贵质,所以考信而浮谀不取焉。广文康君与余侄求义同官西江之龙南,花县鳣堂,酒盏诗筒,交最善。余宦游京师二十余年矣,出惊怖束缚之中而谬为礼臣,表彰之事与有责焉。家侄因康君请,走函乞余文表其父孝廉翁之墓。

按状,孝廉讳世轮,字子御,号慕斋,登康熙癸卯贤书,拣选知县,原籍吉之泰和。前此捷南宫解多士,代不乏人。万历丙辰间,元穗公由进士官兵部尚书,声尤著。迨迁崇才三世,而科名荐绅绵绵延延,与西昌祖居相埒。孝廉举丈夫子三,一门之盛,谓非孝廉遗泽之所致哉!惟是顺治丙戌年间,蒲寇猖披,崇城陷于贼。士大夫蝼蚁走,孝廉之父讳万和者,前明廪鸡肋书生,避难乡落,竟遭执去。方其被执也,孝廉只身相从,拼命入贼垒,见乃翁颈被铁索,背两手,号呼扑地,愿请身代而终不允。至足胻胫折,不为屈,卒冒刃而身陨。

当时孝廉恨不能夺刀自刎,同随泉下,以挽人天鬼神之所不能夺,视古之绍祖孙抑辈何多让焉。嗟乎!虎豹虺蛇,盗贼风波,险阻饥寒,历万死一生,裹骸扶榇而归,此即老成人亦不能为,而况孝廉年方弱冠也。又庐墓三年,寝苫枕块,一灯寒苦,刻像泣拜,泪尽继之以血,可谓孝矣。雍正元年,都人士征其事上请于朝,得邀旌表,入祠建坊,而孝行已载入西江省乘。至为人谨厚和易,自举孝廉益加爱鼎,从不干外事,不为翕热,亦不为岸岸斩绝之行。六上春官不第,虽就职终不得入而为郎。四海苍生,虚卜梦寐,殊足惜云。尽持余文以报广文君,应亦以余言之质而非谀也。孝廉殁于康熙丙寅,距今□十九载,宿草离离,墓木久拱。今康氏兄弟重修佳城,故为文镌石而表于墓。

此文为苏州科技大学袁鳞较早发现。该文辑自同治七年《南安府志》卷十九,《(光绪)崇义县志》卷十二《孝廉康世轮墓志》文中略有删改。

文中所言"余侄求义"即方求义。方求义(1696—1770),字质夫,号绮亭,又号乐巢,桐城人,上元籍。方拱乾曾孙方世履之长子,桐城桂林方氏十七世。雍正己酉(1729)拔贡,任江西龙南、南安等县知县,授文林郎,葬上元县,刘大櫆为之传。

方求义任职龙南县的时间,据《龙南县志》卷五《(光绪)职官制·县令》载为"雍正十三年乙卯",与康世轮之子康敦溥为同僚,康敦溥雍正六年(1728)开始任龙南县训导。此文创作时间,袁鳞考证为雍正十三年(1735),因为文中言及康世轮卒于"康熙丙寅"(即1686年),而文末"距今□十九载"当为"距今四十九年",与"宦游京师二十余年"亦相合。

二十一、《莱阳县李公暨配练孺人墓志铭》

永城李雨苍,余石交也,为余道邑多盛德君子,而从叔父钟邰公其首称也。雨苍未第时,饮食教诲惟公是赖,故其相知为最深。今年夏月,雨苍有书来京师,言公殁已久,丧犹在殡,不幸叔母练孺人又亡,秋杪将卜其兆域以合葬焉,而嘱余铭其墓。余意雨苍之言,信而可据,铭之异于今之谀墓者,故按行状谱之。

公讳昌祖,字勺文,号钟邰,性纯孝,六岁馆师授以孝经,朝夕不忍释手。九岁即能操觚属文。十三通经史,虽老师宿儒咸叹以为靡及。年十七补博士弟子员,慨然以士之溺章句暗世务也,潜心载籍,博求古来治乱兴衰之故。当其有得,辄发于诗古文辞,元元本本,皆有益世道之言也。康熙丁巳科登贤书,凡九试礼部,皆不报,公仍恬然。或劝曰:"古之作吏者,岂以甲乙榜分高下哉?君固可以仕矣。"谢曰:"吾于家庭,寸阴是惜,何必三公得而一介失乎!"盖是时,尊人媚雪公母樊太君咸在堂也,于是绝意进取,鸡初鸣盥洗,即偕练孺人周旋亲侧,左右就养无方。顾媚雪公暨樊太君春秋高,俱多病,疗而愈,愈而旋病,遂既失其恃又失其怙,而天伦之乐不可再得矣。当媚雪公弥留时,洒泪教之曰:"噫!长与汝诀。然君亲一也,汝能移孝作忠,我死犹不死焉。"公遵遗训,免丧,营葬毕,谋所以显亲者,丁亥遂筮仕山东莱阳县令。时莱阳洊饥,田畴芜,学校荒,刑罚烦,廉节骤。公劳心抚字,田畴之芜者易之,学校之荒者修之,刑罚之烦者平之,廉节之骤者振之,然后民乐输公,士争被濯,邑旧例诸所费非正供者,皆科于民。公悉为蠲去,竭己物力以办之,而民无扰焉。夫周官六计,廉其上也。宦裔某者,以事责婢,婢忿自戕。婢父诬控某,某大惧,愿以千金献,公变色曰:"令知有法尔,若无罪,有金如粟,不以入怀;若有罪,虽多金,能涸我哉!"后廉得其实,竟免于罪。然公之治莱,恩威并用,不事姑息,捕击肱篚不稍纵,入境文登,奸民王三为暴登□,两邑骚然。公设方擒治置诸法,其两邑之患以息,三年治成,上宪交口誉之,将有所荐剡,乃以劳瘁致疾,卒于官。所著有《实胜斋诗》《东海杂咏》等卷。彭阁学方洲尝为叙云:"呜呼!忠孝者,士人常节,亦复何奇。然王陵弃母、温峤绝裾以从王事,是可忍也,孰不可忍也。"余读史至此,戚戚然有痛于心焉。谓若而人也,天伦既亏,尚何功名之可言哉?反是以观钟邰公之令莱,其克尽父母斯民之道,诚有其本矣。

练孺人为明大司马讳国事公女孙,辛卯选贡石林先生讳贞吉女。司马公在东林,阮大铖所指为急先锋者也,石林先生亦得名于雪苑社中。孺人目见耳闻,熏习有素,故其事舅姑、佐夫子、训子孙皆能无悖于道。方钟邰公之宰莱阳也,终岁所费,只取给于清俸。孺人喜曰:"吾得为廉吏妇,幸矣!"最后见出浮于入,则帅子妇归田里,减食节用,以所赢余尽输于莱,常谓长男广文君曰:"汝父贻汝以清白,不以厚乎?汝仕虽无民社责,然所司者教化也,不可有忝厥职,以为汝父羞。"又顾诸子曰:"力耕读书,吾家本业,勿荒于嬉,各事其事可耳。"呜呼!孺人之于妇道也,其动中礼法如此,亦岂无所本而能然哉。

公之先,晋冀城人,始祖讳本,迁永城,八传至公绍公,讳支,承赠儒林郎,孝行详省志,公大父也。公绍公生嵋雪公,讳峦,实维公。考嵋雪公学问文章,在有明已有声庠序,厥后年弥高德弥劭,遂为中州硕果。樊太君妇德,亦足配梁凡。公之为言为行,出身加民者,有一非得于庭帏间乎。公生于顺治壬辰十二月十四日子时,卒于康熙辛卯五月初十日巳时,享年六十岁。练孺人与公同年六月十三日巳时生,后公二十一年雍正壬子二月初二日寅时卒,享年八十一岁。其子若女,孙、曾孙之子若女婚嫁详状中,于雍正十一年十月十五日丑时安葬于浍滨,先茔之次,以练孺人祔,铭曰:山则有玙,佩之为琚。谁非人子,公切倚闾。以公之才,蚤致令闻。铜章未受,归赋白云。亲既终天,始著吾鞭。作令三载,匪私一钱。士曰吾师,于铁为磁;民曰我父,于祝为尸。公有佳偶,如宾如友。相厥夫子,共此不朽。悯莱之穷,俭以饬躬。人拜其赐,勿咏大东。公虽大去,泽犹在世。想其遗风,莫之与媲。觑彼浍水,汤汤逝波。恐后之讹,有石可磨。石何以磨,公德可歌。

按,此文见于光绪二十九年(1903)岳廷楷纂修的《永城县志》卷三十五《辞章·墓铭》,作者署名桐城人方苞,结合《方苞集》相关内容,此文非伪作。又按,文中所言"李公"即李昌祖,康熙十六年(1677)举人,官山东莱阳知县,著有《实胜斋诗》《东海杂咏》等,为李雨苍从叔父。李雨苍,即李汝霖(1669—

1764)①,康熙三十五年(1696)举人,五十一年(1712)进士,授鄱阳知县,因政绩卓著,先后调任兴化、延平、建宁知府,升刑部郎中,后辞归故里,善为古文、制艺,著有《求是斋文衡》《经正堂求是说》《制艺》等。张伯行极称之,其《正谊堂文集》多为李汝霖校订。作为方苞好友,《方苞集》收录有《送李雨苍序》《李雨苍时文序》《书李雨苍札后》等。本文除了体现方苞与李汝霖的交游而外,还对李汝霖家族有比较细致的介绍,尤其是李家与永城练国事、练贞吉家族的联姻之事。

二十二、《翰林庶吉士任君墓志》

乾隆三年九月二十五日申时,河南翰林任公东皋卒于京。余闻而哭之,其子谦扶榇南归,十二月持公行状哀恳恻怛以墓铭来请。余叨教习南宫,知公详且悉,于其忠孝性成,文行兼备,荦荦大节,远过人者,未易更仆数也。公讳中柱,字回澜,世为邺之沙阳人,其曾大父孟秋不仕,大父文翔公有显德,父潜九公以理学名于时,公生而颖异,十岁受书,即慨然以明道为任。稍长,才思敏捷,为文洒洒数千言。康熙癸巳举于乡,乙未成进士,入翰林习国书。甲寅罹母艰,除服再补庶常,未几殁。方公馆选,初辄以母老乞终养,章凡三上,朝士或阻之,而公志益决。既归,竭力就养,历二十年不怠,以视绝裾太真,母死不及奔丧为终身恨者,贤否奚若耶?公伯兄蚤世,次兄自幼失明,笃敬逾于常格,其至性如此,家居虽优游田里,以道自乐,然心惓惓。在朝廷,间谈及时事,皆根本经术,剀切世务,非所称庙堂则忧其亲、庭帏则忧其民者与!公天性谨严,坐立有常度,未尝跛倚疏放,虽燕私不少变。平生博极群书,课子弟严有程品。邑里后生来谒,谆谆教语,必依于礼,故执经问字,户外履长满,皆

---

① 邬国平、刘文彬注译的《新译方苞文选》(三民书局2016年版)之《李雨苍时文序》称李雨苍1660年出生,没有出示证据。江庆柏《清代人物生卒年表》称李汝霖为1669年出生,源自《清代官员履历档案全编》。光绪《永城县志》卷二十四《高寿》,称李汝霖年九十五岁,但皆未言卒年。陈兆伦为李汝霖之子李惺好友,其所著《紫竹山房文集》卷二十《李雨苍先生八十寿序》,于文末附记称,二十年后,即乾隆甲申年(1764),李雨苍以九十七岁高寿卒,应为约数或虚龄。综合判断,李汝霖生于1669年,卒于1764年,享年95岁。

称祭酒先生不衰。与人交,温恪而信,不为激言厉行,观其光者,咸叹为春风迟日也。嗟嗟!以公之才与公之德与养,使天假之年,黼黻□明廷,佐时出治,功名事业,古名臣不能过。何一朝星陨,溘然长逝乎?顾公德望文学,炳炳照人,虽志业未终,亦堪不朽已。

公生于康熙二十一年一月初五日辰时,享年五十有七。娶李氏,文林郎凤阳公长女。男谦,读书有父风,娶李氏,女二,孙男二,孙女一,长幼归聘,俱详状中。明年,将葬于城北龙山之原,刻石□志其铭曰:德粹而温,道大而方。光风霁月,玉质金相。名列彤庭,志切萱堂。大孝垂型,与日争光。闻讣北来,泪洒清漳。勒铭幽宫,哲人不亡。

按,此文收录在嘉庆四年(1799)戚学标纂修的《涉县志》卷八《艺文》中。任中柱(1682—1738),字回澜,号东皋,河南涉县人。康熙五十四年(1761)进士,任翰林院庶吉士,后假归养亲,著有《镜晦堂集》若干卷。雍正十一年(1733)和乾隆二年(1737),方苞两度教习翰林院庶吉士。此文应该作于乾隆三年(1738),从中可见方苞与翰林院庶吉士的教学及往来。

二十三、《乌龙潭放生举本记》

金陵城内西偏,清凉山侧乌龙潭,相传唐颜鲁公为浙西节度使驻升州,奏请为放生池。潭分上、下坝,当南北之中,坝上有放生庵,旧设颜公神位,士民就此祀公。余考:唐乾元二年,诏天下,临江带郭置放生池,共八十一所。颜公表文于江宁举太平桥,而今潭绝无桥梁。省城东连蒋山,北临元武湖者曰太平门,则颜公所设放生池,乃北城外之湖,俗称后湖者,非兹潭也。赵宋时曾废湖为田,至明太祖都金陵,置册府于湖中央以藏典籍。然则改用此潭为放生池,当在明祖时,特其事细微无关于政要,故宋以后废田为湖,明初易湖以潭,而存放生之旧,其年月文牒今皆无考耳。

江浙环溪山寺观旁,多设放生池,盖都人士用为游观,而僧道士资之为利者也。其广者不过二三亩,使放生者日积而任其孕育无伤耗,则数年以后将无地以容之矣。惟颜公之法,春秋网取,以深盘贮水,运入小舟舸,至大江中流而舍之。用此,知事无小大,经贤者之注措,即曲尽物理而可为世法如此。以余所闻见,自明初入国朝,三百二十余年,皆守颜公之法,至康熙戊辰、己巳以后,僧道士争讼,僧亡庵废,潭种芰藕,下坝亦填淤过半。每岁秋冬,蚁聚数百人,强取潭鱼,道士不能御也。三学诸生讼言,请修庵,返颜公神位,复放生旧制。巡抚部院祁阳陈公捐俸,为公家所不能及,苟有力当独身任之。朱子建社仓,一以属其士大夫、耆民而不参以有司之法,有以也夫。

时余寓居潭旁,首事者曰:"宜有记。"遂为之书。

乾隆十年季春,望溪方苞撰,天门唐建中书,宝应汤鐏镌。

按,此文初见于王思豪《江苏历代名人传记丛书·方苞》,句读文字略有调整。该文称,此文为碑刻,碑今存南京市鼓楼区乌龙潭颜鲁公祠内。此文为方苞应门人陈大受之请而作。陈大受(1702—1751),字占咸,号可斋,湖南祁阳人。雍正十一年(1733)进士,选庶吉士,乾隆元年(1736)授编修,乾隆四年(1739)任安徽巡抚、兵部侍郎,乾隆六年(1741)到十一年(1746)任江苏巡抚。乾隆十年(1745),陈大受重修颜真卿放生池,并作《重修颜鲁公放生池庵碑记》,同时请方苞撰文。

此文不仅是有关乌龙潭放生池的重要文献,而且揭示了方苞致仕后在南京的晚年交游。文中除了陈大受,唐建中与汤鐏也是方苞好友。

二十四、《书〈符节妇任氏传〉后》

凡尽乎天理而为人伦之极者,皆圣贤之事也。盖人无微、事无细,而道之所全则甚大,吾于天津符钟奇妻任氏之事有感焉。任氏年十七归钟奇,逾岁而钟奇死。姑杨氏,故孀也,阅六月又死。时任氏仅遗腹一女子,而钟奇弟妹四人皆孩提。任氏保抱携持,为之母,为之师,又以其间修业而息之。凡二十年,各授室有家,而节妇死,其族姻皆曰:"自有节妇而杨氏可无怼于其死,钟奇可无憾于其亲。"

微节妇,符氏无今日矣。夫妇人之守节也,以洁其身而勤家者,多为其子。任氏之用心岂不尤异矣哉!昔余客涿州,馆于滕氏,见仆独自异于群奴,怪之。主人曰："其母某氏,歙人也,美姿容。自入吾家,即涕泣请于主妇曰:'某良家子,不幸夫无藉,遂至此。凡役之贱且劳者,不敢避也。但使与男子杂居同役,则不能一日以生,愿哀怜而详察之。'会家孺子疾,使往视,兼旬未尝一交睫。前后所养孺子凡六人,忠勤如始至。自其夫自鬻,即誓不与同寝处。而夫死,疏食终其身。家人重其义,故于其子亦礼貌焉。"

呜呼!若任氏之履常而笃谨,某氏之遭变而艰贞,皆所谓尽乎天理而为人伦之极者也。使置道之全体而专言其一节,虽圣贤处此其事,岂复能有加也哉!然任氏之义,闻之者独族姻耳。至某氏隐身于臧获,孰知其志乃与日月争光者乎?夫士平居之所以施于家与自检其身者,其事未若二妇人之艰难也。而乃苟于自恕,兹非所谓失其本心者与?

按,此文署名方苞,收录在乾隆《天津县志》卷二十一《艺文》中。该志乾隆四年(1739)由吴廷华总修,汪沆分修。文中所言符钟奇妻任氏,雍正十二年(1734)受到朝廷旌表,《天津府志》《天津县志》皆有记载①。

经查《方苞集》并没有同题文章,但笔者核查后发现,此文与《方苞集》卷八《二贞妇传》颇为相似。经仔细比对,两篇文章有两点差异:其一,本文第一段、第二段与《二贞妇传》顺序颠倒,大致内容相似,部分词句不同。其二,本文第三段,大部分内容与《二贞妇传》不同,特别是对贞妇的评价,本段提出的"尽乎天理而为人伦之极者",与第一段的"凡尽乎天理而为人伦之极者,皆圣贤之事也"遥相呼应,堪称本文主旨,而《二贞妇传》没有相关内容。

从时间来看,《天津县志》为乾隆四年(1739)所修,当时方苞还在世,且在朝奉命纂修《三礼义疏》,而《天津县志》鉴定者顾琮(1685—1754)为方苞好友,并于乾隆五年(1740)为方苞刊刻文集,对方苞文献非常熟悉。此外,《天津县志》总修吴廷华(1682—1755)乾隆二年(1737)到天津,与汪沆一起修县志,乾隆三年(1738)受方苞邀请进京修三礼,与方苞也比较熟悉。由此来看,本文的版本来源是可靠的。而《方苞集》底本,是乾隆十一年(1746)方苞弟子

---

① 朱奎扬、张志奇修,吴廷华纂:《天津县志》卷十九《列女》,乾隆四年(1739)刻同治印本;李梅宾、程凤文修,吴廷华、汪沆纂:《天津府志》卷三十《列女》,乾隆四年(1739)刻本。

程鉴刊刻。因此,本文应该是最初版本,较之后来看到的《二贞妇传》,显得更加完整,而且能够体现方苞文章修改的前后变化,值得研究者参考。

二十五、《隐玉斋》

前贤读书地,古迹久湮埋。空过中禅寺,谁知隐玉斋?
径荒碑复没,地胜境仍佳。经眼重新日,游观澹客怀。

按,这首诗收录在《如皋县志》卷二十一《艺文志二》中,题名"隐玉斋"。隐玉斋,今在江苏如皋水绘园内。水绘园明清时期为冒辟疆(1611—1693)家族故园。宋明道元年(1032),曾巩(1019—1083)之父曾易占出任泰州如皋知县,14岁的曾巩随父至如皋,在中禅寺寄读。多年之后,曾易占幼子曾肇知泰州,到如皋中禅寺,触景生情,题字"隐玉斋",寄托对亡故父兄的深情。方苞何时过如皋中禅寺,已无从知晓。但曾肇对父兄的感情,以及曾巩的古文,或许都曾在方苞心中掀起波澜。至于是否与冒氏家族有关联,待考。

二十六、《题欧阳透峰遗像》

异彩斑斓织锦袍,五花宠诏国恩高。
从知丹穴源流远,云路盘旋有凤毛。

见说鸿生植厚基,名山著述老经师。
画中省识春风坐,睇想芸编授业时。

按,这两首诗收录在《分宜县志》卷九《艺文·文征·诗》中。该志由李寅清、夏琮鼎修,严升伟等纂,同治十年(1871)刻印。分宜县属于江西省新余市,方苞与江西学人多有互动。

二十七、《点绛唇》

序罢南山,秋风吹破千行泪。落英飘坠,最是销魂味。
囷囷归来,始向花前醉。桐城水,几多丰致,人远寒烟翠。

按,这首词收录在《词说文学史》(北岳文艺出版社,2016年版)中。该书著者刘成群(1978—),河北高阳人,分别获得复旦大学中文系硕士学位、清华大学历史系博士学位,现为北京邮电大学人文学院教授。中国词学研究会会长王兆鹏先生为该书作序,称其为以词体韵语写文学史第一人。

方苞传世的词很少,这首词应当作于康熙五十二年(方苞出《南山集》案狱)与雍正二年(恩诏准方苞归乡葬亲)之间,即1713—1724年。词中表达了方苞《南山集》案后的心态与感受,凄婉动人。

二十八、《题萧云从〈丹霞山十六景册〉六首》

题黄沙溪
山间日月长,溪声绕茅屋。中有抱膝人,高歌媚幽独。

题朝阳岩、禺山、蝙蝠岩
飞鸟入层云,禺山俯乌背。大啸青天开,山与云俱碎。

题海关铁索、御风亭
力疾登海关,伛偻齐踵口。上有石匣书,一编名久久。

题一线天
浮云蔽太空,此间天一线。莫谓同管窥,已见千山面。

题虹桥叠翠
蜿蜒一游龙,幽人履其尾。松风起怒涛,秋云乱山鬼。

题海螺晚秀、舍利塔
削成青芙容,涌地三千丈。今朝遇刘晨,自署此山长。

按,萧云从(1596—1673),字尺木,号默思、钟山老人等,安徽芜湖人,明末清初著名画家,姑孰画派创始人。幼而好学,笃志绘事,寒暑不废。崇祯十一年(1638)加入复社,次年为副贡生。入清不仕,闭门读书作画,或游历名山大川。善画山水,兼工人物。《丹霞山十六景册》境界奇僻,苍润兼济,画的是广东丹霞山,合计 16 幅图,题诗者达 17 人:田实发、方苞、王蓍、唐建中、黄越、张大受、程大戴、李钦文、蔡望、徐陶璋、周龙光、鲁一贞、陈履谦、王为壤、程之铭、杜世捷、程京萼。广东丹霞山清初经明遗民李永茂、李充茂兄弟开发。李永茂,字伯子、孝源,号嵩道人,原籍河南邓州,明崇祯十年(1637)进士,后为南明遗臣。顺治十年(1653),赣州失守后,携眷属及部分族人流落韶州丹霞山,遂隐居于此。

从这六首题画诗,可见方苞的诗歌特征,以及早年的交游往来。

二、方苞弟子考

古之学者必有师。师徒关系,不仅是一个人主要的社会关系,也是学术发展的重要支撑。中国由早期的学在官府、官师合一,到春秋战国时期"文化下移",由士承担教育的重任。唐代科举制度确立后,师徒关系发生重要转变,特别是明清时期,"儒学与举业走向一体化,形成以举业为中心的师承关系"①。清代的教师,通常有受业和受知两大类,其中"亲受指示讲读者为受业师;入学及中举、中进士、复试、殿试及朝考阅卷者为受知师"②。与此相应,弟子也包括受业、受知两种,当然不乏二者兼而有之者。

方苞,江南桐城人,康熙三十八年(1699)举人,康熙四十五年(1706)贡士。康熙五十二年(1713)之后,以白衣入值南书房,从雍正十一年(1733)开始,升任内阁学士兼礼部侍郎,进入朝廷九卿行列,常参议一些关系国计民生的大事,但从事最多的仍是文化教育类工作,长期担任皇家武英殿和各大修书馆的总裁,曾于雍正十一年癸丑科、乾隆二年(1737)丁巳科两次教习翰林

---

① 林上洪:《清代科举人物师承研究》,武汉:华中师范大学出版社,2013 年,第 57 页。
② 商衍鎏:《清代科举考试述录》,北京:生活·读书·新知三联书店,1958 年,第 87 页。

院庶吉士①,参与雍正十三年(1735)九月顺天乡试"十魁卷"和乾隆元年(1736)丙辰科会试的部分阅卷工作②。可以说,方苞是上述乡试、会试考生广义上的受知师,他们也都是方苞的弟子。据统计,仅雍正十一年癸丑科、乾隆二年丁巳科的庶吉士就有135人③,再加上雍正十三年九月顺天乡试和乾隆元年会试的弟子,数目庞大。其实,多数受知弟子,徒有其名,不符其实;而另外一些士子,或慕其名,或仰其才,从游受业,成为真正的方苞弟子。基于此,有必要对方苞弟子重新予以考证。

  前人对方苞弟子的研究,总体匮乏④,至今未见一篇专门的学术论文。有代表性的相关研究文献有两部,一是徐世昌的《清儒学案》,二是刘声木的《桐城文学渊源考》。《清儒学案》以《方苞年谱》与《方苞集》为基础,仅列"望溪弟子"8人,即沈廷芳、官献瑶、雷鋐、王兆符、程崟、李习仁、陈大受、单作哲,而把全祖望、刘大櫆、叶酉、姚范列为"从游",李学裕和尹会一等皆排除在外,这个统计既不全面,范围也窄。相比较而言,《桐城文学渊源考》所列范围宽泛,因为该书考证的是人物渊源,而非弟子,当然也包含弟子。刘声木所考证的方苞弟子包括三类:师事、私淑和再传。后两类就渊源来说无可厚非,真正称得上弟子的还是第一类。刘氏考证"师事"方苞的弟子,据笔者统计有34人,依次为:方杓、张尹、叶酉、王又朴、王兆符、程崟、李习仁、汪度涵、徐流芳、黄世成、官献瑶、尹会一、雷鋐、沈彤、沈廷芳、陈大受、单作哲、陈浩、方观承、赵青藜、张甄陶、孙廷镐、陈从壬、周煮、王立甫、吴燮、余燨、陈仁、龚巽阳、

---

① 鄂尔泰、张廷玉:《词林典故》卷七,乾隆十三年(1748)武英殿刻本。
② 《清实录·高宗实录》(一)卷十四,北京:中华书局,1985年,第163、406页。
③ 鄂尔泰、张廷玉:《词林典故》卷七。
④ 不少关于方苞的研究,都没有专门讨论方苞弟子问题。比如:朱崇学的《方苞的生平与学术》(香港大学硕士论文,1986年);姚翠慧的《方望溪文学研究》(台北:文史哲出版社,1988年);许福吉的《义法与经世:方苞及其文学研究》(上海:学林出版社,2001年);廖素卿的《方苞诗文研究》(台北:花木兰文化出版社,2009年);师雅惠的《方苞学术思想与文论》(中国社科院博士论文,2009年);刘文彬的《方苞时文研究》(复旦大学博士论文,2013年);刘月菊的《方苞交游考论》(扬州大学硕士论文,2013年);田丰的《论方苞经学及其与古文创作的关联》(南京大学博士论文,2014年)。

光正华、方文始、方城、吴镜斋、刘大櫆。

我们再来看方苞弟子的另一份名单,来自方苞手定的《望溪集》初刊本的评点者①,据笔者统计,向方苞"执弟子识"的有30人:程崟、王兆符、胡蛟龄、王又朴、刘芳霭、韩彦曾、雷鋐、储晋观、陈大受、陆嘉颖、陈仁、赵青藜、黄世成、李清芳、单作哲、冯祁、帅家相、贺鸣谐、叶酉、官献瑶、沈廷芳、程廷祚、刘大櫆、朱续经、余甈、和凤翔、姚世骅、吴轩、俞端、程嗣章。不难发现,其中大半与刘声木所考证的不同,而且不少没有出现在《望溪集》中。

其实,方苞弟子的总量,要远远超过上述人数。方苞自己说:"仆少壮游四方,数至吾门,必请业而后已者三百余人。"②这还是少壮时期,通籍做官以后,其数量更大。因此,本文基于前人研究,并结合当前大量的新文献,对方苞弟子重新予以系统考证。

(一)进士弟子考辨

1. 程崟(1687—1767),字夔州,号二峰,一字南陂,江南歙县人。少即从方苞游③,制义外古文尤有家法。康熙四十七年(1708)举人,五十二年(1713)恩科进士,充武英殿纂修官,授兵部方司主事,升本部武选司员外郎,授福建清吏司郎中,寻告归,署理家族盐务。后筑别业于真州,选订明代及本朝古文,次第付梓。尤嗜音律,顾曲之精为吴中老乐工所不及。著有《二峰诗稿》《韩笔酌蠡》等,为恩师方苞编订《史记注补正》《考工记析疑》《春秋直解》《春秋通论》《左传义法举要》《春秋比事目录》《望溪先生文偶抄》等,对方苞著述传播贡献突出。《方苞集》有《答程夔州书》《程赠君墓志铭》,《方望溪遗集》有《答程葭应书》。《二峰诗稿》有《步望溪先生展五世祖断事公墓诗原韵》《答刘艾堂阁学四首即次送望溪师南归》《方望溪业师予告南归志喜》《哭方望溪业

---

① 方苞文集初刊本《望溪先生文偶抄》,王兆符、程崟于乾隆十一年(1746)辑刻。该本收文260篇,汇集了当世147位评点者的350余条近2万字的批语。
② 方苞:《答程葭应书》,见《方望溪遗集》,徐天祥、陈蕾点校,第66页。
③ 方苞:《重建润州鹤林寺记》,见《方苞集》卷十四,第432页。

师四首》等。

2. 王兆符(1681—1723)，字龙篆，别字隆川，顺天大兴人。方苞挚友王源之子。康熙三十五年(1696)，方苞馆于京师汪氏，王兆符来学①。后王源离家漫游，兆符自天津迁金坛，复从方苞于金陵，王源尝语望溪曰："兆符视子犹父也。"兆符康熙六十年(1721)中进士，行身端直，以文学知名。为方苞编订《望溪先生文偶抄》《左传义法举要》《春秋通论》《春秋比事目录》《史记注补正》《考工记析疑》等，对方苞著述传播贡献突出。《方苞集》有《王生墓志铭》《祭王昆绳文》等，《钦定四书文》收录王兆符的《仁者先难而后获》。《清稗类钞》把他列入方苞"师友类"。

3. 王又朴(1681—1763)，字从先，号介山。原籍扬州，六岁时随父迁居天津。雍正元年(1723)进士，授编修，历任两权盐运司、陕西凤翔府通判、西安同知、汉中通判、泰州通判、庐州同知等，所至有政声。著有《诗礼堂全集》《史记七篇读法》《孟子读法》《易翼述信》等，《易翼述信》被收入《四库全书》。《方望溪遗集》有《与王介山书》。又朴成进士，即拜见方苞，以古今文为贽。方苞归隐金陵，他再请受业②。其《王介山古文》《易翼述信》皆署"方望溪先生鉴定"，《史记七篇读法》也深受方苞义法影响。

4. 胡蛟龄(1682—？)，字凌九，江南泾县人。雍正元年(1723)进士，改庶吉士，历官兴平知县、山西道监察御史、浙江道监察御史、户科给事中等，乾隆十六年(1751)主山东乡试，所拔多积学之士。著有《起亭诗钞》等，纂修《兴平县志》。方苞为其父作《胡右邻墓志铭》，文中提及胡蛟龄自成进士问学于方苞③。

5. 尹会一(1691—1748)，字元孚，号健余，直隶博野人。雍正二年(1724)进士。历任吏部主事、襄阳知府、扬州知府、两淮盐运使、河南巡抚、左副都御史、工部侍郎督江苏学政、吏部侍郎督江苏学政等。尝造访归隐金陵的方苞，

---

① 方苞：《王生墓志铭》，见《方苞集》卷十，第254页。
② 王又朴：《王介山古文自序》，见《王介山古文》，乾隆十九年(1754)诗礼堂刻本。
③ 方苞：《方苞集》卷十，第297页。

执弟子礼①。曾修纂《扬州府志》,续编《洛学编》《北学编》,后人汇其所著为《尹健余先生全集》,《清史稿》有传。《尹健余先生文集》有《上望溪先生书》;《健余先生尺牍》有与方苞信札三封②。《方苞集》有《答尹元孚书》《尹元孚墓志铭》《尹太夫人墓志铭》《与黄玉圃同祭尹少宰文》《答尹元孚》,《方望溪遗集》有《答尹元孚书》二封。此外,方苞为尹会一所编《尹太夫人年谱》作序。

6. 陈浩(1695—1772),字紫澜,号未斋,直隶昌平人。雍正元年(1723)中举,二年(1724)进士,改庶吉士,授编修,充日讲起居注官,历任少詹事、福建乡试副主考、湖北学政、侍讲学士等,曾主讲大梁书院。工书法,著有《生香书屋诗集》《生香书屋文集》《恩光集》等。在武英殿修书期间,陈浩与方苞交情尤深,其《生香书屋诗集》卷一有《题沛上人松月传心小照读卷中方望溪先生文对雨成十四韵》《送家体斋侍御督储湖北兼寄怀望溪先生》,卷二有《怀友八首·方望溪先生》《过望溪先生园亭感旧》等。《生香书屋文集》卷一有《与方灵皋先生书》,文曰:"某之生也,幸得与先生同时,又辱承先生之教至十余年之久。"③

7. 刘芳霭,字济美,号兰谷,江南宣城人,雍正五年(1727)进士,历任福建仙游知县、户部给事中、监察御史。著有《刘兰谷文集》等。与雷铉、陈仁、黄永年、钟畹、李清芳等相友善,在《望溪集》评点中向方苞"执弟子识"。

8. 李学裕(1691—1745),字余三,河南洛阳人。雍正五年(1727)进士,选庶吉士,历官兵科给事中、四川建昌道按察司副使、江苏粮道、广东按察使、江苏按察使、安徽布政使等,入祀乡贤祠。工诗善书。馆选后,即拜方苞称弟子,乾隆十年(1745)金陵再访方苞行弟子礼,虽比方苞早入翰林,但一直用弟子之称④。《方苞集》有《与安徽李方伯书》《安徽布政使李公墓志铭》《挽李余三方伯三首》。

---

① 方苞:《方苞集》卷十一,第300页。
② 袁鳞:《方苞佚札六通考释》,载《古籍整理研究学刊》,2019年第1期,第104~106页。
③ 陈浩:《生香书屋文集》卷一,乾隆三多斋刻本。
④ 方苞:《方苞集》卷十,第286页。

9. 韩彦曾,字沥芳,江南长洲人,韩菼之孙,韩孝基之子。雍正八年(1730)进士,选庶吉士,散馆授翰林院检讨,乾隆九年(1744)以检讨充日讲起居注官,乾隆十二年(1747)以司经局洗马为福建乡试正考官。乾隆十五年(1750)主讲钟山书院,后掌苏州紫阳书院。修纂《崇明县志》。方苞与韩菼一家三代交好,韩彦曾曾跟方苞一起在书馆修书,并在《望溪集》评点中向方苞"执弟子识"。

10. 雷铉(1696—1760),字贯一,号翠庭,福建宁化人。初受学鳌峰书院,得到蔡世远赏识,遂从问学。后蔡氏把他推荐给方苞,拜为师。雍正十一年(1733)进士,选庶吉士,十三年(1735)召入京值上书房,乾隆元年(1736)授翰林院编修,入侍皇子讲读,九年(1744)应召入京值上书房,历任通政使、浙江学政、江苏学政、左副都御史等。以母丧操劳过度离世。著有《经笥堂文钞》《闻见偶录》《读书偶记》《励志杂录》《校士偶存》等,其《读书偶记》被收入《四库全书》。《方苞集》收录《送雷惕庐归闽序》《雷氏先墓表》《与雷贯一》等,《方望溪遗集》还有《答贯一》信札二封。雷铉的《经笥堂文钞》有《上方望溪先生书》《上方望溪先生》《方望溪先生苞行状》等文。《清史稿》评价雷铉"和易诚笃,论学宗程朱",洵为的论,但称"与方苞友"①则不完全属实,沈廷芳称雷铉"同学于子方子之门"②。

11. 储晋观(1699—1742),字宽夫,号恕斋,江苏宜兴人。祖储方庆、父储在文,及几位叔伯皆为进士,储在文(礼执)为方苞友。雍正十一年(1733)进士,选庶吉士,参与《御览经史讲义》《钦定四书文》《明鉴纲目》的编修,著有《松隐堂集》《恕斋诗集》等,今已佚失。《方苞集》卷四有《储礼执文稿序》,方苞所编《钦定四书文》录储在文四书文多篇,可见方苞对他的认可。晋观在《望溪先生文偶抄》评点本中向方苞"执弟子识"。

12. 陈大受(1702—1751),字占咸,号可斋,湖南祁阳人。雍正十一年

---

① 赵尔巽等:《清史稿》(第34册)卷二百九十列传七十七,第10282页。
② 沈廷芳:《隐拙斋集》卷四十一,见《清代诗文集汇编》(第298册),第545页。

(1733)进士,选庶吉士,乾隆元年(1736)授编修,历任吏部侍郎、浙江乡试正考官、安徽巡抚、江苏巡抚、闽浙总督、兵部尚书、吏部尚书、协办大学士、充经筵讲官、军机处行走、庶吉士教习。乾隆十四年(1749)晋太子太傅,署直隶总督。十五年(1750)授两广总督。十六年(1751)以病乞解任,谥文肃,祀贤良祠,《清史稿》有传。有《陈文肃公遗集》,《清史稿》评其"清节推海内"。《方苞集》集外文有《与陈占咸大受十首》,《方望溪遗集》有《答陈可斋书》,在《望溪先生文偶抄》评点本中向方苞"执弟子识"。

13. 陆嘉颖,字大田,号心斋,又号恂斋,浙江仁和人。雍正十一年(1733)进士,选庶吉士,授左中允,乾隆十七年(1752)以编修充日讲起居注官,曾主讲广东端溪书院,并与卢崧、朱若炅、闵鉴等编纂《南丰县志》(乾隆三十年),著有《恂斋诗集》六卷。沈廷芳《又附方望溪先生传书后》云:"今年冬同门陆大田编修(嘉颖)邮至先生手帖,告用暗之丧。"①《两浙辀轩录》(卷十九)称陆嘉颖:"出桐城方先生望溪之门,经学著述必与商榷而后定。"②

14. 陈仁(1706—1780),字元若,号体斋,又号寿山,广西武宣县人。与胞弟陈旭同为雍正十一年(1733)进士。历任翰林院编修、福建及陕西监察御史、湖北粮道、四川建昌道等职。著有《用拙斋诗文集》,现藏于桂林图书馆。《方苞集》有《陈西台墓表》,言曰:"仁及吾门十年,自翰林改官台中,颇知慕古贤节慨。"③《用拙斋诗文集》有《上方望溪先生书》等。梁章钜评陈仁:"闻观察尝在方望溪先生门下者十年,先生称其行己不苟。余尝见其所撰《四节妇记》,甚得古文法,不愧望溪宗派。"④张维称陈仁为"广西文学桐城第一人"⑤。

15. 汪师韩(1707－1780),字韩门,号上湖,浙江钱塘人。雍正十一年

---

① 沈廷芳:《隐拙斋集》卷四十一,见《清代诗文集汇编》(第 298 册),第 540 页。
② 阮元:《两浙辀轩录》卷十九,嘉庆六年(1801)仁和朱氏刻本。
③ 方苞:《方苞集》卷十二,第 359 页。
④ 梁章钜:《三管诗话》,蒋凡校注,南宁:广西人民出版社,1996 年,第 106 页。
⑤ 张维:《广西文学桐城第一人——陈仁的古文创作》,载《河池学院学报》,2007 年第 6 期,第 27～32 页。

(1733)进士,选庶吉士,散馆授编修。乾隆十年(1745)为湖南学政,十二年(1747)为上书房行走,十六年(1751)被罢官,二十三年(1758)主讲清晖书院,二十八年(1763)受方观承邀请修家谱,三十年(1765)出任莲池书院山长。著有《观象居易传笺》《诗学纂闻》《上湖诗文编》《理学权舆》等。其父汪振甲雍正八年(1730)进士,雍正十三年(1735)调补桐城县。其《莲池书院课艺序》曰:"昔尝从望溪先生游。"《张青圃八家文粹序》亦曰:"中岁获游望溪先生之门。"①其《上湖诗文编》收录有《跋方望溪先生教忠祠禁》。

16. 赵青藜(1701—1782),字然乙,江南泾县人。乾隆元年(1736)进士,选庶吉士,散馆授编修,三年(1738)充浙江乡试副考官,五年(1740)迁江西道监察御史,六年(1741)充浙江乡试副考官,丁母忧归,乾隆十二年(1747)充湖南乡试正考官。善古文,受义法于方苞②,著有《漱芳居文集》16卷、诗集32卷、《读左管窥》2卷。《方苞集》有《赵孺人翟氏墓志铭》。《漱芳居文集》有《答方望溪先生书》《上方望溪先生状》《再上方望溪先生状》,其中有言:"岂先生昔日辱收而教之之意耶?"③在《望溪先生文偶抄》评点本中向方苞"执弟子识"。

17. 方简(1711—1785),字汉青,号敬思,江南怀远人。雍正年间举人,乾隆元年(1736)进士,选庶吉士,任国史编修。著有《四书摘义》《周易传义大全》等。在《望溪先生文偶抄》评点本中向方苞"执弟子识"。

18. 张尹(1695—1761),字无咎,号莘农,江南桐城人。乾隆元年(1736)进士,选庶吉士,乾隆六年(1741)授福建长乐知县。著有《经传世案》《石冠堂诗文钞》等。《安徽通志稿》称其"师事苞而文不纯似也"④。

19. 黄世成(1705—1776),字培山,号平庵,江西信丰人。乾隆元年(1736)进士,官礼部主客司主事。不久,因母丧辞官返乡,以明经讲学为乐。

---

① 汪师韩:《上湖分类文编十卷上湖文编补钞二卷》,光绪十二年(1886)长沙钱塘汪氏刻本。
② 王钟瀚:《清史列传》卷七十二《文苑传三》,北京:中华书局,1987年,第5881页。
③ 赵青藜:《漱芳居文集》卷五,乾隆二十三年(1758)刻本。
④ 安徽通志馆:《安徽通志稿》,民国二十三年(1934)铅印本。

著有《平庵诗集》等。协修过吉水、赣县、信丰等三县县志,编订方苞《考工记析疑四卷》。《方苞集》有《黄耕山墓表》,《方望溪遗集》有《与黄培山书》。《与黄培山书》提到四位及门弟子:雷铉、陈仁、黄明懿与黄培山。方苞《李皋侯墓志铭》曰:"黄生世成,抑亭所贡士也,介抑亭以请业于余,常留使院。"①《与鄂相国论荐贤书》称"黄世成之好学砥行"②。

20. 李清芳(1700—1769),字同侯,号韦园,福建安溪人,李光地之从孙。乾隆元年(1736)进士,授编修,历任广东道监察御史、江南道御史、内阁学士、兵部侍郎等。乾隆十二年(1747)曾典试广东,参修《大清一统志》。李氏子弟多与方苞往还问学。在《望溪先生文偶抄》评点本中向方苞"执弟子识"。

21. 单作哲(1710—1767),字侗夫,号紫溟,山东高密人。乾隆元年(1736)进士,历任饶阳知县、枣阳知县、池州府同知等。著有《五经补注》《有恒堂书抄》《古文法式》等,为方苞编次刊行《朱子诗义补正》。《方苞集》有《书高密单生追述考妣遗事后》,《方望溪遗集》有《答单生》。《紫溟诗文集》有与方苞信札三封③。关于二人的师生交往,单可矶所述甚详:"乙卯举京闱,时族伯充符以吏部郎与同考,府君卷例应回避。桐城方望溪先生得之,亟赏……庚申,截取赴铨至都,谒望溪先生,先生喜留之,与论古文义法,府君受学焉……"④

22. 沈廷芳(1702—1772),字畹叔,号椒园,浙江仁和人。博学多识,善书工诗。乾隆元年(1736)试博学鸿词,入选翰林院庶吉士,明年授编修。历任山东道监察御史、登莱青道员、河南按察使、山东按察使等。曾以御史充顺天乡试同考官,主讲广州粤秀书院、福州鳌峰书院等。著有《隐拙斋集》《续经义考》《五礼经传目》等,纂修《广州府志》。《方苞集》有《隐拙斋诗集序》《与沈畹

---

① 方苞:《方苞集》集外文补遗卷一,第822页。
② 方苞:《方苞集》集外文卷五,第649页。
③ 袁鳞:《方苞佚札六通考释》,载《古籍整理研究学刊》,2019年第1期,第107~109页。
④ 单作哲:《紫溟文集》,见《山东文献集成》(第3辑),第30册,第506页。

叔尺牍三首》。《隐拙斋集》有《望溪文集后序》《方望溪先生传》等，其中言及雍正六年(1728)介刘大櫆拜方苞为师①。《隐拙斋诗集序》中言及沈廷芳从游。《清史稿》"文苑"有传。

23. 沈彤(1688—1752)，字冠云，号果堂，江南吴江人。乾隆元年(1736)，荐举博学鸿词，报罢，荐修三礼及《一统志》，书成授官不就，以亲老归。沈彤精于考据，文章古朴，尤精三礼，著有《果堂集》《周官田禄考》《尚书小疏》《仪礼小疏》《春秋左氏传小疏》《释骨》等，皆收入《四库全书》。《果堂集》有给方苞信札五封，请教三礼问题；卷十二有诗《屡闻望溪先生论古有作》，其中有言曰"念彤于先生，虽未具师弟之礼，而实以师事"②。沈廷芳《方望溪先生传后》指出，方苞视刘大櫆、沈彤和沈廷芳为"吾贤而三"。《清史稿》"儒林"有传。

24. 冯祁(1708—1758)，字昭余，山西代州人。乾隆二年(1737)进士，选庶吉士，授编修。父病，辞官居家侍父。《方望溪遗集》有《答冯生祁书》，在《望溪先生文偶抄》评点本中向方苞"执弟子识"。

25. 帅家相(1709—?)，字伯起，号卓山，江西奉新人。乾隆二年(1737)恩科进士。曾任吏部主事、广西浔州知府等。著有《卓山诗集十二卷》，收入《四库全书》。在《望溪先生文偶抄》评点本中向方苞"执弟子识"。

26. 贺鸣谐，字绎夫，号律禾，晚号练峰，江南六合人。乾隆元年(1736)举人，二年(1737)进士。曾任山东泗水知县，再令陵县。著有《学庸讲义》《乡党注释辨疑》《离骚直解》《评注唐宋八大家文》《练峰文集》等，有诗《哭方望溪先生》③。方苞有《与贺生律禾书》。在《望溪先生文偶抄》评点本中向方苞"执弟子识"。

27. 黄明懿，字秉直，号晋斋，广西临桂人。乾隆二年(1737)进士，馆选庶吉士，授编修，充江南宣化使。在馆期间，教习方苞常称许之。乾隆五年

---

① 沈廷芳：《隐拙斋集》卷四十一，见《清代诗文集汇编》(第298册)，第539页。
② 沈彤：《与望溪先生书》，见《果堂集》卷四，《清代诗文集汇编》(第264册)，第372页。
③ 张官倬：《棠志拾遗》，民国三十六年(1947)石印本。

(1740)聘为岳麓书院山长,十年(1745)主讲漓江书院。著有《希缘窗稿》《楚江离续》《岳麓芳言》等。方苞《与黄培山书》提到其为及门弟子①。

28. 叶酉,字书山,号花南,江南桐城人。乾隆元年(1736)由国子生荐博学鸿词,四年(1739)成进士,选庶吉士,授编修。曾任国子监司业、左春坊左庶子,在三礼馆修纂《钦定周官义疏》。乾隆九年(1744)充河南乡试副考官,十二年(1747)提督贵州学政,十五年(1750)提督湖南学政。退归后主讲钟山书院。尤深于经学,师法方苞,时举诸经疑义相质②。与姚范、刘大櫆、方泽、江有龙、王洛、张瑚、周芬佩等合称"龙眠十子"。所著《春秋究遗》《诗经拾遗》,被收入《四库全书》。

29. 官献瑶(1703—1782),字瑜卿,号石溪,福建安溪人,先执业于蔡世远,复拜方苞为师。乾隆四年(1739)进士,选庶吉士,充三礼馆纂修。九年(1744)典试浙江。寻提督广西、陕甘学政,迁司经局洗马。陕甘任满归养,奉母二十载,修宗祠增祭器,考《礼经》定仪式,立乡规教宗人,置义租恤亲族。著有《石溪文集初刻》《依园诗草》《读易偶记》《尚书偶记》《读周官》等。《方苞集》有《送官庶常觐省序》《武强县令官君墓表》。官献瑶任陕甘学政时,曾刊刻《望溪先生文偶抄》(评点本)前两卷,以嘉惠学子。《石溪文集初刻》有《上方望溪先生书》《方望溪先生读经史偶钞序》,言及"雍正庚戌(八年)游于先生之门"③。

30. 张甄陶(1713—1780),字希周,福建福清人。少研儒业,博览经史,乾隆元年(1736)举博学鸿词,补试未合格,大学士朱轼、侍郎方苞荐修三礼,辞而请业于方苞④。乾隆十年(1745)成进士,选庶吉士,授编修,寻改授广东鹤山知县。历香山、新会、高要、揭阳,皆剧邑,所至有声。以忧去官,服除起授云南昆明知县,坐事免。曾主讲五华书院、贵山书院、鳌峰书院,课士有法。

---

① 方苞:《方望溪遗集》,第65页。
② 马其昶:《桐城耆旧传》,合肥:黄山书社,2013年,第293页。
③ 官献瑶:《石溪文集初刻》卷一,道光庚子(1840)刊本。
④ 赵尔巽等:《清史稿》(第43册),第13022页。

著有《四书翼注论文》《春秋三传定说》《正学堂五经通解》等,《清史稿·循吏》有传。

二、进士之外弟子的考辨

1. 刘师向,字封事,号蒲塘,江南宝应人,刘国黻之子。康熙五十年(1711)举人,授江津县知县,升兵部员外郎,未赴病卒。工诗,著有《蒲塘诗文集》。方苞《游丰台记》,记录他与张朴村、王篛林、方文辀以及门生刘师向共载以行①。曾与同门程崟、王兆符、张曰伦、吴华国、檀馨同编方苞时文集。

2. 刘师宽,江南宝应人,刘国黻之子,与师向同年中举,任内阁中书。方苞康熙三十六年(1697)前后曾授经宝应乔氏、刘氏,刘师宽应于彼时受学。《方望溪遗集》之《闻见录》载录其妻房氏。在《望溪先生文偶抄》评点本中,刘师宽、刘师向"执弟子识"。至于其兄刘师恕是否为方苞弟子,待考。

3. 朱续经,字青章,号豫堂,山东平阴人。雍正元年(1723)举人,历任福建道监察御史、江南道御史、天津漕务御史、鸿胪寺少卿、光禄寺少卿等。在《望溪先生文偶抄》评点本中"执弟子识"。

4. 陈梦文,字豹庵,江都甘泉人,雍正元年(1723)举人,五年(1727)以舅氏湖州知府唐绍祖荐任浏阳知县②,后摄长沙县事,调江陵知县。主修《浏阳县志》。其父陈依宣、舅父唐继祖为方苞友。方苞的《陈依宣墓志铭》,提及陈梦文从游③。

5. 余煃,江西宜黄人,雍正十年(1732)举人。曾为方苞家人卜宅改葬,为方苞编次《春秋直解》。《方苞集》有《余东木时文序》《余处士墓表》《赠孺人邹氏墓志铭》,言及余煃从游④。其父余栋,为方苞修书馆同事。

6. 刘大櫆(1698—1780),字才甫,一字耕南,号海峰,江南桐城人。雍正

---

① 方苞:《方苞集》卷十四,第421页。
② 谢延庚:《江都县续志》卷二十一,光绪十年(1884)刻本。
③ 方苞:《方苞集》卷十,第294页。
④ 方苞:《方苞集》卷十一,第330页。

四年(1726),进京拜见方苞,惊为国士。雍正七年(1729)、十年(1732)两中乡试副榜。雍正十一年(1733),诏征鸿儒,拜师方苞,乾隆元年(1736)方苞荐举博学鸿词,落选。乾隆十五年(1750)参加经学特科考试,落选。后被推荐任黟县教谕,之后主讲歙县问政书院,纂修《歙县志》。晚年回乡授徒,以姚鼐、吴定、王灼等著名。方苞《与魏中丞》言及刘大櫆为及门弟子①。《刘大櫆集》有《送方望溪先生南归》《祭方望溪先生文》。

7. 尹嘉铨(1711—1782),字亨山,直隶博野人,尹会一之子。雍正十三年(1735)举人,乾隆元年(1736)由举人授刑部主事,后升为郎中,官至大理寺正卿。乾隆三十三年(1768),任山东布政使。乾隆四十六年(1781)因奏为其父尹会一请谥及从祀孔子庙,惹怒乾隆,定为死罪,被查抄其家。著有《尹氏小学大全》《随五草》《偶然吟》等。《随五草》有《上望溪先生书》《潭亭从游记》《祭望溪先生文》,其中《潭亭从游记》记录从游方苞的经过②。

8. 姚世骅,即姚汝金,字念慈,号贞庵,浙江归安人,与兄世钰有"二陆双丁"之目。顺天副贡生。乾隆元年(1736)举博学鸿词,罢归。后官湖南长沙县丞,以病未赴,主晋阳、金台书院。汝金诗吐属微婉,兼有寄托。著有《中州纪略》《孤笑集》及《五台山游草》,随方苞参与修纂《钦定周官义疏》。在《望溪先生文偶抄》评点本中"执弟子识"。

9. 程廷祚(1691—1767),字启生,号绵庄,又号清溪居士,江南上元人。乾隆元年(1736),举博学鸿词不第。十六年(1751)举经明行修之士,复罢归。著《易通》6卷,《大易择言》30卷,《尚书通议》30卷,《青溪诗说》30卷,《春秋识小录》3卷,《礼说》等。《清史稿》"儒林"有传。程氏常被列入颜李学派,有其道理,但其受学方苞,亦为事实。他有多篇文章与方苞讨论学术问题,其《易》学尤其受方苞影响,《易通》请方苞作序。在《望溪先生文偶抄》评点本中"执弟子识"。

10. 程嗣章,字元朴,号南耕,江南上元人。国子监生。程廷祚之弟,幼志

---

① 方苞:《方苞集》集外文卷十,第801页。
② 尹嘉铨:《潭亭从游记》,见《随五草》卷六,《清代诗文集汇编》(第318册),第447页。

于学,后习举业,累试不第,后入达官幕府。著有《明史略》《明儒讲学考》《金陵识古录》《史学例议》等。在《望溪先生文偶抄》评点本中"执弟子识"。

11. 方城(1690—1757),字辰山,号西庄,江南桐城人。方中发第二子。性恬澹,好读书,与人无忤色。工草书,成一家。晚年治经,有《绿天书屋》《经解诗文钞》行世。在《望溪先生文偶抄》评点本中与其弟泽一起"执弟子识"。

12. 张亦堪(1677—1733),字直甫,别称二公,张克嶷之子。《钦定四书文》收录张克嶷《武王周公继之》。工隶楷诗古文,书法受教于赵执信。尝妻其妹于方苞少子道兴。《方苞集》卷十二有《潮州知府张君墓表》,言及从游方苞。

13. 李习仁(1698—1721),河北蠡县人。庠生,方苞挚友李塨之子,年二十四以病早卒。李塨与方苞易子而教,易宅而居。精古文,著作有《学说庭闻》《日谱仪功》。李塨有《长子习仁行状》,《方苞集》有《李伯子哀辞》。

14. 严长明(1731—1787),字冬友,号用晦,江南上元人。年十一,李绂典试江南,奇其才,荐之于方苞及杨绳武。长明遂执经二人之门,方公授以经义,杨公授以词赋①。寻馆扬州马氏,尽读其藏书。乾隆二十七年(1762)南巡,以诸生献赋,赐举人,用内阁中书,入军机处。三十六年(1771)擢侍读。乞归,遂不复出。客毕沅门数年,后主讲庐阳书院。著有《毛诗地理书证》《五经算书补正》《三经三史答问》《石经考异》《汉金石例》《征献余录》《文选课读》《尊闻录》《归求草堂文集》等。《清史稿》"文苑"有传,评曰:"博学强记,所读书,或举问,无不能对。为诗文用思周密,和易而当于情。"②此外,方苞高第雷铉,为严长明岁科应试师。

15. 蔡元春,字育奇,号芷衫,江南上元人。邑增生,少时父蔡殿扬令从方苞学为文③,兼治选学,著有《在山堂诗略》。在金陵颇有诗名,袁枚《随园诗

---

① 参见钱大昕:《嘉定钱大昕全集》(9),第630~631页;严长明、严观:《师友渊源录》,北京:中华书局,2021年,第1061、1067页。
② 赵尔巽等:《清史稿》(第43册),第13392页。
③ 莫祥芝:《上江两县志》卷二十四《耆旧》,同治十三年(1874)。

话补遗》卷五称其"风格浑古"①。

16. 龚巽阳,湖北天门人,龚学海之父。《方苞集》卷十三有《兵部主事龚君墓碣》,言及为方苞及门弟子。龚学海选翰林院庶吉士时,方苞为教习。

17. 江其龙,字若度,号涵斋,江南桐城人。为生员,巡抚赵国麟荐举不第,年四十五选江宁府训导,未适官,以父丧遇疾而卒。与刘大櫆并为古文,师法方苞②,熟诸史于三礼。刘大櫆有《江若度文序》。

18. 孙廷镐,字庚炎,号莲峰,江南无锡人。诸生,明孙文正公后裔,少从方苞游③,工诗文,熟悉史事。朱筠督学浙江延请廷镐校文,又荐其主讲蛟川书院,流寓甬上。著有《白苎集》。

19. 徐流方,字玉川,号杉泉,江南无锡人。少学举业,于书无所不窥。尝从方苞好友王若霖、蒋衡学书,复属意于诗,有魏晋风度,后客漕运总督顾琮所,因得师事方苞,兼治古文④。著有《咫闻十八卷》《沙村书屋诗文稿四卷》等。

20. 吴以诚,字思立,江南六合人。雍正元年(1723)拔贡,喜经学,为方苞表弟,受业于方苞⑤,与程廷祚、戴粒民相友善。以受业弟子身份,参与方苞古文和时文集的评点。著有《诗学博依十二卷》。

21. 龚巽阳,湖北天门人,龚健阳之弟,方苞《兵部主事龚君墓碣》言其为及门弟子⑥。另外,龚健阳之子龚学海,乾隆二年(1737)进士,乾隆七年(1742)翰林院侍读,署日讲起居注官,乾隆二十四年(1759)以内阁侍读学士在尚书房行走。方苞为其庶吉士时期教习。

---

① 袁枚:《随园诗话》,顾学颉校点,北京:人民文学出版社,1982年,第702页。
② 安徽通志馆:《安徽通志稿·列传八》,民国二十三年(1934)铅印本。
③ 赵霈涛:《剡原乡志》卷十六《寓贤传》,光绪二十八年(1902)刻本。
④ 裴大中:《无锡金匮县志》卷二十二《文苑》,光绪七年(1881)刻本。
⑤ 吕燕昭、姚鼐:《新修江宁府志》卷四十《文苑》,嘉庆十六年(1811)刻本。
⑥ 方苞:《方苞集》卷十三,第403页。

三、几个特例考辨

1. 全祖望(1705—1755),字绍衣,号谢山,浙江鄞县人,乾隆元年(1736)进士,入翰林院为庶吉士,因不附权贵,于次年辞官归里,专心学术,曾主讲蕺山书院、端溪书院等。著有《鲒埼亭集》《全校水经注》《经史问答》等。《鲒埼亭文集》有《奉方望溪先生前辈书》《奉方望溪先生论丧礼或问札子》《奉方望溪先生辞荐书》《前侍郎桐城方公神道碑铭》,《鲒埼亭诗集》有《湄园谒方丈望溪》《方丈望溪》《望溪侍郎》《望溪侍郎挽诗》等。雍正八年(1730),全祖望初入京,即上书方苞,方苞大异之,一时名动京师。与方苞为一生至交,并与方苞长子道章为儿女亲家,为其作《方定思墓志铭》,方苞生前曾以编纂全集相嘱托,惜未遂愿。全祖望在《前侍郎桐城方公神道碑铭》中曾说:"予之受知于公,犹公受知于万、姜二先生也。"① 姜即姜宸英,万即万斯同。全祖望与方苞的关系,在师友之间。

2. 黄永年(1699—1751),字静山,号崧甫,江西广昌人。雍正十三年(1735)举人,乾隆元年(1736)进士,授刑部主事,后升为员外郎,转刑部郎中,任江苏镇江、常州知府,以忤总督去官。著有《南庄类稿》《白云诗钞》《春秋四传异同辨》《静子日记》等。《南庄类稿》有《上方灵皋先生书》《答方灵皋先生书》《与方灵皋先生》《答方灵皋先生》《送方灵皋先生归江南序》,并为方苞侄儿道希作《举孝廉方正方君行状》。与刘芳霭(兰谷)、雷铉友善。其《上方灵皋先生书》曰:"所以乞先生之门墙,趑趄而不敢遽进者,此也。奉教以群书,必默记背诵。"② 永年奉方苞之教,未正式入其门,二人关系在师友之间。

3. 夏之蓉(1697—1784),字芙裳,号醴谷,江南高邮人。雍正四年(1726)举人,十一年(1733)进士,乾隆元年(1736)召试博学鸿词,授翰林院检讨,充福建乡试正考官,提督广东、湖南学政。曾经主讲钟山、丽正学院。之蓉天才宏放,通经史,善诗文,著有《半舫斋古文》《半舫斋编年诗》《读史提要录》等。

---

① 全祖望:《全祖望集汇校集注》,第310页。
② 黄永年:《南庄类稿》卷四,乾隆间集思堂刻本。

方苞称其古文可方侯、魏。曾与方苞一起删定唐宋八大家古文,往复辨难,再三不辍。方苞为其文集作序,但其诗文集几十卷无一篇写给方苞,有一首《游方氏将园》也未提方苞之名。可见其以方苞受知,却终未及门。

4. 曹一士(1678—1736),雍正八年(1730)进士,青浦人。不少研究把他当作方苞私淑弟子。《方苞集》中曹一士之名从未出现过。《钦定四书文》选其文《君子疾没世而名不称焉》一篇。曹一士的《四焉斋全集》15卷,虽有短札讨论问题,却无师徒相称。因此二人之关系,既非师徒,亦非私淑。

5. 和凤翔,字宇清,上元人。虽由方苞举荐入三礼馆修书,但因病没有成行,更没有受业于方苞。方苞在《和凤翔哀辞》中明确说:"余与生惟南归时一相见,未尝从余游也。"①

三、方苞文集版本考

方苞一生跌宕起伏,历康雍乾三代,经《南山集》案,免死而入南书房,在朝三十年,官至礼部侍郎,长期担任皇家武英殿修书处总裁,经历诸多重大历史事件。方苞是清代著名古文家,与刘大櫆、姚鼐合称"桐城派三祖",其文在当时已声名远播,在各类文章选本中备受推崇②,号称一代正宗;方苞编选的古文选本,是八旗弟子和天下士人学习范本。即便以今日之标准评判,方苞古文仍不失为中国文学史上的经典。然而方苞文集版本优劣,其学术价值几何,迄今学界尚无专门研究。

方苞文集,清代一般称《望溪集》,或《望溪先生文偶抄》,其版本传衍颇为复杂,稿本、抄本、刻本、石印本、铅印本、排印本、注音本、标点本、评点本、批校本等各种形式,可谓应有尽有。刘声木《桐城文学撰述考》(1929年)、李灵年与杨忠《清人别集总目》(2000年)、柯愈春《清人诗文集总目提要》(2001

---

① 方苞:《方苞集》卷十六,第465页。
② 武海军:《清代散文选本视野下的桐城三祖》,载《江西社会科学》,2009年第10期,第108~112页。

年)、徐成志与王思豪《桐城派文集叙录》(2016 年)、徐成志《桐城派大辞典》(2019 年)、牛继清《安徽文献总目》(2020 年)等虽有大致梳理,但并不完整。基于此,有必要重修予以梳理。

《望溪集》版本,通常以出版者的斋堂名号来称呼,比如抗希堂本、味经山馆本、山渊阁本、直介堂本、文渊阁本、涵芬楼本等。抗希堂,是方苞书斋之名,抗希堂本是方苞家刻,总计 16 种 148 卷,刊刻时间从康熙到嘉庆时期。味经山馆本,为戴钧衡(1814－1855)咸丰元年(1851)刊行,正集 18 卷,集外文 10 卷,集外文补遗 2 卷。山渊阁乃孙葆田(1840－1911)藏书之所,山渊阁本为孙氏所录《望溪文集补遗》1 卷。直介堂乃刘声木(1876－1959)藏书之所,直介堂本为刘氏所辑,有《望溪文集再续补遗》4 卷与《三续补遗》3 卷,刻入《直介堂丛刻》。文渊阁本,即《文渊阁四库全书》本,乾隆四十五年(1780)8 卷本。涵芬楼本,即涵芬楼影印咸丰元年(1851)戴钧衡本。

雍正元年(1723)其大兴门人王兆符始请编年谱及文集。不久王生卒,乾隆五年(1740)方苞同僚好友顾琮,敬服其文,再编而录之。乾隆十一年(1746)方苞七十九岁时,歙县门人程崟请为编刻文集,即后世所有方苞文集的底本。乾隆十二年(1747),鄞人全祖望至金陵,拜见方苞,方苞以编纂全集相嘱托:"吾老未必久人间,箧中文未出者十之九,愿异日与吾儿整顿之。"①惜终未成行。嘉庆十七年(1812),方苞曾孙传贵刻方苞集外文一册,凡 52 篇。咸丰元年(1851),桐城人戴钧衡广泛辑佚,刊刻《望溪先生全集》,取代此前诸本,成为方苞文集的通行本。可以说,从雍正、乾隆、嘉庆、道光、咸丰、同治、光绪、宣统等时期,方苞文集皆有编纂刊行。仅在民国就有《四部丛刊》《四部备要》《万有文库》、世界书局、中华书局、《国学基本丛书》等各种版本,今日大型丛书《续修四库全书》《清代诗文集汇编》和"中国基本古籍库"等亦收录。

《望溪集》各种版本,交叉重复,纷繁复杂,时有增删去取,让人优劣难辨。

---

① 全祖望:《全祖望集汇校集注》,第 373 页。

通过全国各大图书馆的走访查阅,笔者大致了解了《望溪集》版本的存世情况,经过梳理分析,可以分为两个阶段:方苞在世时和去世后。在世时,以乾隆十一年(1746)的初刊本和抗希堂本为精善;去世后,以乾隆文渊阁四库本和咸丰戴钧衡本为代表。其他的版本,只是这四种版本的翻刻或补充。本文就这四种版本进行细致的梳理,并略陈其学术价值。

(一)初刊本

方苞好友乔崇修之子乔亿(1702—1788)记载,曾亲见方苞古文初刊本,收文 260 余篇①。桐城籍文献学家萧穆(1835—1904)称,亦曾亲见《望溪集》初刊本,其中"尚载生平师友及门生各文批评一百四十余人,批评凡三百二十五条,后来将各文批评悉数删去,故近来批评之本鲜有存者"②。萧穆之后,未见有人提及方苞文集初刊本。非常幸运,笔者在访书过程中,发现了《望溪集》初刊本。该本现藏于南京图书馆,收文 260 篇,与前人所见一致。

《望溪集》初刊本,又名《望溪先生文偶抄》。该本共 6 册,署名王兆符、程崟所辑,乾隆十一年(1746)刻,侧边有"望溪集"字样,首页钤有"小玲珑山馆"的印章。该本由序文、编次条例、正文、圈点、批语等构成。序文有三篇,分别是雍正元年(1723)、雍正五年(1727)、乾隆十一年(1746)由王兆符、顾琮、程崟所作,王兆符和程崟为方苞高第,顾琮为方苞好友,他们都是方苞文集和著述的主要编纂刊行者,从序文可以了解到方苞文集编纂的基本状况。

通观《望溪集》初刊本,有几个显著的特点。其一,初刊本篇目数量为 260 篇。在《望溪集》各个版本中,这个数量不多不少,但它是方苞从大量文章中精选而出,表达方苞的思想意图和编纂理念,因此特别珍贵。

其二,初刊本按类编次,不分卷,具体篇目包括:进呈文 10 篇、读经 24 篇、读子史 23 篇、书后 12 篇、杂著 26 篇、书 22 篇、论 6 篇、序 30 篇(寿序 5 篇)、记 15 篇、传 7 篇、墓志铭 29 篇、墓表 24 篇、哀辞 9 篇、祭文 7 篇、家志铭

---

① 乔亿:《剑溪文略》,见《清代诗文集汇编》(第 299 册),第 500 页。
② 萧穆:《敬孚类稿》,项纯文点校,合肥:黄山书社,1992 年,第 255 页。

状 15 篇、骚赋 1 篇。

其三，初刊本最大特点是，汇集了 147 位方苞当世评点者的 350 余条近 2 万字批语，内容丰富，不仅揭示了方苞交往圈的核心构成，而且深化了桐城派义法理论体系，还补充了方苞及清初的文献史料，对方苞、桐城派以及清初文坛研究有重要的学术价值。从评点类型看，该本正文有圈有点无抹，无眉批、夹批、旁批等形式，文末有尾批。

其四，初刊本保留了原初的编次条例。在条例中，除了说明编纂的基本原则，还澄清方苞几位恩师（高裔、张廷枢、姜楠、廖腾煃）及旧友（王士禛、张玉书、许汝霖）评点阙如的原因，前者由于没留下文字，后者主要见于时文探讨。同时，也解释了方苞家居诸友（刘古塘、张彝叹、朱书、陈鹏年）及京城诸友（李光地、韩菼、徐元梦、朱轼、蔡世远、万斯同、王源、梅文鼎、姜宸英）评点较少的原因，实为相关文献散落不存焉。

第五，为方苞手定。初刊本虽署"程崟刻、王兆符辑"，但实为方苞亲手所定，姚鼐和戴钧衡都曾谈及此事①，事实也的确如此。方苞本人早年虽不主张编纂文集，但致仕告归以后，多次与弟子族人商讨文集编纂之事。在《与陈占咸大受十首》中，方苞提到雷铉曾经为其编辑文集，并命其子抄写后赠与陈大受。而在《与族子观承七首》中，方苞明确说："《望溪集偶钞》，如侄所云更定。再寄一部，并经、子七种。"②由是观之，方苞本人不仅参与了文集的编订，而且根据各方意见作了调整更改，因此文集虽署名为弟子所编，实际却体现了方苞的思想。

需要说明的是，《望溪集》初刊本印行以后，方苞赠送故旧亲朋，其弟子官献瑶于乾隆十三年（1748）删节刊行初刊本之读经史部分，总量为 58 篇，现藏

---

① 姚鼐：《望溪先生集外文序》，见《惜抱轩诗文集》，第 267 页。戴钧衡：《望溪先生文集跋》，见《望溪先生全集》，第 917 页。
② 方苞：《方苞集》，第 804 页。

于陕西省图书馆,中国国家图书馆有官献瑶本的翻刻本①;南京图书馆所藏的《望溪读经》,与官献瑶本内容一致,篇章顺序略异。

(二)抗希堂本

抗希堂本,与初刊本的主要差别在于,删去了原有的评论。因为是方苞家刻,并被收入《抗希堂十六种》,流传甚广,是戴钧衡本出现之前的通行本。该本由程崟刊刻。程崟,歙县人,后迁淮安,为方苞弟子,字夔州,又字南陂,号二峰,著有《只拙斋诗钞》《意怠集》《二峰诗稿》等。② 康熙五十二年(1713)进士,武英殿纂修官,兵部主事。致仕后,"筑别业真州,选订明代及本朝古文,次第付梓"③。乾隆七年(1742),方苞告归,程崟请编定文集,十一年(1746)书成。

抗希堂本的特点有四:第一,三人编选。抗希堂本,并非一人独立编选,而是程崟在前人编选基础上的定本。抗希堂本的底本有两个:王兆符本和顾琮本。王兆符,宛平大兴人,方苞门人,雍正元年(1723)始为方苞编选年谱、《春秋》《周官》及文集,秋八月书成,冬十二月卒,方苞为其作《王生墓志铭》。顾琮,字用方,吉林长春人,方苞好友。曾任直隶总督、江苏巡抚,协办吏部尚书事。方苞曾为其编选诗集,顾琮在乾隆五年(1740)为方苞编选文集。程崟在吸收此二人成果的基础上,又广泛搜罗方苞文稿,汇成此书,名之曰《望溪先生文偶抄》。

第二,选文慎重。去世前一年,方苞对全祖望说:"吾老未必久人间,箧中文未出者十之九,愿异日与吾儿整顿之。"④这段话表明,方苞大量文章,并没有收入文集,而已收的一定特别重要,对于方苞有不同寻常的意义。通过逐篇分析《望溪集》中人物关系,可以发现,选文所涉及的人物,都是与方苞生命

---

① 任雪山:《新见〈望溪先生文偶抄〉汇评本及其文献价值》,载《斯文》2020年第2期,第305~316页。
② 王光伯:《淮安河下志》卷十五,北京:方志出版社,2006年,第446页。
③ 王逢源:《江都县续志》卷六,李保泰纂,嘉庆二十四年(1819)刻本。
④ 全祖望:《全祖望集汇校集注》,373页。

关系较近之人。据笔者统计,《望溪集》合计 384 篇,涉及同时代 100 余人,其中左未生、吕宗华、黄玉圃、高裔、李光地、李塨、王澍、尹会一、张自超、乔崇修、王承烈、孙奇逢等家族,入选文章都在 4 篇以上,他们与方苞或师或友,都与方苞关系密切。通过这些文章和人事,基本可以反映方苞人生的各个面向。这其中有两个特例,一是李绂,二是刘大櫆。

李绂为当时学术名家,被公认为清代陆王学派的主要代表。① 方苞是清代程朱学派的代表人物,二人为挚友,生卒年相近,同时在朝为官,经常进行学术交流,探讨程朱与陆王的异同,对韩愈、柳宗元文章的看法,三礼编纂问题,等等。方苞曾经给李绂文集作《李穆堂文集序》。这一篇序,今人编的《方苞集》有,当年的《望溪集》情况不一,或有或无,即使有,也在补遗之列。李绂文集有方苞直接相关文章 7 篇,但是这一篇序,却没有选用。这一点在学术史上很值得注意,它彰显出文学流传过程中的诸多变数。此文不选,究竟是因为两人后来关系破裂、性格不合、观点抵牾,还是其他原因,皆未可知。在交友问题上,方苞虽然多次宣称"盖朋友之交,道在辅仁,而莫先于规过"②,但实际上真正做到并不容易。方苞留下了大量的写给普通人的书信文章,而对于作为名家好友的李绂却片文不存,实在于情于理都讲不通。

刘大櫆在桐城派的身份很特殊,有"蜂腰鹤膝"之称(邵懿辰语)。姚鼐建立桐城派时,直接追溯到方苞、刘大櫆,这是流派建构的需要,实际方苞与刘大櫆时代根本就没有后来的"桐城派"。而且在方苞"抗希堂本"里,没有一篇文章涉及刘大櫆,甚至也没有一处提及刘大櫆的名字,让人觉得他好像并非方苞弟子,最起码不是重要弟子。但是通过对初刊本评点的梳理,可见方苞是认可刘大櫆这个弟子。当然,刘大櫆早年真正的授业恩师是同乡吴

---

① 徐世昌称李绂"独寻陆王之遗绪"(《清儒学案》卷五十五);梁启超称李绂为清代"陆王派之最后一人"(《中国近三百年学术史》之五);钱穆称李绂为"有清一代陆王学者第一重镇"(《中国近三百年学术史》第七章)。

② 方苞多次论及交友之道,皆强调规过之重要,比如《与吴见山书》《与翁止园书》。

直①,二十九岁进京始遇方苞,受到提携,实际受学很少,二人"所为文造诣各殊"②。直到方苞致仕还归金陵,二人在一起时间较多,方苞对他多方关照,请人帮忙为其介绍工作,刘氏也感念师恩。

第三,不喜时文。熟悉方苞的人都知道,他不仅是一位古文家,还是一名时文高手。《清史稿》称:"开国之初,若熊伯龙、刘子壮、张玉书为文雄浑博大,起衰式靡。康熙后益轨于正,李光地、韩菼为之宗,桐城方苞以古文为时文,允称极则。"③梁章钜《制义丛话》引周星颉之语云:"是以李厚庵、韩慕庐、方百川、望溪诸先生专于义理求胜,复能各开生面,卓然成家,而识力透到,往往补传注所不及。"④傅增湘亦曾回忆吴汝纶传其举业之法:"勿随时尚,遵循正轨,宜法二方。"⑤当时士人,甚至有直接背诵、抄袭方苞时文者前去应考,并博得功名。⑥乾隆皇帝亦请方苞编选《钦定四书文》,"以为举业指南"⑦。由上可知,方苞时文可谓名冠朝野。

与此相对,方苞本人并不喜欢时文。他说:"余自始应举,即不喜为时文。"⑧这具体表现在三个方面:其一,对时文评价不高。他认为儒者之学,应当以济世用,"时文尤术之浅者"。时文之弊,一是谋取名利:"夫时文者,科举之士所用以牟荣利也,而世之登高科跻仕者。"⑨二是残害人才:"世人之材败于科举之学,千余岁矣,而时文则又甚焉。"⑩其二,劝他人弃时文而为古文。在《与贺生律禾书》一文,方苞曰:"以贤之锐敏,宜乘年力方盛而尽之于经书、

---

① 吴孟复:《刘大櫆简谱》,见《刘大櫆集》,第 615~616 页。
② 《国史文苑传》,转自《刘大櫆集》,第 626 页。
③ 赵尔巽等:《清史稿》,第 3153 页。
④ 梁章钜:《制义丛话》,上海:上海书店出版社,2001 年,第 257 页。
⑤ 傅增湘:《方百川先生经义跋》,见《藏园群书题记》,上海:上海古籍出版社,1989 年,第 875 页。
⑥ 刘文彬:《方苞时文研究》,复旦大学博士论文,2013 年,第 100~101 页。
⑦ 中国第一历史档案馆:《乾隆朝上谕档》(第一册),北京:中国档案出版社,1998 年,第 81 页。
⑧ 方苞:《方苞遗文集》,合肥:黄山书社,1990 年,第 8 页。
⑨ 方苞:《方苞集》,第 95~96 页。
⑩ 方苞:《方苞集》,第 659 页。

古文,庶几济于实用而垂声于世,亦当十百于时文。"①在《与熊艺成书》亦曰:"以足下之锐敏,苟用所尽心于时文者以从古文之学,仆任其将有得焉。"②方苞虽然自己也写时文,但只是为了生计,"言洁劝余尽弃时文之学以治古文,而余授经自活,用时文为号以召生徒,故不能弃去以减耗其日力,而两者皆久而无成"③。其《李雨苍时文序》亦云:"余自始应举即不喜为时文,以授生徒强而为之,实自惜心力之失所注措也。每见诸生家专治时文者,辄少之;其脱籍贯于诸生而仍好此者,尤心非焉。"④其三,很少为时文作序。在《与吴东岩书》一文中,方苞回忆在京师十年对时文的态度:"以时文序请者,未尝一应。盖谓文所以立,义与意也;时文之为术浅,而蕴之可发者微,再三序之,其义意未有不雷同而相袭者矣。况局于情势,违其心,以枉是非之正而交相蒙,尤立言者所禁也。"⑤方苞素不为时文作序,但自康熙四十二年(1703)为朱字绿、张彝叹作序开了头之后,便不好再推脱,数月间作时文达几十篇。其烦琐疲惫,让方苞决心从此再不为时文作序。

第四,遗民情结。因《南山集》案后入朝为官,在清代文学史和学术思想史上,方苞通常是个"御用文人"形象,甚至后来被梁启超称为"依草附木"之人。在梁启超心目中,"入关之后,稍为有点志节学术的人,或举义反抗,或抗节高蹈"⑥。言下之意,方苞出仕清廷,缺少文人气节。这种观点在有清一代和现代学术界,都很有代表性,造成方苞形象的窄化。其实,这只是一个误解,方苞被"屈抑了二百年了"⑦。如果深入当时的史实,我们会发现,方苞不仅不是"依草附木"之人,而且有很强的遗民情结,具体表现在四个方面:生于遗民环境;亲友往来多遗民;书写明代先烈逸事;为明遗民及其后裔立传。因

---

① 方苞:《方苞集》,第669页。
② 方苞:《方苞集》,第659页。
③ 方苞:《方苞集》,第621页。
④ 方苞:《方苞集》,第8页。
⑤ 方苞:《方苞集》,第657页。
⑥ 梁启超:《中国近三百年学术史》,第96~98页。
⑦ 顾颉刚:《方苞考辨〈周官〉的评价》,见《文史》第37辑,北京:中华书局,1993年,第1页。

此可以说,方苞虽然一生出仕清廷,但心怀前朝,不忘"故国",而其遗民情结以及与之相应的行为,长久地被遮蔽和忽略了,方苞的形象被简单化甚至脸谱化。对方苞知之甚深并与方苞之子结为儿女亲家的全祖望,在乾隆十二年(1747)方苞致仕多年后,造访金陵,赋诗高度评价他"犹喜素丝在,未为缁所移"①。

抗希堂本,刊刻于乾隆十一年(1746),为方苞手定。后世的方苞文集版本,基本都是以程崟所编的抗希堂本为基础。

(三)文渊阁四库本

《四库全书》是乾隆时期官修的大型丛书,著作若能够入选,自然影响深远。《望溪集》收录在《文渊阁四库全书》第1326册,集部七别集类六。全书共8卷,合计182篇,其中卷一《读经》26篇;卷二《读子史》(附论文)27篇;卷三《论文》21篇;卷四《杂著》20篇;卷五《书》(《论》7篇)22篇;卷六《序》19篇;卷七《序》21篇;卷八《记》16篇、《传》10篇。该本不仅印刷精美,而且在形式上,保留了一定的文中附评和作者《自记》,对于理解文章和方苞的思想皆有帮助。

《四库全书总目提要》评注该本曰:"其古文杂著,生平不自收拾,稿多散失。告归后门弟子始为裒集成编,大抵随得随刊,故前后颇不以年月为铨次。苞於经学研究较深,集中说经之文最多。大抵指事类情,有所阐发。其古文则以法度为主,尝谓周、秦以前,文之义法无一不备;唐、宋以后,步趋绳尺而犹不能无过差。是以所作上规《史》《汉》,下仿韩、欧,不肯少轶于规矩之外。虽大体雅洁,而变化太少,终不能绝去町畦,自辟门户。然其所论古人榘度与为文之道,颇能沉潜反覆,而得其用意之所以然。虽蹊径未除,而源流极正。近时为八家之文者,以苞为不失旧轨焉。"②

现代学人张舜徽在《清人文集别录》一书中,对方苞此集评价较高,他认

---

① 全祖望:《全谢山年谱》,见《全祖望集汇校集注》,第20页。
② 永瑢等:《四库全书总目》,第1528页。

为:"斯言实切中当时浅尝浮慕者之病。而苞寝馈宋元经说为尤深。故揭櫫大义。每多自得之言。此固清初诸儒治经风尚如此。与后来专事考订名物训诂者异趣也。苞治经之外,究心宋贤义理之学,……尔后为桐城派古文者,莫不耽心义理,服习程朱。皆苞导其先路。"①

(四)戴钧衡本

在戴钧衡本之前,最流行的是抗希堂本。虽然乾隆四十五年(1780)有文渊阁四库本,但其流通不广,影响也不大。正如萧穆所言:"盖望溪先生文程刻之外,非戴君搜辑之力,则至今已不能传。"②戴钧衡于《望溪集》,功莫大焉! 戴本面世以后,很快取代之前诸本,成为最通行版本,从《四部丛刊》《四部备要》《万有文库》、涵芬楼本,到今日的《续修四库全书》《清代诗文集汇编》等,选用的皆为戴钧衡本。

戴钧衡(1814—1855),字存庄,号蓉洲,安徽桐城人。少有才气,道光二十九年(1849)举人,有《味经山馆文钞》4卷、《味经山馆诗钞》6卷、《书传补商》16卷等。师从方东树,以继承桐城派文统为己任,获得曾国藩赏识。曾氏在《欧阳生文集序》中推许他道:"在桐城者,有钧衡存庄,事植之久,尤精力过绝人,自以为守其邑先正之法,嬗之后进,义无所让也。"③戴钧衡的重要贡献之一,便是重刻《方望溪先生全集》。

戴钧衡本《望溪集》的特点有三:第一,辑文之全。戴本辑文之全,主要体现在两个方面:一是选最全之抗希堂本为底本。抗希堂本由于"随时有所增删",因此版本较多,且诸版之间"前后篇数多寡不一",戴氏"谨就所见篇数最多之本,凡三百八十四首,为分卷而排次焉"④。戴钧衡所言不虚,选择底本,尤其是《望溪集》底本是件复杂的工作。光今天所能看到的乾隆十一年

---

① 张舜徽:《清人文集别录》,北京:中华书局,1963年,第106页。
② 萧穆:《记方望溪先生文集新旧两刊本》,见《敬孚类稿》,第384页。
③ 曾国藩:《欧阳生文集序》,见《曾国藩全集·诗文》,长沙:岳麓书社,1994年,第246页。
④ 戴钧衡:《望溪先生文集跋》,见《方苞集》,第917~918页。

(1746)的《望溪集》,就有20册(福建省图书馆)、16册(慕湘图书馆)、14册(南开大学图书馆),12册(贵州省图书馆)、11册(中国国家图书馆)、10册(陕西省图书馆等)、8册(中国国家图书馆等)、6册(安徽省图书馆等)、5册(中国国家图书馆等)等各种版本。这些版本都是程崟编选,但版式大小、选文多少、纸张质地、每页行数字数都不尽相同。仅中国国家图书馆藏的乾隆十一年8册本,就有三个版本,仅文章选择一项就有差别:一个有《李穆堂文集序》,两个没有。而方苞文集涉及李绂(字穆堂)的文章只此一篇。除此而外,乾隆十一年之前之后,尚有多种版本。戴钧衡综合比较各本后,选择了收文最全的本子。二是抗希堂本之外辑佚最多。戴钧衡广泛征求方苞佚文,从方苞曾孙传贵处得47篇,自邵懿辰和苏惇元处得64篇,自王研云处得36篇,自方苞来孙恩露处得34篇,合计181篇,汇为《集外文》10卷。在《望溪先生全集》刊刻之后,戴钧衡又往扬州、金陵,继续四处寻访。于宝应汤品三处得1篇,自合肥得文19篇、读书笔记数十则,自邵懿辰处得《史记评语》,又于故里得方苞时文稿与尺牍,汇为《集外文补遗》2卷。

第二,编次之精。抗希堂本虽然权威,但没有分卷,只是大致分类。对此程氏是这样解释的:"俾海内同志知先生所作,无一不有补于道教,而苟有存者,不可不公传于世也。"①最初王兆符也说:"敬识简端,以俟后之君子。"②他们都知道方苞文章不善收拾,散落各处,即便现有的集子也没有收全,因此没有编次,而将此项工作留给后人,戴钧衡恰恰做了这项工作。虽然文渊阁四库本已经分卷,但主要是在抗希堂本基础上删减。戴钧衡编选《望溪集》时,主要处理两大问题:一是与抗希堂本关系。他可以完全打乱顺序,按照自己的标准重新编排;也可以保持原本的面貌,适度整理增补。显然他选择的是后者。抗希堂本不能轻易改动的原因很简单,它是方苞自定,体现了方苞的意图,同时反映了方苞在当年特定条件下的艰难抉择。方苞不选的文章未必不重要,方苞所选的却一定有其理由,因此抗希堂本是不能随意更改的。戴

---

① 程崟:《原集三序》,见《方苞集》,第909页。
② 王兆符:《原集三序》,见《方苞集》,第907页。

钧衡把自己增补的文章称为"集外文",不入正集的原因是:"盖有先生割去不欲存者,有记论时事,顾忌不欲出者,又或散在他人未及收者。"①这充分体现编纂者对原作者最大的尊重,不以己意割裂前人之语。

二是文章的编次排序。为了使分卷编次更趋合理,戴钧衡不仅参考了唐宋八大家之文的编次传统,还借鉴了钱谦益编《震川集》的先例,并仿照姚鼐《古文辞类纂》的编纂体例,同时结合相近文体分卷、相近表达法分卷的原则,并不失于通例、通礼。比如较复杂的志、铭、碑、碣,皆属于金石之文,与传体不同,但又同属于纪事之文,因此总体应当置于传与纪事文之后。而这四者相互之间又有区别,大致说来,埋石于墓穴中曰志,立石墓上曰表、碑或碣。铭者,志之辞也,碑碣亦可用,表则无铭。因此,戴钧衡分埋铭之文于第十卷、十一卷,表与碑、碣为十二卷、十三卷。像方苞老师高裔,官居三品大理寺卿,应该用碑,不可用碣,但由于是方苞个人私立,因此最后定名曰《大理卿高公墓碣》。而《杜苍略墓志铭》一文,先称为"墓志铭",后改为"墓表",但是依据正文"卜葬某乡某原来征辞"之言,最终仍定为"墓志铭"。其他诸如此类的问题还不少,戴氏总能比较合情合理地予以解决。

第三,副文本之丰。副文本是法国理论家热奈特提出的观念,是相对于正文而言的辅助性文本,就中国古代文学来说,主要包括"标题、序跋、题词、封面、插图、牌记、凡例、笺注、评点等"②。它们虽然只是正文的辅助,却为正文提供了丰富的信息,有助于读者对文本的理解。戴钧衡本,可以说是副文本的一个典范,包括序跋 14 篇和附录 3 个。仅戴钧衡一人就有 5 篇序跋:《重刻方望溪先生文集序》阐述方苞及其文集在古文史上的地位,《望溪先生文集跋》说明方苞文集各卷的编次原则和具体安排,《望溪先生集外文跋》和《望溪先生集外文补遗序》交代《集外文》和《集外文补遗》的辑佚过程,《附刻望溪先生年谱序》指出方苞年谱的历史地位与价值。王兆符、顾琮、程崟三人的《原集三序》,记述抗希堂本《望溪集》的编纂缘由及始末,以及方苞与部分

---

① 戴钧衡:《望溪先生文集跋》,见《方苞集》,第 919～920 页。
② 何诗海:《作为副文本的明清文集凡例》,载《文学评论》,2016 年第 3 期,第 204 页。

弟子友人的交游状况。《传贵刻外集跋》和《恩露钞遗文跋》，揭示了方苞后人藏书状况以及对编纂文集的看法。《邵钞奏议序》和《王钞逸文序》，表达邵、王二人对《望溪集》收集整理的看法与贡献。《苏跋》表达苏惇元对《望溪集》的观点以及他与《望溪集》编纂的关系。《方望溪先生年谱序》，揭示了该年谱对于了解、研究方苞的意义。三个附录的价值更大，附录一是《方望溪先生年谱》，附录二为《文目编年》，附录三是《诸家评论》，对于了解、研究方苞都是必备的重要文献。

戴钧衡本副文本之丰令人赞叹，但亦有缺憾。一是删去原文评论。抗希堂本最初是有评论的，方苞后来删除了，但是戴钧衡当年尚能够看到评论本，而他在编纂《望溪集》时，把原文评论悉数删去，仅抽取部分汇成附录中的《诸家评论》。二是删去原文编次条例。编次条例是古代文本的重要组成部分，能为正文提供大量鲜活、原生态的历史细节，对于了解正文有辅助意义。抗希堂本的编次条例，就阐述了编选的基本原则和某些关键问题，比如分卷、评论、圈点等。三是删去原文圈点。古人读书重圈点，自宋代开始，元明举业使圈点成为品评文章的流行方式。清代八股圈点虽然遭人诟病，但作为一种简易评点方式在文人中仍常用。桐城派尤其重视，姚鼐曾言："圈点启发人意，有愈于解说者矣。"①突出个性和体悟乃圈点之精义所在，也是领悟文章妙趣的有效方法，抗希堂本和官献瑶本都有圈点，唯戴钧衡本芟刈殆尽。

综上所述，《望溪集》版本繁丰，不同版本又各有特点：初刊本保留了最初的评点，殊为珍贵；抗希堂本为方苞家刻，流传广泛；文渊阁四库本，为官方推广本，一时风行；戴钧衡本，最大程度辑录方苞佚文，乃当时的集大成之作，成为后世翻刻和研究方苞最全之文本。四个版本既相互联系，又各具特色，从不同侧面揭示了方苞及其古文的学术价值与影响，对清代文学史和学术思想史的研究亦有所助益。

---

① 姚鼐：《惜抱先生尺牍》卷二，见《丛书集成续编》（第130册），上海：上海书店，1994年，第903页。

四、方苞籍贯、字号及进士身份考

(一)方苞籍贯考

方苞是清代前期的一代宗师,以文名世,官至礼部侍郎,与刘大櫆、姚鼐并称"桐城派三祖"。按理说,方苞的籍贯应该不成问题,实际在清代也确实没有异议,而在地域文化繁荣的当代,却有了不同的看法,因此有必要予以讨论。

需要说明的是,首先本文所言方苞籍贯,并非指出生地。方苞出生地很清楚:江宁府六合县留稼村。其次,本文讨论的是方苞籍贯,而非祖籍。一般而言,一个人的籍贯,与其曾祖父之前的先辈,无必然关系,因此无须溯源。最后本文讨论的语境在清代,与方苞籍贯相对应的当代行政区划无关。

为了有更多的参考,不妨先考察与方苞籍贯相关的几种说法。

第一,方苞自署。在各类文章中,方苞署名时常会附带地名信息,曾经出现的有"桐城方苞""江东方苞""龙眠方苞""江左方苞""古吴方苞望溪氏"等,其中前二者出现频率最高。此处地名虽然不能等同于籍贯,但对于考察方苞籍贯仍有参考价值。可以说,方苞更愿意归属之地有两个:桐城和江宁。

第二,门人记录。雷铉《方望溪先生苞行状》曰:"先生姓方氏,讳苞,字灵皋,号望溪。先世桐城人,曾大父讳帜,避寇迁金陵。"沈廷芳《方望溪先生传》亦曰:"方先生讳苞,字灵皋,先世桐城人。曾祖某官副使,以避寇迁上元。"雷、沈二人皆清初翰林,为方苞高第,在方苞卒后撰写行状和传记。二人也提及桐城和金陵两个地方,与方苞所署一致。

第三,史志记载。从中央到比较大的地方的史志,记载的方苞籍贯信息基本一致,还是两地,突出上元籍。

清国史馆编《满汉名臣传》之《汉名臣传》卷二十五之《方苞列传》:"方苞,

江南桐城人,寄籍上元。"①《清史列传》卷十九《大臣画一传档正编十六》之《方苞传》与此相同。

乾隆元年(1736)《江南通志》之《选举志》:"方苞,桐城人。"

嘉庆姚鼐纂《新修江宁府志》卷三十四《儒林》:"方苞,字灵皋,一字凤九,安徽桐城人,迁居上元。"

道光四年(1824)《上元县志》卷十六《儒林》:"方苞,字灵皋,号望溪,师事兄百川。"

道光十四年(1834)《桐城续修县志》卷十五《人物志·儒林》:方舟,上元县学生,与弟苞习制举业。方苞,字灵皋,号望溪。

光绪《重修安徽通志》卷一百七十七《人物志·名贤》,称方苞"桐城人,上元籍,康熙丙戌(1706)进士,未廷试"。

《清史稿》卷二百九十列传七十七之《方苞传》:"方苞,字灵皋,江南桐城人。父仲舒,寄籍上元。"

第四,家人自署。在《方百川时文》中,方苞兄长方舟署:白下方舟。在《方椒涂遗文》中,方苞之弟方林署:白下方林。可见,兄弟二人归属皆为"白下",即金陵,而非桐城。方苞与其兄弟应该一致,但实际并不一致,就像方苞回桐城参加科举考试,其兄弟却没有。这说明籍贯问题还涉及文化认同与情感归属。

第五,户籍法规。清代《钦定科场条例》卷三十五规定:"士子寄籍地方,室庐以税契之日为始,田亩以纳粮之日为始,扣足二十年以上,准其呈明入籍考试。"光绪《钦定大清会典》卷十七"户部"对"寄籍"有个解释:"人户于寄居地方置有坟庐已逾二十年者,准其入籍。"

崇祯七年(1634),桐城民变,方苞曾祖父方象乾与兄弟方拱乾及方以智兄弟等举家迁往金陵,从此方苞家族遂定居金陵,虽然偶有侨居他处,或到某地探亲,或在某地购置地产等,但这些都与籍贯无关。关于坟庐,方苞曾祖父

---

① 上元县与江宁县同属金陵城,二者以秦淮河为界,皆归江宁府管辖。

方象乾归葬繁昌,曾祖母葬金陵;祖父方炽始葬桐城,雍正二年(1724)移到江宁,祖母吴氏葬江宁;父亲方仲舒葬江宁,母吴氏葬江宁。

因此方苞回"原籍地"安庆府参加科考,是合法的。而其父方仲舒、兄长方舟皆为江宁府上元县贡生,没有回皖科考也是合理的。此外,方拱乾之曾孙方式济,在《明清历科进士题名碑录》"康熙四十八年己丑科"中载为"江南江宁府上元县人"。方式济(1678—1720)与方苞同辈且年龄相仿,非桐城籍,为上元籍。

综上,方苞籍贯比较妥当的表述应该是:方苞,江南桐城人,寄籍上元。

(二)方苞字号考

方苞的字号,在清代有不同说法,主要差别在于对"灵皋"的解读不同,大致有三种意见:第一种,"灵皋"是方苞的字,比如沈廷芳《方望溪先生传》:"方先生讳苞,字灵皋,先世桐城人。"雷铉《方望溪先生苞行状》:"先生姓方氏,讳苞,字灵皋,号望溪。"《清史稿》《清秘述闻文》《国朝先正事略》《桐城桂林方氏家谱》等亦采用此说。第二种,"灵皋"是方苞的号,比如乾隆武英殿刻本《四库全书总目》卷十九经部十九《周官集注十二卷》注:"苞,字凤九,号灵皋,亦号望溪。"《文渊阁四库全书》本《清文献通考》卷二百一十四《经籍考》之《周官集注十二卷》注:"方苞撰,苞字凤九,号灵皋,亦号望溪。"《清续文献通考》《国朝诗人征略二编》《郑堂读书记》等亦采用此说。第三种,"灵皋"是方苞的又字或一字,比如苏惇元《望溪先生年谱》:"苞,字凤九,一字灵皋,老年自号望溪,学者称望溪先生。"

中国古人素重姓名字号,名号不仅是一个人的称呼,还往往寄托着某种理想或情感。《礼记·檀弓上》曰:"幼名,冠字。""名"一般出生三个月后由祖父或父亲所起,"字"则是成年后(男20岁,女15岁)由父亲或师长所起。"字"往往是"名"的解释和补充,与"名"互为表里,所以又叫"表字",如诸葛亮字孔明,韩愈字退之。人的名通常只有一个,字却可以有多个,如唐寅,字伯虎,又字子畏。那么方苞的字是什么?要解决此问题,我们先考察他的"名"。

方苞之"名"取自《诗经》。《大雅·行苇》曰:"敦彼行苇,牛羊弗践履。方苞方体,维叶泥泥。戚戚兄弟,莫远具尔。"《大雅·生民》谓:"实方实苞,实种实褎。"《毛诗》郑玄笺:苞,茂也;体,成形也。《尔雅·释诂》:苞,丰也,即草木茂盛。马瑞辰《毛诗传笺通释》曰:"《尔雅》:如竹箭曰苞,苇之初生似竹笋之含苞,故曰方苞。"可见,"方苞"有正茂盛之意。

"凤九"之说,主要来自唐代徐坚所撰《初学记》,该著卷三十引汉代佚名编著的《论语摘衰圣》曰:"凤有六像九苞。六像者,一曰头像天,二曰目像日,三曰背像月,四曰翼像风,五曰足像地,六曰尾像纬。九苞者,一曰口包命;二曰心合度;三曰耳听达;四曰舌诎伸;五曰彩色光;六曰冠矩州;七曰距锐钩;八曰音激扬;九曰腹文户。"此外,李白《李太白集》卷三提及"五色狮子九苞凤凰",白居易《白氏六帖事类集》卷二十九提及凤有六象九苞。唐李峤《凤》诗有"九苞应灵瑞,五色成文章";明张居正《书罗医师凤冈卷》诗有"九苞有灵允,还见羽仪舒"之句。因此,"凤九"与"方苞"互为表里,是方苞的字。

关于"灵皋","皋"为水边的高地,或湖泊沼泽。《诗经》有"九皋"之说,《小雅·鹤鸣》曰:"鹤鸣于九皋,声闻于天。"《文选·赵至·与嵇茂齐书》曰:"徘徊九皋之内,慷慨重阜之巅。""九皋"即水泽深处。由是观之,"灵皋"与"凤九""方苞"皆有关联,作为方苞的字、号皆可。

方苞本人没有明确谈及自己的姓名字号,综上,苏惇元《望溪先生年谱》之说更为妥当:"苞,字凤九,一字灵皋,老年自号望溪,学者称望溪先生。"

(三)方苞进士身份考

方苞是否为进士?这看似一个简单问题,实际上却有点复杂。

康熙三十八年(1699),方苞江南乡试中举之后,就入京参加会试。康熙四十五年(1706)丙戌,方苞应试礼部,名列第四,但以母病,未参加殿试。按照清代科举制度,通过会试而未过殿试者,为贡士。且方苞后来因故未参加"补考",所以"贡士"为方苞最后的"学位"。但实际上关于方苞身份的称呼,却有多种。

方苞在《南山集》案后(康熙五十二年)进入朝廷,但一直没有正式官职,主要从事修书工作,直到雍正九年(1731),开始出任正六品的詹事府左中允。在此之前,方苞在朝廷各修书馆署名都缀以"原进士",比如雍正二年(1724)《御制历象考成》、雍正五年(1727)《御定子史精华》、雍正六年(1728)《御定骈字类编》《御定音韵阐微》等纂修人员名单上皆如此。这些名单为奉旨开列,也就是说"原进士"这个称呼是经过帝王批准的。雍正九年之后,方苞署名基本都缀以在朝的官职。

另外,《皇朝文献通考》称方苞为"康熙丙戌进士",《清史稿》有时也称"进士方苞",乾隆元年(1736)《江南通志》卷一百二十四《选举志》列方苞为"丙戌科进士"。还有称呼方苞为举人的,如鄂尔泰在《词林典故》卷八中就把方苞列入"改授馆职"一类,称其"会试中式举人授中允"。

综上所述,方苞虽然没有参加殿试,从而取得正式"进士"的身份,但由于其文名远播,当时朝廷还是默认其为"进士"。

五、方苞"义法"理论70年研究综述

义法理念,古已有之①,但直至方苞界定之后,才成为通用的专业理论概念,并被广泛使用于文史哲领域。义法理论既是方苞本人首次提出,也是学术自身演化的结果,且与时代、社会、政治等因素密切相关,它在当时就备受关注,后世更是论争、研究不断,成果迭出。

中华人民共和国成立70年来关于方苞义法理论的研究,既与此前研究有所关联,又呈现出新的时代特征,显示出学术研究在坚持独立自主原则的同时与社会经济政治发展保持某种或隐或显的一致性。概而言之,方苞义法理论研究大致经历三个阶段:20世纪50—70年代、20世纪80—90年代、21世纪前20年。第一阶段为研究初始期,意识形态化讨论多一些,理论性探索

---

① 义法作为名词术语,最早在《墨子·非命》中提出,后来《荀子》《吕氏春秋》《史记》《汉书》亦有使用。

少一些；第二阶段为学术成果迸发期，思想解放，思维活跃，各种观点萌发，彼此交织碰撞；第三阶段为理论深化期，研究精细化与多元化并存，文法与经史之法共进。综括来看，研究呈现出四种基本路径：纵向历史溯源、横向时代拓展、多点内涵掘进和后世传承赓续。回顾、总结与展望方苞义法理论研究的脉络，可以发现，它既是义法概念的传承发展，也是各种观念的跨时空对话交流，同时还是多学科的交叉融合。

(一)方苞义法的纵向历史溯源

方苞义法理论的形成并非一蹴而就，而是有着漫长的演化历史，其中先秦经史、唐宋八大家和明归有光是三个重要节点。

方苞义法来自《春秋》三传、《易经》《史记》等经史典籍，最直接的证据是方苞关于"义法"的明确论述："《春秋》之制义法，自太史公发之，而后深于文者亦具焉。义即《易》之所谓'言有物'也，法即《易》之所谓'言有序'也。义以为经而法纬之，然后为成体之文。"[①] 20世纪80年代，王镇远从方苞一生精研《春秋》、三礼的学术历程出发，认为方苞"在《春秋》'义例'和《周官》'仪法'的基础上提出了文章'义法'"[②]，并通过对二者的比较，提出方苞义法颇受治经的影响。王达津也明确表示，方苞义法源自"《春秋》和《春秋》三传对《春秋》义法的研究"[③]。鲍幼文则认为方苞义法是由《史记》演化而来，"望溪本于《史记》而演为古文义法之说"[④]。关爱和则认为方苞义法来自《春秋》《史记》，"是一种源于经，见于史，经纬于文，源远而流长的述作传统"[⑤]。黄黎星的博士论文专门讨论了《易》之"言有物""言有序"与方苞义法的关系，认为方苞义法之"义""内涵上固然有所扩展，但与《易》学家的解说仍然是有关联性

---

① 方苞：《又书货殖传后》，见《方苞集》，第58页。
② 王镇远：《论方苞的"义法"说》，载《江淮论坛》，1984年第1期，第66页。
③ 王达津：《说方苞义法》，见《古代文学理论研究》（第十二辑），1987年，第105页。
④ 鲍幼文：《桐城文派订名》，载《安徽史学通讯》，1958年第1期，第9页。
⑤ 关爱和：《义法说：桐城派古文艺术论的起点和基石》，载《文艺研究》，2004年第6期，第66页。

的","法"也只是在表现形式上有所落实,而非表现内容上。① 郑晓峰通过分析《周易》爻辞的叙事结构,主张方苞义法主要体现在记事文中,且偏重于文章组织结构的探讨,而《周易》表层与深层的叙事结构"恰恰与'义法'说侧重于'法'的观点相一致"②。

当然,也有与上述诸家不同的意见。敏泽就明确提出,司马迁在《史记》中所言"约其文辞,去其烦重,以制义法,王道备,人事浃"之"义法","并非后来桐城派所标举的'义法',而是讲的修史原则,即'笔法',包括修史的政治原则和修辞原则"③。很显然,敏泽先生视"义法"为修史之法,而桐城派的"义法"只是文法,因此不同。即便如其所言,当论及义法对后世文学理论影响时,他还是绕不开方苞,尤其是论述"尚简用晦"的原则时,称方苞把"尚简"作为"义法"根本原则,又以遭到时人反驳作为批评的理由。可以说,敏泽先生对《春秋》义法和方苞义法的理解,是不完整的,义法本有经法、史法和文法的不同层面④,方苞义法也并不只是文法,还是贯穿经、史、文不同层面的理论体系。后来王基伦似乎受到敏泽影响,他在梳理《春秋》笔法接受史的基础上,提出义法从经学到史学、文学的转变,自然把方苞义法列入文法范畴。这也许就是他一方面把方苞义法列入《春秋》笔法,另一方面又认为方苞义法强调"言有物""言有序"的行文准则与《史记》义法不同的原因。他认为,方苞在《春秋》《易传》《易经》典籍里为义法理论寻找源头,只是"标榜自己的学说来自儒家传统,实际上却脱离了自古以来有关'《春秋》笔法'说的诠释"⑤。王基伦先生显然没有理解方苞长期的《春秋》学研究及义法理论体系,只把它当

---

① 黄黎星:《〈易〉学与中国传统文艺观》,福建师范大学博士论文,2003年,第181~182页。
② 郑晓峰:《〈周易〉"贞事辞"的叙事结构分析》,载《学术交流》,2014年第8期,第157页。
③ 敏泽:《试论"春秋笔法"对于后世文学理论的影响》,载《社会科学战线》,1985年第3期,第255页。
④ 李洲良:《春秋笔法的内涵外延与本质特征》,载《文学评论》,2006年第1期,第91~98页。
⑤ 王基伦:《"〈春秋〉笔法"的诠释与接受》,载《孔学研究》,2005年,第294页。

作散文创作的方法而已。

方苞义法受韩愈、欧阳修等唐宋古文家影响,最直接的证据源于方苞"学行继程朱之后,文章介韩欧之间"的为学祈向。顾易生认为义法理论"是古代文论中长期探讨的'文''道'(形式与内容)关系问题的继续",程朱认为韩欧重文轻道,程朱的文艺观是反韩欧的,而方苞把韩欧与程朱合一,"应该说是对程、朱哲学体系的违离"①。不知道顾先生为什么这么说,为什么认为合韩欧与程朱是违离而不是弥补。魏际昌就认为方苞"合韩、欧、程、朱为一人,这实在是他的创见,同时也是'桐城派'的特色"②。姜海峰和徐礼君提出,方苞与韩愈都是文道统一论者,都既重视文章内容,也不忽视形式,韩愈提倡文以志道明道,方苞提出因文见道,虽略有不同,但都是谈文论道,方苞的义法说"同文学史上的古文改革家一样,虽然都言道,但不为道或理的思想精神而抱残守缺,在具体主张与创作实践中更突出文统,着意于'法'"③。姜云鹏揭示方苞钟爱韩文的原因在于"韩愈对'义法'的深蕴与精髓深有领悟,因此在其所为之文中,如《顺宗实录》及诸墓志碑记中,均能体现出对'义法'的运用"④。

方苞义法与明代归有光的关系,除了流传甚广的《归方评点〈史记〉合笔》之外,还有方苞对归有光的明确评价,"震川之文于所谓有序者,盖庶几矣。而有物者,则寡焉。又其辞号雅洁,仍有近理而伤于繁者"⑤。正是在这个意义上,贝京认为方苞对归有光"并不像某些桐城末流那样,一味颂扬"⑥。杨峰也认为方苞只是片面继承了震川文法:"在方苞那里,震川之文既不合于

---

① 顾易生:《方苞姚鼐的文论及其历史地位》,载《江淮论坛》,1982年第2期,第50页。
② 魏际昌:《桐城古文学派小史》,载《河北大学学报》(哲社版),1983年第4期,第62页。
③ 姜海峰、徐礼君:《方苞与韩愈论纲》,第一届全国桐城派学术讨论会论文集,1985年,第216~217页。
④ 姜云鹏:《韩愈古文评点整理与研究》,复旦大学博士论文,2013年,第183页。
⑤ 方苞:《书归震川文集后》,见《方苞集》,第117~118页。
⑥ 贝京:《归有光研究》,浙江大学博士论文,2004年,第32页。

'义法',也不合于'雅洁'。"①就《史记》评点而言,蒋凡认为方苞模仿归有光:"着眼于文章的'脉络'、'虚实详略'之类的'义法'。"②查桂义认为方苞在叙事性文章中的"白描"手法,"承归有光一脉而下"③,但他没有把"白描"与义法结合起来。其实"白描"追求的简约与传神正是义法的内容,吴孟复就曾经论及归有光把《史记》与评话结合起来,"用小说的白描手法与简洁生动的语言,写出'小文章'",桐城派对归有光的继承,"正在于这种'小文章'"④。赵国安也提及方苞对归有光的承续主要体现在把小说人物描写技巧运用到散文创作中,以达到雅洁之效⑤。

纵向历史溯源,探索方苞义法理论的来路,不难发现,方苞义法概念并非凭空产生,而是学术史发展演变的必然结果。

(二)方苞义法的横向时代拓展

方苞义法理论不仅是学术史发展的产物,也是时代社会文化的真实反映。王镇远从清初经学、史学、文学等方面讨论方苞的义法说与时风之关系,揭示了义法说与清初经学潮流、修《明史》的趋势的密切联系,特别是万斯同的影响以及文学上对晚明文风的纠偏矫正⑥。任雪山通过细致梳理万斯同与方苞的交往互动,揭示了方苞义法源自万斯同史学义法的确凿事实⑦。江小角在梳理清初文风的基础上,提出方苞义法理论是对戴名世、万季野、程绵

---

① 杨峰:《归有光研究》,复旦大学博士论文,2006年,第74页。
② 蒋凡:《桐城派与文学语言的发展》,载《江淮论坛》,1981年第1期,第65页。
③ 查桂义:《从归有光之"白描"到方苞之"白描"》,载《齐齐哈尔师范高等专科学校学报》,2008年第3期,第68页。
④ 吴孟复:《试论"桐城派"的艺术特点》,载《江淮论坛》,1980年第5期,第73页。
⑤ 赵国安:《〈归方评点史记合笔〉研究》,广西大学硕士论文,2008年,第53页。
⑥ 王镇远:《论方苞的"义法"说》,载《江淮论坛》,1984年第1期,第64~72页。
⑦ 任雪山:《方苞与万斯同交游及其学术史意义》,载《宁波大学学报》(人文版),2017年第6期,第18页。

庄等同时代人相关理论的总结和深化①。艾斐认为方苞义法理论继承了明代归有光、唐顺之与清代魏禧、汪琬、侯方域等人"文统"和"道统"思想,并廓清前后七子沉瀣一气的文风②。石雷提出方苞义法理论的产生,是对吴越遗老小说技法与翰林旧体的超越,可谓的论,毕竟遗民与旧翰林都是方苞义法产生的社会文化背景。但该文称方苞祖籍桐城"不在吴越之地的范围之内","所以方苞超越了'遗老'的时代和地域,批评起来也就更能客观冷静和不留情面,从而也就具有挑战兴盛已久而且享誉天下的吴越文章的气势和力量"③。这一点或可商榷。方苞虽祖籍桐城,但从曾祖父起就移居江宁,日常往来者多以吴越遗老为主④。因此,方苞批评吴越遗民,不是因为与他们有距离,而是因为彼此熟悉了解,批评起来更加切中要害,这一点吴孟复先生也曾指出过⑤。

清初《左传》评点之风盛行,李卫军在梳理《左传》评点史的基础上提出,方苞义法与雅洁概念"在其对《左传》的评点中都有体现"⑥。罗军凤也指出义法概念的评点学背景,尤其是《史记》《左传》评点。她在解读"言有物"时,把"以古文为时文"统摄入义法是合理的,但认为"其现实意义在于回归时文的文体"⑦却与事实不符。方苞的古文理论有助于时文是毋庸置疑的,但不是为了回归时文,而是为了树立古文之正统。在解读"言有序"时,她把方苞评点中的"对称"与八股文的"对偶"相联系是没有问题的,但把源自评点学的"对称",等同于义法理论的基本内容,这逻辑是不对的,因为除此之外,义法

---

① 江小角:《方苞的文论思想及其散文创作特色》,载《江淮论坛》,2011年第5期,第171~172页。
② 艾斐:《论桐城派的艺术流变与美学特征》,见《第一届全国桐城派学术讨论会论文集》,1985年,第29页。
③ 石雷:《方苞古文理论的破与立——桐城"义法说"形成的文学史背景分析》,载《文学评论》,2013年第5期,第77页。
④ 方苞:《再与刘拙修书》,见《方苞集》,第174页。
⑤ 吴孟复:《试论"桐城派"的艺术特点》,载《江淮论坛》,1980年第5期,第73~74页。
⑥ 李卫军:《〈左传〉评点研究》,华东师范大学博士论文,2008年,第148页。
⑦ 罗军凤:《方苞的古文"义法"与科举世风》,载《文学遗产》,2008年第2期,第130页。

还涉及"气脉"问题。钱仲联先生也曾指出方苞的古文评点"不同于时文评点家所谓承接开阖之法"①。刘尊举在分析"以古文为时文"的创作理念时指出，这一观念是明正德、嘉靖时期出现的"一种有意识地借助古文改变八股文风的创作现象"②，而方苞继承发扬了前人的观念。刘文彬通过分析方苞时文，认为"义法"和时文文体要求有很多相似性，因此"很难说'义法'没有受到方苞八股思维的影响并从其时文创作中得到了借鉴"③。古文与时文，有其相通之处，但不能由此得出义法概念源自时文或为了回归时文的结论，方苞的理想是以古文改造时文。

义法与清廷政策之间的关系，素来讨论不少。罗军凤称方苞的义法理论符合清廷的文化政策是合理的，但称其"一切仰承统治者的旨意"④，则有失偏颇。张德建也认为义法说是权力内在化的产物，是"方苞服膺于帝王权力，并通过致力于古文理论的建构与之相配合，共同营造了一个文学权力话语体系"⑤。他们都强调意识形态对义法理论的规训作用，而忽视了理论发生的主体性与理论自身的演化规律。虽然方苞义法与清廷政策一致，但到底是朝廷采纳方苞建议受其影响，还是方苞受朝廷影响衍生出义法理论，历来说法不一。很多人选择后者，笔者选择前者。义法理论首先是方苞的主体性创造，源自《春秋》笔法，强调《春秋》大义，寓褒贬于文笔之中，这显然与朝廷政策是不一致的。王达津认为方苞义法源自《春秋》，但因为"《春秋》所包含的'尊王攘夷''内诸夏而外夷狄'和忠于旧君观念是清统治者所不能允许的"，因此方苞称义法来自《史记》，避免清政府的忌讳。而《史记》既没有什么政治忌讳，又与《春秋》相联系，因此方苞才说："《春秋》之制义法，自太史公发之，

---

① 钱仲联：《桐城派古文与时文的关系问题》，载《文学评论》，1962年第2期，第41页。
② 刘尊举：《"以古文为时文"的创作形态及文学史意义》，载《文学评论》，2012年第6期，第144～145页。
③ 刘文彬：《方苞时文研究》，复旦大学博士论文，2013年，第114页。
④ 罗军凤：《方苞的古文"义法"与科举世风》，载《文学遗产》，2008年第2期，第135页。
⑤ 张德建：《义法说与清代的文学规训》，载《安徽大学学报》，2018年第6期，第71页。

而后之深于文者亦具焉。"①由此来看,方苞义法实际是政府规训与方苞主观意图协调的结果。吴蔚细致梳理了康熙朝和雍正朝的文化政策,认为:"方苞的'义法说'和'雅洁论'是整个清代文坛归雅运动的一部分。方苞对'雅正清真'做出了符合统治者利益的解释,并进一步扩大了'雅正清真'的影响,也丰富了自己的古文理论。方苞既利用自己的御用文人身份成就了'桐城派',也受清朝统治者利用,传达了'雅正清真'的主张。"②相比较而言,吴先生之观点更为公允,既看到了二者的关联性与互动性,也没有抹杀方苞的原创之功。

由上观之,义法概念虽由方苞个人提出,但也是整个时代社会文化的真实反映,堪称"一个时代的结晶"③。

(三)方苞义法的多点内涵掘进

针对义法内涵,方苞本人并没有专文阐释,而是分散在各类文章著述或评点文字中,学界于此探讨颇多,可谓众说纷纭,概而言之,大致围绕文学、经学、史学、美学、语言修辞学等几个学科展开。

第一,义法的文学研究。把"义""法"类比为文章内容和形式,是最常见的理解。鲍幼文比较早讨论方苞义法,他主张:"义约略相当于今人所说的思想内容,法约略相当于今人所说的写作方法。"④桐城派后学马茂元认为方苞义法是"有内容,有条理,结构谨严,合乎体制的文章","形式服从于内容,内容和形式的统一"⑤。徐寿凯阐释得更加明确:"如分而言之,义与思想或作品的内容相联结,法与艺术或作品的形式相联结(其中包括篇章结构应如何根据文体的特点进行布局剪裁以及文辞的雅洁等)。如合而言之,则指古文

---

① 王达津:《说方苞义法》,见《古代文学理论研究》(第十二辑),1987年,第100页。
② 吴蔚:《雍正文学思想研究》,河北大学博士论文,2013年,第151~152页。
③ 庄丹:《〈左绣〉评点学研究》,福建师范大学博士论文,2014年,第35页。
④ 鲍幼文:《桐城文派订名》,载《安徽史学通讯》,1958年第1期,第9页。
⑤ 马茂元:《桐城派方、刘、姚三家文论评述》,见《古代文学理论研究》(第一辑),1979年,第298~299页。

的写作原则和方法,重点是法。"①赵建章在内容与形式的二元背景下,提出"义"就是具有重要意义的事物和道理,近乎"重大题材",同时符合儒家的政治理想和道德准则。同时他把"义"分为两种,即主体与客体的"义"②,强调"义"具有逻辑优先性,实际上却受"法"制约。关爱和对方苞义法内涵的阐发尤其深入,他认为"义"的根本含义就是"本经术而依事物之理"③,代表了方苞对古文思想内容方面的评价尺度和基本要求,其中"本经术"是以儒家典籍为本,"依事物之理"是以万事万物之理为据。前者寻求的是放之四海而皆准的规则,后者是把这种规则运用到具体的事物之中;前者体现出古文家的精神信仰,后者彰显出古文家的学识才能。"法"涉及古文写作的体制法度、条理结构、虚实详略,"是古文家安身立命、独立存在之凭借"④。关于"言有序"的具体运用,他提出两个原则:一是因义立法;二是以纪事文为本原,以两汉及八家文为津梁。前者是以义驭法,根据文章内容调整修辞手段,体现出方苞对义的重视。法为义服务,二者关系不可本末倒置。后者表现方苞将义法说作为一种述作传统与述作理论,具有普遍的指导意义。持内容形式说的人最多,文以载道说也多与此说一致,不赘述。

关于义与法的关系,研究者也各有侧重。王镇远从文体、材料、结构、语言等四个方面讨论义法。在文体方面,不同体裁各有自己的规定和限制,所谓"诸体之文,各有义法";在材料方面,通过取舍和详略安排表现文章大义,所谓"先后详略,各有义法";在结构方面,表现为起承转合、衔接照应,所谓"首尾开合、虚实详略、顺逆断续之义法";在语言方面,要求文字雅洁,把小说语、语录、俳语、隽语等排斥在外,追求简约古朴。不难发现,王镇远先生所讲

---

① 安徽省社会科学院文学研究所等:《桐城派研究论文选》,合肥:黄山书社,1986年,第87页。
② 赵建章:《论方苞的"义法"说》,载《常德师范学院学报》,2001年第6期,第51页。
③ 关爱和:《义法说:桐城派古文艺术论的起点和基石》,载《文艺研究》,2004年第6期,第68页。
④ 关爱和:《义法说:桐城派古文艺术论的起点和基石》,载《文艺研究》,2004年第6期,第69页。

的四个方面,都是从文章形式出发,较少考虑文章的内容,或许正是这个原因,他提出义法说"是偏重于讨论文章形式方面的理论"①。与王镇远不同,王达津更重视"义法"之"义",他说"言有物与言有序,方苞以言有物为第一义"②,并通过方苞删定《荀子》和对归有光的批评,论证"义"之重要。他认为"义法"首先重大体,所谓"大体"就是体现时代精神、规模气象及道德规范。其次,方苞义法强调文章的思想品质,"如只重文华,而忽视思想品质,就不会写出好文章来"。由于提倡"质",也就提倡"气",与韩愈气论思想一脉相承。气带来文章的古雅清真,又与雅洁理论衔接起来。当然,他也指出,方苞提倡"气"并没有"义法"那样突出。从表达方式看,方苞的义都不是直接表达,"要有言外的微旨隐义,作为委婉讽谕的手段"③。现在看来,王达津先生的表达依然深刻。刘文龙回到"义法生成现场",从方苞对《史记》《左传》《楚辞》等的评点实践,以及对《管子》《荀子》文本的删削,来论证"义"之重要,"甚至将之上升到人生祈向的高度"④。该文希冀纠正"义法说"长期重视"法"的认知。

第二,义法的经学研究。方苞义法源自《春秋》,国内比较早探讨义法概念与经学关系的人是张金梅博士。她认为方苞不仅将义法发扬光大,实现了由"《春秋》义法"到"古文义法"的理论转换,而且将"《春秋》义法"移植于古文批评,赋予其以广阔的思想文化内涵,这是"他精研《春秋》之学,重视'《春秋》义法'的必然结果"⑤。她在分析义法含义的基础上,从四个方面讨论了"义法批评"与"《春秋》义法"的融通:一是与"《春秋》义法"之重"义"相一致,"义法批评"也十分重视"义";二是与公羊家所强调"措辞多变,不拘一执"之"《春秋》义法"相一致,"义法批评"之"法"是也随"义"变的;三是与司马迁所谓"善善恶恶""贤贤贱不肖"的"《春秋》义法"一致,方苞"义法批评"也是包含褒贬美刺的;四是融"《春秋》义法"入"义法批评",即直接运用"《春秋》义法"中的

---

① 王镇远:《论方苞的"义法"说》,载《江淮论坛》,1984年第1期,第68页。
② 王达津:《说方苞义法》,见《古代文学理论研究》(第十二辑),1987年,第105页。
③ 王达津:《说方苞义法》,见《古代文学理论研究》(第十二辑),1987年,第106页。
④ 刘文龙:《"义""法"离合与方苞的评点实践》,载《文学评论》,2020年第1期,第213页。
⑤ 张金梅:《"〈春秋〉笔法"与中国文论》,四川大学博士论文,2007年,第271页。

术语对具体作品进行评论,这是"义法批评"与"《春秋》义法"相融相通最为突出的表现。她的探讨是在研究"《春秋》笔法"发展史的基础上展开的,因此颇具启发性。

吴海的博士论文,虽然研究的是清代学术与传记,但为了探讨古文理论与碑铭文体的关系而深入分析了方苞义法与经学的关联。他认为方苞经史之学最大的特点在于"舍传求经",沿袭了唐代啖助、赵匡、陆淳开创的新《春秋》学路数,不是借助于三传及汉儒章句注疏的方式了解《春秋》的微言大义,而是通过研摩圣人叙事时采用的"笔削之法"揣度圣人"谋篇布局"之用心。"义法"中的"义"与"法",约略等同于圣人"笔削之事"与"笔削之法"。方苞解经的路数,与唐宋韩愈、欧阳修等文人解经的路数一脉相承,他的义法概念"是汲取了唐宋经说中重视'文法'结构的思想特征,无怪乎乾嘉学者对'义法说'鄙夷与不屑"①。

田丰的博士论文《论方苞经学及其与古文创作的关联》分析了方苞研究《春秋》的"属辞比美,类聚以见义"、辨析"特笔""微文"以求"隐义"等解经方法,虽未明言经学义法,实际上却是方苞经学义法的直接体现。张厚齐的博士论文《〈春秋〉义法模式考迹》设专门一节,探讨"方苞模式",分别从"脱去传者与诸儒之说""辨别旧史之文与笔削之迹""属辞比事推求书法"等方面入手,不少内容都属于方苞经学义法,可是作者也没有明确表述。丁亚杰的专著《生活世界与经典解释:方苞经学研究》分析了方苞《春秋》学的解经之法及对《春秋》大义的追寻,也没有明确与方苞义法理论结合起来。

把方苞《春秋》学、《史记》学与义法理论结合起来并充分研究的是张高评,他的多篇文章都有涉及,其中以专著《比事属辞与古文义法——方苞"经术兼文章"考论》为代表。他从叙事学的角度,提出方苞"以《左传》《史记》之历史叙事为典范,为标榜,进而生发文学叙事学之理论","经学叙事学、历史

---

① 吴海:《清代的学术与传记》,南京大学博士论文,2011年,第69页。

叙事学、文学叙事学之同源共本,千年一脉"①。他的方苞经学义法研究,从比事属辞的经学基础出发,探讨方苞《春秋通论》《春秋直解》等书所蕴含的解释学、修辞学思想及解经方法等。《春秋》书法如何影响古文义法?对此他从四个要点展开:其一,笔削取舍,演变为古文义法,就是叙事艺术的详略互见;其二,《春秋》书法的比事措置,演变为先后位次;其三,约文属辞,派生为虚实;其四,为张本继末,探究终始。他也提及方苞《周礼》学与义法的关联,可惜没有深入展开研究。

许光别开生面,探讨方苞《离骚正义》中义法的体现:首先在"义"上,坚持"忠孝是人的天命"的观念;其次在"法"上,注重从文章结构体例,推崇"明于体要"诠解方式;再次在语言上,不落科举义例和桐城评点烦琐窠臼,着意于雅洁自然。该文把方苞的人生阅历、当时的社会思潮与文法相结合,颇有启示。薛业婷的硕士论文《方苞〈朱子诗义补正〉研究》探讨"义法说"在《朱子诗义补正》中的使用,她认为方苞的"义"有民族之义、师友之义、人伦之义、世风之义,方苞的"法"体现为诗篇秩序的解读和雅洁文风的追求。该文认为:"将古文写作之法运用于对《诗经》的解读,也是方苞的一种创举了。"②

第三,义法的史学研究。《史记》是义法理论最充分的体现。史学义法研究一直长盛不衰。叶建华认为在中国古代史学批评史上,方苞"第一次对著史'义法'作了详尽透彻的阐述,具有重大的影响"③,并从四个方面分析了方苞的史学义法:一是"非天下所以存亡,故不著"和"常事不书"的著史原则,即义法之"义"的内涵;二是"直述其事""信而有征",即历史书写的真实;三是议论与叙事相间,即历史评判寄寓褒贬美刺;四是"虚实详略,各有义法",即史书的篇章布局与语言原则。从不足方面来看,他认为方苞义法原则"有时也未免泥古太过,缺乏创新精神"④。吴海也分析了方苞史学义法提出的"常事

---

① 张高评:《比事属辞与古文义法——方苞"经术兼文章"考论·自序》,台北:新文丰出版公司,2016年。
② 薛业婷:《方苞〈朱子诗义补正〉研究》,暨南大学硕士论文,2016年,第64页。
③ 叶建华:《论方苞的史书"义法"》,载《安徽史学》,1990年第1期,第1页。
④ 叶建华:《论方苞的史书"义法"》,载《安徽史学》,1990年第1期,第4页。

不书"原则,认为其与史学家所提出的"据事直书"理论不同,而是选择某些代表性事件通过"旁敲侧击"来体现其精神与风貌;指出钱大昕等史学家批评否定义法,"根本原因是他们并不认同文章修辞、谋篇布局能蕴含价值、道德判断"[1]。

王振红指出方苞的义法不仅是文法,而且是"融经、史、文三者为一体"的历史叙事原则,并从义、事、文三个方面分析方苞史学义法,主张:"义理"为方苞叙事的价值祈向,即为学作文时尊经学、重义理,其居于"义法"理论的主导地位;"事理"则是历史叙事的主要内容,注重通过典型事件展现人物精神,其处于"义法"理论的中心;"文理"为"言有序"所探讨的叙事文法,是"义理"与"事理"得以彰显的外在形式。三者相辅相成,互为支撑,"不仅呈现出方氏之圆而神的叙事境界,而且集中体现了其'义法'说的精髓"[2]。

俞樟华重点探讨义法理论对《史记》史传文学艺术技巧的继承和发展,认为义法理论"是以对《史记》艺术技巧的自觉继承为起点、为核心,并由此推及其他,贯穿全部",从而形成的"自成体系的散文理论"[3],且从四个方面展开论述:一是材料取舍,殊重大体;二是主旨表现,含蓄委婉;三是结构文章,脉络呼应;四是语言雅洁,尚简去繁。王晓玲的博士论文分析了方苞对《史记》叙事艺术的贡献,认为义法理论"对《史记》内在精神的把握显然是客观的,也符合司马迁著史原意,是清代学者对《史记》最重要的贡献,是《史记》研究史上最为重要的环节之一"[4]。同时指出明代前后七子、唐宋派对《史记》"法式"的探讨与推重,直接影响了方苞义法理论的生成,并通过对"言有物""言有序"的讨论,提出义法理论"既是历代以来的'文气'论的进一步发展,也是

---

[1] 吴海:《清代的学术与传记》,南京大学博士论文,2011 年,第 73 页。
[2] 王振红:《历史叙事视野下的方苞"义法"说》,载《湖南科技学院学报》,2011 年第 9 期,第 53 页。
[3] 俞樟华:《桐城"义法"源于〈史记〉》,见《史记艺术论》,北京:北京华文出版社,2002 年,第 365 页。
[4] 王晓玲:《清代〈史记〉文学阐释论稿》,陕西师范大学博士论文,2012 年,第 166 页。

清人对明代学者对散文'法式'探讨上偏颇的矫正"①。

张高评对方苞史学义法亦有深入研究,他认为方苞的《史记》系列评点,"皆印证义法理论,而提示叙事艺术之要籍"②。结合《春秋》学、《周礼》学比事属辞的特点,他详细分析了方苞《史记评语》的叙事义法:一是笔削取舍,衍为详略互见;二是比事措置,化成先后位次;三是约文属辞,派生虚实损益。张高评研究的特点是经史互见,而不是把义法仅仅当作文法。

第四,义法的美学研究。义法涉及语言艺术以及雅洁之美,因此从艺术技巧、审美心理、审美形态等角度研究方苞义法,虽然成果不多,但也颇有启发性。比较早研究义法美学的是郁沅教授,他对于桐城派美学成就评价很高,认为:"桐城派在美学理论上超过前代古文家的地方,就在于对散文艺术美所作的理论探讨和贡献。"而方苞的义法说是"桐城派美学思想的起点"③。他把义法理解为散文创作的艺术技巧,并从五个方面予以阐释:其一,创作思想和主观意图的含蓄委婉。这主要从作为义法来源的《春秋》笔法出发。其二,素材剪裁遵从"体要"标准。这是从"常事不书"的历史原则出发。其三,在纪传体散文的人物描写方面,要求辞与事相称,事与人相称。这是从方苞具体史事书写出发。其四,散文创作要讲究结构、脉络和章法。这是从具体文体的要求与差异展开的。其五,要求散文语言雅洁,反对俚俗繁芜。这是从古文语言纯洁性出发的。虽然郁沅把义法作为散文艺术技巧,但他的研究不仅包括《方苞集》里的作品,还包括《古文辞类纂》中的评点。不仅如此,对于义法理论的某些不实批评,他也进行了一定程度的辩护,认为义法说"既不是忽视内容的形式主义理论,也不是为反动政治服务的理论,而是对散文艺术技巧论作出了独特贡献,又有一定进步政治内容的美学理论。方苞虽然强调形式技巧的重要性和相对独立性,但始终没有同内容相脱离或对立"④。

---

① 王晓玲:《清代〈史记〉文学阐释论稿》,陕西师范大学博士论文,2012 年,第 69 页。
② 张高评:《比事属辞与古文义法——方苞"经术兼文章"考论》,第 396 页。
③ 郁沅:《桐城派美学理论中的"神气"说》,载《江淮论坛》,1982 年第 6 期,第 107 页。
④ 郁沅:《桐城派美学理论中的"神气"说》,载《江淮论坛》,1982 年第 6 期,第 111 页。

这是难得的比较中肯的评价。

万陆从三个方面分析方苞义法理论的美学思想：其一，方苞既肯定了道的不变性，也看到了道因时因地而变的特征，能够从发展中认识美；其二，基于"士大夫所谓之奇节美行"(《文昌孝经序》)之论，方苞高扬个体人格美，把外在美与内在美相统一；其三，从文体美学角度而言，方苞看到了散文与诗赋的差别，且因人因事因内容而别，并强调审美意趣的追求。这三个方面表明义法理论既继承了以孔孟为代表的儒家美学以"仁"为基础的"尽善尽美"思想，又深受程、朱为旗帜的宋代理学"作文害道"理论的影响；它既适应了清圣祖为建立巩固统一的多民族国家的功业之所需而产生，而一旦经钦定之后，又确实发挥了引导群士的作用，"它就必然要不但对一代文风，而且对当时的审美心理都产生极大的影响"[①]。

邱章红从儒家美学传统出发，分析了方苞"雅洁"理论的美学意蕴，认为方苞的"义法"说通过对文与质、文与道、文与德等问题进行全新的阐释，尤其是对"雅"的明确追求，把"雅"与"正"结合，与"古"结合，与"学"结合，赋予"雅"以明确的美学蕴含和时代特色，并正式提出与形式相对又融形式与内容的"古雅"之美。虽然方苞没有像王国维那样，借助于康德美学思想把"古雅"阐释得更清楚明白，但方苞"从原始儒家艺术的根本精神出发，扬弃了传统儒家工具评判系统，回到儒家美学的根源之处，重新提出'以正为雅'，他把道家出世隐逸的色彩褪去，融进了以天下为己任的道德精神，形成了融进美学的高雅观"。也正是在这个意义上，他认为方苞的古雅美学"不仅是对传统儒家美学评判系统的重建，而且是对整个中国美学传统的纠偏"。而"洁"这个范畴，本来在中国美学史上并非重要的概念，经过方苞的阐释而为更多的人所接受。他把乐论中"大乐必简"和诗论中"简约""空灵""含蓄"等美学理念引入"洁"的范围，"形成了中国美学史上独一无二的'洁论'"[②]。

---

① 万陆：《对桐城派散文之美学述评》，载《赣南师范学院学报》，1986 年第 3 期，第 35 页。
② 邱章红：《论方苞"雅洁"思想美学意蕴》，载《合肥联合大学学报》，2000 年第 3 期，第 4～5 页。

第五，义法的语言修辞学研究。吴孟复明确提出义法是语言问题[1]，并从语体、风格、词语和结构四个方面予以论证。语体方面主要是散文语言的纯洁，把散文语言与其他文体（小说、诗歌、骈文、语录、政论等）语言区别开来。风格方面主要与明代相比较，去除台阁体、翰林体、公安竟陵体等堆砌辞藻、猥杂佻脱之风，正如章太炎所言，"明末猥杂佻脱之文，雾塞一世，方氏起而廓清之"[2]。词语方面主要是指追求语言的简洁、准确、清新，与俗语相对。结构方面主要是谋篇布局、穿插照应的问题。吴先生所论，不无道理，但也把方苞义法理论简化了。义法问题绝不仅仅是语言问题，吴先生的论述也超越了语言范畴。语体和词语归入语言范畴尚可，风格与结构显然都不是语言问题，况且还有决定语言的"义理"。

语言涉及修辞，不少研究在修辞学层面展开。顾易生认为雅洁主要是指"内容材料的精简扼要、剪裁得宜，艺术风格的洗炼朴素、自然光辉"[3]，他站在古文艺术性的立场，把雅洁视为一种艺术风格、一种关于散文写作的艺术准则，肯定其在反对汉赋及六朝骈文的浮华之风、宋儒语录体的庸腐之气、明代前后七子的饾饤拟古之习方面的积极意义，并认为其缺陷在于拒绝小说诗赋等语言风格，有保守化的倾向。徐天祥也视雅洁为散文语言的要求[4]，并且具体讨论了雅、洁的含义。他认为"雅"表现在三个方面：其一，雅与古相连，吸收了古文语言的特点和长处，但也有复古倾向和保守色彩，在某种程度上限制了语言与写作。其二，雅是语体的规范，古文不可入语录语、藻丽俳语、汉赋中板重字法、佻语、隽语、佛家语等，语体规范也是文体规范。其三，雅还要求叙事合理、表达真实可信。"洁"主要是指语言简练准确，具体也包括三个层次：一是语言简明流畅，二是语言精练准确，三是文章得其体要。雅洁的局限在于因为排斥活泼的生活语言而缺少生气，又因为复古而缺少时代

---

[1] 吴孟复：《试论"桐城派"的艺术特点》，载《江淮论坛》，1980年第5期，第76页。
[2] 章太炎：《菿汉三言》，沈阳：辽宁教育出版社，2000年，第56页。
[3] 顾易生：《方苞姚鼐的文论及其历史地位》，载《江淮论坛》，1982年第2期，第51页。
[4] 徐天祥：《简论方苞的"雅洁"》，载《江淮论坛》，1987年第2期，第82页。

气息。

从修辞学角度探讨雅洁,是常见的思路。石云孙、万国政等较早地讨论方苞义法的修辞问题。吴微则专门讨论了雅洁的修辞理念,他认为首先"雅洁"与"义法"一脉相承,"为其衍生,更是其直接体现和必然结果",是桐城派一以贯之的修辞理念。其次,"雅洁"不仅是修辞理念,更是适合题旨情境的修辞手段,在语言和谋篇布局方面有具体的要求与规范,是修辞与语法的浑然合一。再次,"雅洁"是儒家修辞理念影响下的审美表达,"是桐城派在新的历史文化背景下对孔子辞达辞巧观的另一种表述"[①],同时体现了"修辞立其诚"的儒家修辞传统。慈波也提出,雅洁与义法互为表里,首先表现为对文章语言风格的要求,不仅文辞简约,还义理醇正;其次,雅洁是权衡文章高下的重要标志,以义理的严正雅洁作为评判文章的尺度;再次,雅洁是义法在文章风格上的必然体现,既与当时文坛风气紧密相关,也是推尊古文文体的必然追求,后来成为"桐城派的理想文章品格,是他们判别文章审美价值的重要标准"[②]。

方苞雅洁论与雍正所倡导的"雅正清真"之间的关系,学界素来不乏讨论,多数认为方苞身在朝廷,受帝王影响,为朝廷代言,而完全忽略一介学人在思想观念上的主体创造性,以及一种理论观念自身发展演变的内在规律。粮志艳在分析《古文约选》《钦定四书文》《清代硃卷集成》以及方苞"以古文为时文"的理念之后提出,二者的影响是双向的,"方苞'雅洁'艺文观促发了清廷对'清真古雅'之文的好尚,而科场文风也推宣了方苞的'雅洁'观"[③]。

综上所述,方苞义法并不仅仅是文法,而是贯穿经法、史法和文法等不同领域的理论体系,前人虽各有涉及,但系统研究不足。

---

① 吴微:《雅洁:桐城派的修辞理念》,载《修辞学习》,2002年第5期,第30~31页。
② 慈波、倪玲颖:《论方苞的古文"雅洁"说》,载《理论界》,2006年第7期,第275页。
③ 粮志艳:《从"雅洁"到"雅健":桐城文风流变与清代文学生态》,载《广州大学学报》,2018年第6期,第90页。

(四)方苞义法的后世传承赓续

义法理论生成后,在方苞弟子及友朋中广为传播,并经《古文约选》《钦定四书文》等官方文本的持续助推,后世影响深远,大致呈现七个方向。

第一,古文家的承续研究。义法的承续首先从桐城派古文家开始,相关研究比如马茂元《桐城派方、刘、姚三家文论评述》、任访秋《桐城派文论的渊源及其发展》、卢佑诚《桐城"三祖"古文理论比较》、刘守安《刘大櫆的散文理论》、袁忠群《刘大櫆与方苞文论的本质性区别》、顾易生《方苞姚鼐的文论及其历史地位》、武卫华《试论姚鼐的散文主张和创作个性》、华世忠《从方苞的义法到姚鼐的文论——桐城派文论述评》、罗书华《走向审美之境:刘大櫆与桐城散文学的转向》、徐杰《方苞的"义法"说对刘大櫆"神气"说的影响》、关爱和《姚鼐的古文艺术理论及其对桐城派形成的贡献》、余祖坤《王又朴的古文批评及其价值》、袁方愚和张新科《"义法"理论在〈史记〉评点中的体现——清代王又朴〈史记七篇读法〉析论》、田亚《方东树诗学的宋诗本位与桐城义法》、李剑锋《论方东树从古文义法对学习陶诗途径的揭示》、武道房《论阳湖派的文学思想》《汉宋之争与曾国藩对桐城古文理论的重建》、刘健芬《评桐城派中兴主将曾国藩的文论观》、王济民《林纾与桐城派》、陆德海《林纾文法思想对桐城家法的坚持与突破》、萧晓阳《近三百年文化嬗变中的桐城学术精神——以方苞、曾国藩、严复为中心》、卢坡《从尺牍交往看张裕钊与吴汝纶对桐城义法的因袭与突破》、管新福《桐城传统与严复、林纾的文雅译风》等。显而易见,方苞义法在桐城派内部持续产生影响,从清初的刘、姚一直到清末民国的严、林,主要代表人物对其都有不同程度的继承和发展,且多以正面为主,间或杂以批评。不仅如此,非桐城派古文家也受到方苞义法影响,比如黄卓颖《论恽敬古文的"峭洁"——兼说"从子家入,由史家出"的文学意义》、周新道《袁枚文论初探——兼论与桐城派的关系》等,他们的态度也是继承与批评兼而有之。

第二,汉学家的批评研究。汉宋之争是清代学术发展的重要线索,汉学家对桐城派总体持批评态度,对义法理论的批评尤为集中,但也彰显了义法理论的代表性及其影响力。比如刘奕《清代中期经学家文学思想研究》、胡贤林《汉学视野中的桐城义法——以钱大昕批评方苞为例》、任雪山《钱大昕与方苞的一桩学术公案》、张富林《论章学诚对桐城派古文的批评》、吴海《清代的学术与传记》、张昊苏《乾嘉文学思想研究》、陈沁云《章太炎与桐城派研究》等,从不同侧面揭示不同时期汉学家对方苞义法的批评。

第三,近代翻译理论的影响研究。严复和林纾是近代翻译的标志性人物,他们的翻译理论,或多或少透射出方苞义法的影子,可以说是对义法理论的拓展,代表性的研究有周昌辉《严复的"雅"与桐城派的"雅洁"》、王荣《桐城派文章学视野下严复译著的新解读》、周红民《严复翻译思想中的"文章"意识——一个被译界忽略的话题》、叶雨薇《严复〈群己权界论〉的翻译及其纠结》、狄霞晨和朱恬骅《严复与中国文学观念的现代转型》、林元彪《文章学视野下的林译研究》、程华平《"义"与"法":林译小说序跋之现代性解读》、文贵良《林译小说:文学汉语的现代冲突》、齐海滢《互文理论视角下林纾译本〈拊掌录〉诗学价值研究》、周兴陆《"小说改良会"考探》等。此外,桐城派经典作品的外译也受方苞义法的影响,比如张枝新《古文译介之"义法"再现——谢译〈左忠毅公逸事〉之得失论》、操萍《桐城派文章学视角下〈狱中杂记〉英译本解读》等。

第四,近现代学术的影响研究。方苞义法涉及经、史、文不同层面,在近现代学术发展中也有不同影响,不管是儒学、文论还是美学领域,比如陈琰《桐城派文论对朱光潜的影响》、任雪山《朱光潜与桐城派的学理联系》《桐城派文论现代批评接受研究》、王守雪《古文义法今论——徐复观"〈史记〉研究"之扩展》、张迪平《桐城派美学思想研究——以"自然、义法、神气、境界"为例》等。其中,笔者的博士论文《桐城派文论现代批评接受研究》比较细致地阐释了徐复观对义法与《史记》精神会通的研究,以及朱光潜美学对方苞"义法"理论的现代语言学论证,同时对郭绍虞的方苞义法理论体系梳理也有所论述。

第五,对小说创作及理论的影响研究。虽然义法因文法而著名,但古文与小说一直有某种或隐或显的联系。义法理论问世后,对小说创作及其理论持续发挥着指导作用。程维的《论桐城派小说的"雅洁"追求——以许奉恩〈里乘〉为中心》指出,桐城派虽然一贯批评行文的"小说气",但小说与古文从开始就保持着某种或隐或显的联系①,《里乘》一书堪称"桐城派小说"的代表,处处都能看到义法的影子:"在行文上力求'雅洁',于小说中严守古文'法'的壁垒;在立意上尚真、宗经、致用,并确保解读的稳固性和单一性,以追求'义'的雅洁。"②刘涛的《从古典的"义法"到现代的"结构"》则认为"义法"所指涉的古文"起承转合"的结构布局艺术,在小说里面同样适用,"采用古文义法理论来评点小说,是中国传统小说理论批评的特色所在"③。刘晓静的《雅洁:论汪曾祺小说的语言风格》揭示了现当代作家汪曾祺的小说对"雅洁"风格的继承。

第六,对现代散文创作及理论的影响研究。桐城派虽然在五四时期受到新文学阵营的攻击,但在现代散文创作中,影响一直都存在。范培松与何亦聪提出,与继承了"魏晋风度"与"六朝散文"之风的周氏兄弟不同,"白马湖作家群"在现代散文中接续桐城派文脉,他们以夏丏尊、叶圣陶、朱光潜、朱自清、丰子恺等人为代表,白马湖散文家"避虚就实的写作思路,以及对基本语法、句法、文章作法的重视,都隐隐地延续着桐城派的'义法'之说"④。他们认为白马湖散文家与桐城派作家一样,都属于"教育家",能够从教育者的角度去考虑问题,重视文章写作的"基本方法"和"技术"。此外,金晔的《老舍散文对桐城义法的沿承与超越》,揭示了老舍对方苞义法的继承与革新:在体要上遵循文有重点、事随主题的

---

① 陈寅恪《韩愈与唐代小说》一文,有关于古文与小说联系的细致论证。
② 程维:《论桐城派小说的"雅洁"追求——以许奉恩〈里乘〉为中心》,载《明清小说研究》,2020年第4期,第153页。
③ 刘涛:《从古典的"义法"到现代的"结构"——小说理论批评的现代转换研究之一》,载《中国现代文学研究丛刊》,2006年第2期,第175页。
④ 范培松、何亦聪:《论"桐城谬种"之说的谬误和谬传》,载《中国现代文学研究丛刊》,2015年第10期,第17页。

个人话语表达,语言风格上追求洁而不雅——质朴清浅、亲切自然的语言。周晓梅的《从桐城古文到现代散文——以桐城派与周作人的古文渊源为中心》表明,周作人虽然批判桐城派,但其散文在风格上追求的"尚简""韵味""平淡自然"等风格,与桐城派异曲同工。

  第七,指导当代语文教学的研究。桐城派的理论,不少都是来自教学实践,因此指导现代语文教育教学是其另一个重要功能。于晓冰的《方苞"义法说"中蕴藏的写作文化思想》,从写作文化的时空情绪、价值取向、思维方式等角度阐释了方苞"义法说"中所蕴藏的写作文化思想。罗进近的《例谈议论文写作的有序表达》论及方苞义法对议论文写作的意义与功能。艾婷玉的《桐城派文章学理论对高中议论文写作教学的启示》,考察了方苞雅洁理论对议论文语言锤炼的作用。龚翔的《义法:于严辞雅言之中昧要义——基于学情调查的文言文教学反思》针对课前学情,以品鉴语言表达风格的教学思路来引导学生通过课文独有的"有序之辞"和"雅洁之言"来理解主题,即"闲话不闲""常事不常""简言不简"。周桃玉和吴微的《从"义法"到"技法":姚永朴文学教育的历史考察》,通过考察姚永朴的文学教育历程,揭示了以义法为代表的桐城派文法,于现代文学、文化传播的价值不弱于白话文。

  70年来,方苞义法理论一直是古典研究的重要论题,不管是经学、史学、文学研究,都不断有新成果涌现。但总体来说,文法层面的研究比较充分,经史层面的研究相对不足。另外也应该看到,大量的研究基于寻章摘句,没有全面了解方苞著作及具体的历史文化背景,因此重复前人之说、模式化、同质化现象屡见不鲜,真正创新性、突破性成果较少。义法理论是贯穿方苞经、史、文等各类著述的一套系统理论。方苞的贡献,不仅在于把原属于经、史的义法引入文学,开创古文义法,还在于搭建了完整的义法理论谱系,即《春秋》《左》《史》—韩欧—归唐—桐城派;同时,方苞个人实现了经法、史法、文法三个层面义法的贯通,实现了古文与时文义法的贯通,构筑了一个宏阔的义法理论体系。未来的方苞义法理论研究,应该在熟悉方苞各类著述及中国古典话语的基础上,从文史哲多学科综合的维度展开,并与域外理论比较、对话,相信必将对中国风格、中国气派的古典理论研究有所推进,对于新文科的发展也会提供借鉴。

参考文献

一、方苞著作

1. 方苞. 方苞集[O]. 刘季高校点,上海:上海古籍出版社,2008.
2. 方苞. 方望溪遗集[O]. 徐天祥、陈蕾点校,合肥:黄山书社,1990.
3. 方苞. 方苞全集[O]. 彭林、严佐之主编,上海:复旦大学出版社,2018.
4. 方苞. 望溪先生文偶抄[O]. 乾隆十一年初刊本,1746.
5. 方苞. 望溪先生文偶抄[O]. 官献瑶刊,乾隆十三年刻本,1748.
6. 方苞. 抗希堂十六种[O]. 康熙、嘉庆桐城方氏抗希堂刻本.
7. 方苞. 方望溪先生全集[O]. 戴钧衡编,咸丰元年刻本,1851.

二、方苞研究著作

1. 姚翠慧. 方望溪文学研究[M]. 台北:文史哲出版社,1988.
2. 许福吉. 义法与经世[M]. 上海:学林出版社,2001.
3. 黄肇基. 鉴奥与圆照——方苞林纾的《左传》评点[M]. 台北:允晨文化实业,2008.
4. 廖素卿. 方苞诗文研究[M]. 新北:花木兰文化出版社,2009.
5. 丁亚杰. 生活世界与经典解释:方苞经学研究[M]. 台北:学生书

局,2010.

6. 刘康威. 方苞的《周礼》学研究[M]. 新北:花木兰文化出版社,2011.

7. 张高评. 比事属辞与古文义法——方苞"经术兼文章"考论[M]. 台北:新文丰出版公司,2016.

三、方苞研究博硕士论文

1. 李晓琳. 方苞《礼记析疑》研究[D]. 曲阜师范大学硕士论文,2020.

2. 何昶熠. 方苞《左传义法举要》《史记评语》"义法"研究[D]. 陕西师范大学硕士论文,2017.

3. 曹雪. 方苞《钦定四书文》研究[D]. 江西师范大学硕士论文,2017.

4. 薛业婷. 方苞《朱子诗义补正》研究[D]. 暨南大学硕士论文,2016.

5. 吴惜言. 方苞"义法"说研究[D]. 华中师范大学硕士论文,2015.

6. 叶翠. "艺术莫难于古文"——论方苞的古文理论与古文艺术[D]. 安徽师范大学硕士论文,2015.

7. 田丰. 论方苞经学及其与古文创作的关联[D]. 南京大学博士论文,2014.

8. 刘文彬. 方苞时文研究[D]. 复旦大学博士论文,2013.

9. 秦强. 方苞《春秋》学思想研究[D]. 江西师范大学硕士论文,2013.

10. 刘月菊. 方苞交游考论[D]. 扬州大学硕士论文,2013.

11. 鲁青. 方苞"记"体文与"纪事"文研究[D]. 安庆师范学院硕士论文,2013.

12. 陈永顺. 方苞《春秋直解》研究[D]. 高雄师范大学硕士论文,2012.

13. 师雅惠. 方苞学术思想与文论[D]. 中国社科院博士论文,2009.

14. 蓝渝坚. 方苞《礼记析疑》评议郑《注》考辨[D]. 铭传大学硕士论文,2009.

15. 裴元凤. 方苞《钦定四书文》研究[D]. 南京大学硕士论文,2008年;

16. 镇方利. 方苞"义法"说的现代阐释[D]. 四川师范大学硕士论

文,2008.

17. 赵国安.《归方评点史记合笔》研究[D].广西大学硕士论文,2008.

18. 郝春炜.方苞与"《南山集》案"[D].中国人民大学硕士论文,2007.

19. 黄肇基.清代方苞林纾《左传》评点研究[D].台湾师范大学博士论文,2007.

20. 蒲彦光.明清经义文体探析——以方苞《钦定四书文》为中心观察[D].佛光大学博士论文,2007.

21. 刘康威.方苞的《周礼》学研究[D].东吴大学硕士论文,2006.

22. 金姬成.望溪古文理论及其实践[D].台湾师范大学硕士论文,1992.

23. 廖素卿.方苞诗文研究[D].中国文化大学博士论文,1991.

24. 朱崇学.方苞的生平与学术[D].香港大学硕士论文,1986.

四、清代诗文集

1. 程崟.二峰诗稿[O].乾隆十四年刻本,1749.

2. 陈浩.生香书屋文集[O].乾隆三多斋刻本.

3. 陈宏谋.培远堂手札节要[O].同治楚北崇文书局刻本影印本,1868.

4. 陈鹏年.道荣堂文集[O].上海:上海古籍出版社,2010.

5. 陈文述.颐道堂集[O].道光间刻本.

6. 陈仁.用拙斋诗文集[O].抄本.

7. 陈兆伦.紫石泉山房文集[O].上海:上海古籍出版社,2010.

8. 程廷祚.清溪集[O].宋效永校点,合肥:黄山书社,2004.

9. 曹寅.楝亭集笺注[O].胡绍棠笺注,北京:北京图书馆出版社,2007.

10. 曹一士.四焉斋文集[O].上海:上海古籍出版社,2010.

11. 戴名世.戴名世集[O].王树民校,北京:中华书局,1986.

12. 戴震.戴震全书[O].张岱年主编,合肥:黄山书社,1995.

13. 杜濬.变雅堂文集[O].北京:北京出版社,1997.

14. 邓汉仪.诗观二集[O].康熙十七年刊本,1678.

15. 方东树. 考盘集文录[O]. 上海：上海古籍出版社,2002.

16. 方观承. 述本堂诗集[O]. 乾隆二十年方氏刻本,1755.

17. 方浚师. 蕉轩续录[O]. 同治十一年退一步斋刻本,1872.

18. 方文. 方嵞山诗集[O]. 胡金望、张则桐校点,合肥：黄山书社,2010.

19. 方宗诚. 桐城派名家文集·方宗诚集[O]. 合肥：安徽教育出版社,2014.

20. 顾炎武. 顾亭林诗集汇注[O]. 上海：上海古籍出版社,2006.

21. 官献瑶. 石溪文集初刻[O]. 道光庚子刊,1840.

22. 黄宗羲. 黄宗羲全集[O]. 杭州：浙江古籍出版社,1993.

23. 黄永年. 南庄类稿[O]. 乾隆间集思堂刻本.

24. 韩菼. 有怀堂文稿[O]. 上海：上海古籍出版社,2000.

25. 江永. 善余堂文集[O]. 上海：上海古籍出版社,2010.

26. 李绂. 穆堂别稿[O]. 上海：上海古籍出版社,2010.

27. 李塨. 恕谷后集[O]. 上海：上海古籍出版社,2003.

28. 李光地. 榕村集[O]. 台北：台湾商务印书馆,1986.

29. 刘大櫆. 刘大櫆集[O]. 吴孟复标点,上海：上海古籍出版社,1990.

30. 雷铉. 经笥堂文钞[O]. 上海：上海古籍出版社,2010.

31. 卢文弨. 抱经堂文集[O]. 上海：商务印书馆,1935.

32. 陆继辂. 崇百药斋文集续集[O]. 光绪四年陆佑勤兴国州署刻本,1878.

33. 梅曾亮. 柏枧山房诗文集[O]. 彭国忠、胡晓明校点,上海：上海古籍出版社,2005.

34. 明德、永宁、富宁. 寄闲堂诗集[O]. 法式善编,嘉庆强恕堂刻本,1807.

35. 潘江. 龙眠风雅续集[O]. 康熙二十九年刻本,1690.

36. 彭士望. 耻躬堂文钞十卷诗钞[O]. 上海：上海古籍出版社,2000.

37. 全祖望. 全祖望集汇校集注[O]. 朱铸禹校注,上海：上海古籍出版社,2000.

38. 钱泰吉. 甘泉乡人稿[O]. 光绪十一年增修本,1885.

39. 钱大昕. 嘉定钱大昕全集[O]. 陈文和点校,南京:江苏古籍出版社,1997.

40. 阮元. 两浙輶轩录[O]. 嘉庆六年仁和朱氏刻本,1801.

41. 沈德潜. 清诗别裁集[O]. 乾隆二十五年刻本,1760.

42. 沈廷芳. 隐拙斋集[O]. 上海:上海古籍出版社,2010.

43. 沈彤. 果堂集[O]. 上海:上海古籍出版社,2000.

44. 单作哲. 紫溟文集[O]. 山东文献集成(第3辑),济南:山东大学出版社,2009.

45. 王鸣盛. 西庄始存稿[O]. 上海:上海古籍出版社,2002.

46. 王式丹. 楼村诗集[O]. 上海:上海古籍出版社,2010.

47. 王又朴. 王介山古文[O]. 乾隆十九年诗礼堂刻本,1754.

48. 王昶. 春融堂集[O]. 上海:上海古籍出版社,2010.

49. 王豫. 江苏诗征[O]. 道光元年焦山海西庵诗征阁刻本,1821.

50. 王夫之. 船山全书[O]. 长沙:岳麓书社,1996.

51. 汪师韩. 上湖分类文编十卷上湖文编[O]. 光绪十二年长沙钱塘汪氏刻本,1886.

52. 汪琬. 钝翁前后类稿[O]. 上海:上海古籍出版社,2000.

53. 吴汝纶. 吴汝纶全集[O]. 合肥:黄山书社,2002.

54. 吴定. 紫石泉山房文集[O]. 上海:上海古籍出版社,2010.

55. 徐璈. 桐旧集[O]. 咸丰元年刻本,1851.

56. 徐世昌. 晚晴簃诗汇[O]. 民国十八年刻本,1929.

57. 萧穆. 敬孚类稿[O]. 项纯文点校,合肥:黄山书社,1992.

58. 夏之蓉. 半舫斋古文[O]. 乾隆五十年刻本,1785.

59. 尹会一. 健余先生文集[O]. 上海:商务印书馆,1936.

60. 尹嘉铨. 随五草[O]. 上海:上海古籍出版社,2010.

61. 余廷灿. 存吾文稿[O]. 嘉庆六年云香书屋刻本,1801.

62. 恽敬. 大云山房文稿[O]. 光绪十年刊本,1884.

63. 袁枚. 袁枚全集[O]. 王英志点校,南京:江苏古籍出版社,1993.

64. 姚鼐. 惜抱轩诗文集[O]. 上海:上海古籍出版社,1992.

65. 章学诚. 章学诚遗书[O]. 北京:文物出版社,1985.

66. 卓尔堪. 明遗民诗[O]. 北京:中华书局,1961.

67. 朱彝尊. 明诗综[O]. 康熙四十四年刻本,1705.

68. 张伯行. 正谊堂文集[O]. 上海:上海古籍出版社,2000.

69. 张廷玉. 澄怀园文存[O]. 光绪十七年刻本,1891。

70. 郑燮. 板桥集[O]. 上海:上海古籍出版社,2010.

71. 曾国藩. 曾国藩全集[O]. 长沙:岳麓书社,1994.

72. 赵青藜. 漱芳居文集[O]. 乾隆二十三年刻本,1758.

五、清代史志

1. 安徽通志稿[O]. 安徽通志馆,铅印本,1934.

2. 安义县志[O]. 杜林修、彭斗山、熊宝善纂,同治十年活字本,1871.

3. 保德州志[O]. 王克昌修,殷梦高纂,康熙四十九年刻本,1710.

4. 宝鸡县志[O]. 强振志等主编,民国十一年铅印本,1922.

5. 崇义县志[O]. 廖鼎璋纂修,光绪二十一年刻本,1895.

6. 陈州府志[O]. 崔应阶修,姚之琅纂,乾隆十二年刻本,1747.

7. 长沙府志[O]. 吕肃高修,张雄图、王文清纂,乾隆十二年刻本,1747.

8. 重修安徽通志[O]. 吴坤修等修,何绍基等纂,卢士杰续修,光绪七年增刻本,1881.

9. 大清一统志[O]. 穆彰阿等纂修,道光二十二年刊本,1842.

10. 分宜县志[O]. 李寅清、夏琮鼎修,严升伟等纂,同治十年刻本,1871.

11. 广州府志[O]. 金烈、张嗣衍修,沈廷芳纂,乾隆二十四年刻本,1759.

12. 湖南通志[O]. 卞宝第修,曾国荃等纂,光绪十一年刻本,1885.

13. 淮安河下志[O]. 王光伯校,北京:方志出版社,2006.

14. 江都县续志[O]. 王逢源修,李保泰纂,嘉庆二十四年刻本,1819.

15. 江南通志[O]. 赵弘恩等修,黄之隽等纂,乾隆元年刻本,1736.

16. 介休县志[O]. 徐品山、陆元锡纂修,嘉庆二十四年刻本,1819.

17. 晋江县志[O]. 胡之铓修,周学曾纂,道光九年稿本,1829.

18. 龙南县志[O]. 孙瑞征、胡鸿泽修,钟益驭纂,光绪二年刻本,1877.

19. 满汉名臣传[O]. 国史馆编,清刻本.

20. 南安府志[O]. 黄鸣珂修,石景芬、徐福忻纂,同治七年刻本,1868.

21. 清史列传[O]. 王钟瀚点校,北京:中华书局,1987.

22. 清史稿[O]. 赵尔巽等纂,北京:中华书局,1977.

23. 钦定八旗通志[O]. 纪昀编纂,嘉庆元年武英殿刻本,1796.

24. 乾隆朝上谕档[O]. 中国第一历史档案馆编,桂林:广西师范大学出版社,2008.

25. 如皋县志[O]. 杨受廷、左元缜修,马汝舟、江大键纂,嘉庆十三年刻本,1808.

26. 山西通志[O]. 觉罗石麟修,储大文纂,嘉庆十六年刻本,1811.

27. 涉县志[O]. 戚学标纂修,嘉庆四年刻本,1799.

28. 歙县志[O]. 张佩芳修,刘大櫆纂,乾隆三十六年刻本,1771.

29. 剡原乡志[O]. 赵霈涛纂,光绪二十八年刻本,1902.

30. 上元县志[O]. 武念祖修,陈栻纂,道光四年刻本,1824.

31. 上江两县志[O]. 莫祥芝、甘绍盘修,汪士铎等纂,同治十三年刻本,1874.

32. 天津县志[O]. 朱奎扬、张志奇修,吴廷华纂,乾隆四年刻本,1739.

33. 天津府志[O]. 李梅宾、程凤文修,吴廷华、汪沆纂,乾隆四年刻本,1739.

34. 桐城续修县志[O]. 廖大闻等修,金鼎寿纂,道光十四年刻本,1834.

35. 棠志拾遗[O]. 张官倬纂,民国三十六年石印本,1947.

36. 无锡金匮县志[O]. 裴大中纂,光绪七年刻本,1881.

37. 新修江宁府志[O]. 吕燕昭修,姚鼐纂,嘉庆十六年刻本,1811.

38. 攸县志[O]. 赵勷、万在衡纂修,王元凯、严鸣琦续纂修,同治增修刻本,1871.

39. 永城县志[O]. 岳廷楷修,胡赞采、吕永辉纂,光绪二十九年刻本,1903.

40. 永吉县志[O]. 李澍田等点校,长春:吉林文史出版社,1988.

41. 禹县志[O]. 王琴林纂,车云修,民国二十年刻本,1931.

42. 扬州府志[O]. 尹会一修,程梦星纂,雍正十一年刻本,1733.

六、其他古籍

1. 程廷祚. 易通[O]. 乾隆十二年刻本,1747.

2. 陈作霖. 金陵通传[O]. 光绪三十年刻本,1904.

3. 德沛. 易图解[O]. 乾隆元年刻本,1736.

4. 德沛. 实践录[O]. 乾隆元年刻本,1736.

5. 鄂尔泰、张廷玉. 词林典故[O]. 乾隆十三年武英殿刻本,1748.

6. 鄂容安. 鄂尔泰年谱[O]. 李致忠点校,北京:中华书局,1993.

7. 法式善. 梧门诗话[O]. 稿本,中国国家图书馆藏.

8. 法式善. 八旗诗话[O]. 稿本,中国国家图书馆藏.

9. 法式善. 清秘述闻[O]. 嘉庆四年刻本,1799.

10. 方东树. 汉学商兑[O]. 汉学师承记外二种,北京:生活·读书·新知三联书店,1998.

11. 傅增湘. 藏园群书题记[O]. 上海:上海古籍出版社,1989.

12. 金鳌. 金陵待征录[O]. 光绪二年金陵刻本,1876.

13. 江藩. 国朝汉学师承记[O]. 钟哲整理,北京:中华书局,1983.

14. 弘昼等. 八旗满洲氏族通谱[O]. 沈阳:辽沈书社,1989.

15. 黄宗羲. 明文海[O]. 北京:中华书局,1987.

16. 马其昶. 桐城耆旧传[O]. 彭君华校点,合肥:黄山书社,2013.

17. 梁章钜. 三管诗话[O]. 蒋凡校注,南宁:广西人民出版社,1996.

18. 刘声木. 苌楚斋随笔续笔三笔四笔五笔[O]. 北京:中华书局,1998.

19. 刘声木. 桐城文学渊源考[O]. 合肥:黄山书社,1989.

20. 刘锦藻. 清朝续文献通考[O]. 民国十年铅印本,1921.

21. 刘大櫆. 论文偶记[O]. 北京:人民文学出版社,1998.

22. 李清植. 文贞公年谱[O]. 北京:北京图书馆出版社,1999.

23. 李慈铭. 越缦堂日记[O]. 扬州:广陵书社,2004.

24. 李元度. 国朝先正事略[O]. 光绪二十八年益元书局刻本,1902.

25. 李桓. 国朝耆献征初编[O]. 台北:明文书局,1985.

26. 梁章钜. 制义丛话[O]. 上海:上海书店出版社,2001.

27. 雷铉. 读书偶记[O]. 乾隆三十三年刻本,1768.

28. 吕炽编. 尹健余先生年谱[O]. 方苞阅定,上海:商务印书馆,1936.

29. 钱谦益. 列朝诗集小传[O]. 台北:明文书局,1991.

30. 钱林. 文献征存录[O]. 咸丰八年刻本,1858.

31. 阮元. 儒林传稿[O]. 续修四库全书,上海:上海古籍出版社,2002.

32. 苏惇元. 清方望溪先生苞年谱[O]. 台北:台湾商务印书馆,1981.

33. 陶湘. 书目丛刊[O]. 窦水勇校点,沈阳:辽宁教育出版社,2000.

34. 唐鉴. 国朝学案小识[O]. 道光二十五年刻本,1845.

35. 汪兆镛. 碑传集三编[O]. 台北:明文书局,1986.

36. 薛贞芳. 清代徽人年谱合刊[O]. 合肥:黄山书社,2006.

37. 徐珂. 清稗类钞[O]. 北京:中华书局,1986.

38. 徐世昌. 清儒学案[O]. 北京:人民出版社,2010.

39. 严长明、严观. 师友渊源录[O]. 北京:中华书局,2021.

40. 尹会一. 健余先生尺牍[O]. 上海:商务印书馆,1936.

41. 尹会一. 健余札记[O]. 上海:商务印书馆,1936.

42. 尹会一. 四鉴录[O]. 光绪五年定州王氏谦德堂刻本,1879.

53. 永瑢等. 四库全书总目[O]. 北京:中华书局,1965.

44. 姚永朴. 旧闻随笔[O]. 张仁涛点校,合肥:黄山书社,2011.

45. 姚永朴. 文学研究法[O]. 许结讲评,南京:凤凰出版社,2009.

46. 周中孚. 郑堂读书记[O]. 同治八年嘉业堂刻本,1869.

47. 张潮. 虞初新志[O]. 康熙二十二年刻本,1683.

48. 朱熹. 四书章句集注[O]. 北京:中华书局,1983.

49. 朱绪曾. 国朝金陵诗征[O]. 光绪十二年刻本,1886.

50. 昭梿. 啸亭杂录十卷啸亭续录三卷[O]. 宣统元年中国图书公司铅印本,1909.

51. 刘熙载. 艺概笺注[O]. 王气中笺注,贵阳:贵州人民出版社,1996.

52. 章学诚. 文史通义新编新注[O]. 仓修良编注,杭州:浙江古籍出版社,2005.

53. 张照. 奏陈校刊经史事宜[O]. 军机处录副奏折,中国第一历史档案馆藏。

54. 中国第一历史档案馆. 康熙朝满文朱批奏折全译[O]. 北京:中国社会科学出版社,1996.

55. 本社编. 清实录[O]. 北京:中华书局,2008.

56. 袁宏道. 袁宏道集笺校[O]. 钱伯城笺校,上海:上海古籍出版社,1981.

57. 王世贞. 弇州山人续稿[O]. 明万历刻本.

58. 王世贞. 弇州山人四部续稿[O]. 台北:台湾商务印书馆,1986.

59. 归有光. 震川先生集[O]. 周本淳校点,上海:上海古籍出版社,1981.

60. 唐顺之. 唐荆川文集[O]. 光绪三十年江南书局刻本,1904.

61. 茅坤. 茅鹿门文集[O]. 上海:上海古籍出版社,2002.

62. 李东阳. 李东阳集[O]. 长沙:岳麓书社,1984.

63. 朱杰人、严佐之、刘永翔. 朱子全书[O]. 上海:上海古籍出版社,2005.

64. 黎靖德. 朱子语类[O]. 王兴贤点校,北京:中华书局,1985.

65. 程颢、程颐. 二程集[O]. 王孝鱼校点,北京:中华书局,1981.

66. 欧阳修. 欧阳修诗文集校笺[O]. 洪本健校注,上海:上海古籍出版社,2009.

67. 柳宗元. 柳宗元集[O]. 北京:中华书局,1979.

68. 韩愈. 韩昌黎文集校注[O]. 马其昶校注,上海:上海古籍出版社,1986.

69. 司马迁. 史记[O]. 北京:中华书局,1982.

70. 杨伯峻. 春秋左传注(修订本)[O]. 北京:中华书局,1990.

71. 杨天宇. 礼记译注[O]. 上海:上海古籍出版社,2004.

72. 李民、王健. 尚书译注[O]. 上海:上海古籍出版社,2004.

七、现代学术专著

1. 商衍鎏. 清代科举考试述录[M]. 北京:生活·读书·新知三联书店,1958.

2. 陈垣. 校勘学释例[M]. 北京:中华书局,1959.

3. 劳天庇. 至乐楼所藏明遗民书画录[M]. 香港:何氏至乐楼,1962.

4. 孟森. 明清史讲义[M]. 北京:中华书局,1981.

5. 钱锺书. 林纾的翻译[M]. 北京:商务印书馆,1981.

6. 钱穆. 两汉经学今古文平议[M]. 台北:东大图书公司,1983.

7. 胡颂平. 胡适之先生晚年谈话录[M]. 台北:联经出版社,1984.

8. 章太炎. 章太炎全集[M]. 上海:上海人民出版社,1984.

9. 克罗齐. 历史学的理论和实际[M]. 傅任敢译,北京:商务印书馆,1986.

10. 钱仲联. 清诗纪事·明遗民卷[M]. 南京:江苏古籍出版社,1987.

11. 何冠彪. 戴名世研究[M]. 台北:稻乡出版社,1988.

12. 郭成康、林铁钧. 清代文字狱[M]. 北京:群众出版社,1990.

13. 杨向奎. 新编清儒学案[M]. 济南:齐鲁书社,1994.

14. 朱维铮. 求索真文明——晚清学术史论[M]. 上海:上海古籍出版社,1996.

15. 王国维. 静庵文集[M]. 沈阳:辽宁教育出版社,1997.

16. 胡适. 胡适文集[M]. 北京:北京大学出版社,1998.

17. 钱穆. 中国近三百年学术史[M]. 台北:联经出版社,1998.

18. 梁启超. 梁启超全集[M]. 北京:北京出版社,1999年.

19. 张高评.《左传》文章义法探微[M]. 台北:文史哲出版社,1999.

20. 李圣华. 方文年谱[M]. 北京:人民文学出版社,2000.

21. 布尔迪厄. 艺术的法则:文学场的生成与结构[M]. 刘晖译,北京:中央编译出版社,2001.

22. 陈寅恪. 金明馆丛稿初编[M]. 北京:生活·读书·新知三联书店,2001.

23. 陈寅恪. 陈寅恪集·讲义及杂稿[M]. 北京:生活·读书·新知三联书店,2002.

24. 林存阳. 清初三礼学[M]. 北京:社会科学文献出版社,2002.

25. 孟醒仁. 桐城派三祖年谱[M]. 合肥:安徽大学出版社,2002.

26. 邸永君. 清代翰林院制度[M]. 北京:社会科学文献出版社,2002.

27. 周作人. 中国新文学的源流[M]. 石家庄:河北教育出版社,2002.

28. 盖尔纳. 民族与民族主义[M]. 韩红译,北京:中央编译出版社,2002.

29. 戴廷杰. 戴名世年谱[M]. 北京:中华书局,2004.

30. 海登·怀特. 元史学:19世纪欧洲的历史想象[M]. 陈新译,南京:译林出版社,2004.

31. 陈平原. 从文人之文到学者之文[M]. 北京:生活·读书·新知三联书店,2004.

32. 金景芳、吕绍刚. 周易全解(修订版)[M]. 上海:上海古籍出版社,2005.

33. 江庆柏. 清代人物生卒年表[M]. 北京:人民文学出版社,2005.

34. 章太炎、刘师培等. 中国近三百年学术史论[M]. 上海：上海古籍出版社,2006.

35. 漆永祥. 江藩与《汉学师承记》研究[M]. 上海：上海古籍出版社,2006.

36. 刘咸炘. 刘咸炘学术论集：史学编[M]. 桂林：广西师范大学出版社,2007.

37. 王达敏. 姚鼐与乾嘉学派[M]. 北京：学苑出版社,2007.

38. 龚书铎. 清代理学史[M]. 广州：广东教育出版社,2007.

39. 林存阳. 三礼馆：清代学术与政治互动的链环[M]. 北京：社会科学文献出版社,2008.

40. 郭绍虞. 中国文学批评史[M]. 天津：百花文艺出版社,2008.

41. 司徒琳. 世界时间与东亚时间中的明清变迁[M]. 北京：生活·读书·新知三联书店,2009.

42. 杨念群. 何处是江南：清朝正统观的确立与士林精神世界的变异[M]. 北京：生活·读书·新知三联书店,2010.

43. 顾诚. 南明史[M]. 北京：光明日报出版社,2011.

44. 严迪昌. 清诗史[M]. 北京：人民文学出版社,2011.

45. 曾光光. 桐城派与晚清文化[M]. 合肥：黄山书社,2011.

46. 喻春龙. 清代辑佚研究[M]. 上海：上海古籍出版社,2010.

47. 资中筠. 士人风骨[M]. 桂林：广西师范大学出版社,2011.

48. 郑幸. 袁枚年谱新编[M]. 上海：上海古籍出版社,2011.

49. 吕思勉. 吕思勉诗文丛稿[M]. 上海：上海古籍出版社,2011.

50. 吴承学. 中国古代文体学研究[M]. 北京：人民出版社,2011.

51. 陈永明. 清代前期的政治认同与历史书写[M]. 上海：上海古籍出版社,2011.

52. 余英时. 方以智晚节考（增订本）[M]. 北京：生活·读书·新知三联书店,2012.

53. 余英时. 论戴震与章学诚[M]. 北京:生活·读书·新知三联书店,2012.

54. 罗威廉. 救世:陈宏谋与十八世纪中国的精英意识[M]. 陈乃宣等译,赵刚校,北京:中国人民大学出版社,2013.

55. 宇文所安. 剑桥中国文学史[M]. 北京:生活·读书·新知三联书店,2013.

56. 林上洪. 清代科举人物师承研究[M]. 武汉:华中师范大学出版社,2013.

57. 潘务正. 清代翰林院与文学研究[M]. 北京:人民出版社,2014.

58. 张涛. 乾隆三礼馆史论[M]. 上海:上海人民出版社,2015.

59. 王汎森. 权力的毛细血管作用:清代的思想、学术和心态(修订版)[M]. 北京:北京大学出版社,2015.

60. 尚小明. 学人游幕与清代学术(增订本)[M]. 北京:东方出版社,2018.

八、学术论文(从略)

后 记

　　我的博士论文是研究桐城派的现代接受。在论文完成后,我面临新的选择:是继续原有的研究,还是调整方向。当时心里有两个目标:方苞和林纾。他们一个在桐城派的开头,一个在桐城派的结尾;他们都与桐城派有着千丝万缕的联系。他们自身都涉及很多领域,有鲜明的时代特征,也体现了人性的复杂,都是承上启下的标志性历史人物。我最终选择了方苞。

　　关于方苞研究,我曾经定了一个计划:方苞与清代文坛;方苞年谱长编;方苞与清代学术;方苞交游考;方苞研究资料汇编;方苞诗文全集校笺;方苞评点著作汇编;方苞八股时文整理;方苞评传;方苞全集整理。这个计划很长,内容丰富,要完成并不是容易的事。现在计划的前三项,分别被列为安徽省高校人文社科重大项目、教育部人文社科规划项目、国家社科基金一般项目。

　　本书是计划的第一项之成果,也是我关于方苞研究的第一本书。方苞与清代文坛到底是什么关系,前人有不少研究,但基本都限于桐城派的框架体系之内。其实,方苞、刘大櫆所处时代并无后世所谓"桐城派",姚鼐才是桐城派的真正创立者。而他们三人被称为"桐城派三祖",也是后人尊奉的,三人在世时并无这种说法。这是研究方苞以及桐城派的基本逻辑前提。

　　由于时间仓促,本书实际上是系列论文(有的已发表,有的为新撰)的结集。虽为系列论文,但都围绕一个中心:方苞与清代文坛。该中心又落实到一个问题：方苞一代宗师地位的确立。全书立足方苞所处时代，考察其一代宗师地位的动态确立过程。

关于本书附录部分，需要说明一下。其内容是对方苞基本信息的考证和佚文的辑校，尤其是33篇佚文（诗），汇集了《方苞集》《方望溪遗集》之外学界发现的所有佚文，其中部分是同人的发现，部分是我的发现，文后皆有标注。所有佚文都重新加句读、解说，希望给大家提供第一手文献。

方苞的文献，至今没有得到充分的整理，很多还在图书馆的库房或书架上，无人问津。尽管新冠疫情影响犹存，我还是遍访中国国家图书馆、南京图书馆、上海图书馆、陕西省图书馆、福建省图书馆、湖南省图书馆、安徽省图书馆、河南新乡市图书馆等，查阅了大量有关方苞的第一手文献。不少朋友、同学也帮我查阅文献，河南大学朱秀梅老师、郑州师范学院张弘韬老师、广西大学张维老师、北京师大程园博士、首都师大黄伟博士、首都师大司念博士、湖南师大常亮博士等，还有扬州市广陵区委党校陈留俊老师，让我感动，感谢！

中国社科院王达敏研究员，北京师大张德建教授，中山大学何诗海教授，安徽大学江小角教授、方盛良教授等师长的鼓励与指点，一直难忘。尤其是王达敏先生给我的指点最多，经常一通电话就是几个小时，忘记了时间！还有桐城汪茂荣、李国春老师，省委政研室陶渡庵老师，以及一些青年朋友，也时常给我启发和意见，感谢！

同时感谢合肥学院科研处对项目立项提供的支持和指导，感谢文传学院院长丁增武教授和原中文系主任詹向红教授长期的鼓励与关心。感谢家人的支持。感谢安徽大学出版社编辑的辛勤付出。

学术研究是安静又热烈的事情：安静是放下各种尘俗的干扰，热烈是与伟大心灵的交会。再得遇几位良师益友，实乃人生之幸。

至于这本仓促而成的小书，其中的某些想法和文献或许不错，而呈现它们的过程难免粗浅和随意，权作近几年读书生活的记录吧。

任雪山
2021年7月30日